FERNANDO ARMANDO RIBEIRO
ANDRÉ LUÍS VIEIRA ELÓI
(Coordenadores)

Espectros Poéticos da Justiça: Diálogos entre Direito e Arte

FERNANDO ARMANDO RIBEIRO
ANDRÉ LUÍS VIEIRA ELÓI
(Coordenadores)

Espectros Poéticos da Justiça: Diálogos entre Direito e Arte

André Luís Vieira Elói
Bernardo Gomes Barbosa Nogueira
Carlos Alberto Simões de Tomaz
Fernando Armando Ribeiro
Flávio Quinaud Pedron
Gabriel Henrique Silva Tomé
Hugo Moreira Lima Sauaia
Lenio Streck
Luciana Pereira Queiroz Pimenta Ferreira
Mateus de Moura Ferreira
Mayra Lazzarini Silveira Ribeiro
Paulo Enderson Oliveira Teixeira
Rafael Geraldo Magalhães Vezzosi
Rafael Lourenço Navarro
Rafael Vieira Figueiredo Sapucaia
Saulo de Tarso Fernandes Dias
Vítor Amaral Medrado

Del Rey editora

Belo Horizonte
2019

Impresso no Brasil | Printed in Brazil
EDITORIAL DEL REY LTDA

www.editoradelrey.com.br

Editor: Arnaldo Oliveira

Editor Adjunto: Ricardo A. Malheiros Fiuza

Diagramação / Capa: Alfstudio

Revisão: Alessandra Alves Valadares

EDITORA
Rua dos Goitacazes, 71 – Lojas 20 a 24
Centro - Belo Horizonte-MG
CEP 30190-909
Comercial:
Tel.: (31) 3284-3284 | 3293-8233
vendas@editoradelrey.com.br
Editorial:
editorial@editoradelrey.com.br

E77 Espectros poéticos da justiça: diálogos entre direito e arte / Fernando Armando Ribeiro, André Luís Vieira Elói (coord.). — Belo Horizonte: Del Rey, 2019.
xii, 232 p. — Inclui bibliografias.

ISBN: 978-85-384-0556-6

1. Direito e arte 2. Direito e literatura 3. Totalitarismo 4. Democracia 5. Direito – Filosofia I. Ribeiro, Fernando Armando

II. Elói, André Luís Vieira III. Título

CDU (1976) 34:82

Ficha catalográfica elaborada pelo bibliotecário Junio Martins Lourenço CRB 6/3167.

APRESENTAÇÃO DOS COAUTORES

André Luís Vieira Elói: Professor da Universidade do Estado de Minas Gerais – Unidade Diamantina (UEMG) e da Faculdade Arquidiocesana de Curvelo (FAC). Doutorando e Mestre em Teoria do Direito no Programa de Pós-Graduação em Direito da PUC Minas. Especialista em Direito Processual pelo Instituto de Educação Continuada da PUC Minas. E-mail: eloi.andreluis@gmail.com.

Bernardo Gomes Barbosa Nogueira: Doutorando em Teoria do Direito pela PUC Minas. Mestre em Direito pela Faculdade de Direito da Universidade de Coimbra. Professor da Escola de Direito do Centro Universitário Newton Paiva.

Carlos Alberto Simões de Tomaz: Mestre em Direito das Relações Internacionais (UNICEUB/DF). Doutor em Direito Público (UNISINOS/RS). Pós-Doutor em Filosofia do Direito (Universidade de Coimbra). Coordenador do Programa de Pós-Graduação em Direito (Mestrado em Proteção dos Direitos Fundamentais) da Universidade de Itaúna/MG. Magistrado.

Fernando Armando Ribeiro: Doutor em Direito pela UFMG; Pós-Doutor pela University of California Berkeley (EUA); Professor da PUC Minas. Membro da Academia Mineira de Letras Jurídicas (Cadeira 34); Juiz do TJMMG.

Flávio Quinaud Pedron: Doutor e Mestre em Direito pela UFMG. Professor Ajunto do Curso de Direito do IBMEC. Professor Adjunto da PUC Minas. Advogado.

Gabriel Henrique Silva Tomé: Bacharel em Direito pela PUC Minas.

Hugo Moreira Lima Sauaia: Doutorando em Direito do Estado pela Universidade de São Paulo (USP). Mestre em Direito Constitucional pelo Instituto Brasiliense de Direito Público (IDP). Advogado em São Luís/MA e Brasília/DF. E-mail: hugosauaia@gmail.com.

Lenio Streck: Doutor (UFSC) e Pós-Doutor em Direito (UL-PT). Professor titular da Unisinos e Unesa.

Luciana Pereira Queiroz Pimenta Ferreira: Doutora em Direito Processual pela PUC Minas. Mestre em Filosofia Social e Política pela UFMG. Coordenadora do Projeto Direito e Literatura, desenvolvido na PUC Minas, vinculado ao Grupo de Pesquisa registrado junto ao CNPq, Direito e Literatura: um olhar para as questões humanas e sociais a partir da Literatura. Professora das disciplinas de Filosofia do Direito e Hermenêutica e Argumentação Jurídica no curso de Direito da PUC Minas, desde fevereiro de 2001.

Mateus de Moura Ferreira: Doutorando e Mestre em Teoria do Direito (PUC Minas). Professor da Faculdade de Direito de Conselheiro Lafaiete (FDCL) e do Instituto Presidente Tancredo Neves (IPTAN).

Mayra Lazzarini Silveira Ribeiro: Especialista em Ciências Penais (IEC-PUC Minas). Graduada em Direito pela PUC Minas. Advogada.

Paulo Enderson Oliveira Teixeira: Especialista, Mestre e Doutorando pela PUC Minas. Professor da UEMG Diamantina e da Faculdade Arquidiocesana de Curvelo – MG.

Rafael Geraldo Magalhães Vezzosi: Doutorando em Teoria do Direito pelo Programa de Pós-Graduação da PUC Minas (atual). Mestre em Teoria do Direito pelo Programa de Pós-Graduação da PUC Minas (2014). Especialista em Direito Processual pelo IEC PUC Minas (2010). Bacharel em Direito pela Pontifícia Universidade Católica de Minas Gerais (2007). Coordenador de Processos do Trabalho no Banco do Brasil S.A. E-mail: rafaelvezzosi@gmail.com.br. Currículo Lattes: http://lattes.cnpq.br/9702110688992307.

Rafael Lourenço Navarro: Filósofo formado pela PUC Minas. Doutorando em Teoria do Direito no PPGD da PUC Minas.

Rafael Vieira Figueiredo Sapucaia: Doutorando em Direito pela PUC Minas. Pesquisador Visitante (2015-2016) na Universidade de Vechta/Alemanha. Mestre em Direito pela PUC Minas. Professor do Curso de Direito da PUC Minas.

Saulo de Tarso Fernandes Dias: Oficial do Exército Brasileiro. Bacharel em Ciências Militares pela Academia Militar das Agulhas Negras (AMAN). Mestrando em Filosofia pela Faculdade Jesuíta de Filosofia e Teologia (FAJE). Bacharel em Direito pela Faculdade Pitágoras. Especialista em Ciências Militares pela Escola de Aperfeiçoamento de Oficiais (EsAO). Especialista em Direito Constitucional pela Fundação da Grande Fortaleza. Especialista em Direito Público pela Escola Superior do Ministério Público/RS (FMP). Especialista em Direito Militar pela Fundação Trompowsky. E-mail: profsaulodias@gmail.com.

Vitor Amaral Medrado: Professor da PUC Minas. Mestre e Doutorando em Teoria do Direito pela PUC Minas. Visiting Research Fellow (University of Baltimore School of Law - 2015/2016).

SUMÁRIO

APRESENTAÇÃO

O presente livro traz a público um conjunto de textos que pretendem discutir o Direito por meio das artes e da Literatura, visando perceber os dilemas, impasses e possibilidades na construção de alternativas jurídicas aos problemas de nossos dias.

Ler o direito por meio da arte é vê-lo crivado pelo tempo kayrológico, liberto do jugo artificial de Cronos. É torná-lo promessa de um amanhã que se abre e não se deixa aprisionar por dogmatismos ditados pelo horizonte do ontem. Dogmatismos que decorrem não apenas de normas, mas de pressupostos e pré-compreensões momentaneamente compartilhados, paradigmas que a vaidade humana insiste em crer definitivos.

A arte é o local do deslocamento profundo. O manejar de utopias realizáveis, pois seu espaço é sempre aquém ou além deste que cotidiana e rotineiramente nos contém. Não se trata, porém, de simples fantasia, mas realidade de um agora que ouse assumir-se presente. Não mais refém de condicionamentos pretéritos, nem de um ingênuo futurismo que com a história pretende romper. Seu espaço é o agora, como ágora do tempo que se irrompe, abre e voa, ao sabor de palavras que constroem destinos. Ágora que nos convida a ali estar, ser, permanecer, por um tempo que transcenda e recrie os limites a que estamos convencionalmente atrelados. Sua possibilidade mais rica, sua efetividade mais fecunda, seu risco mais iminente: deixar-se perder ao se problematizar.

A arte realizará então a promessa essencial da filosofia, tornando infinita nossa capacidade de problematizar. Um diálogo que não se faz apenas com interlocutores privilegiados, nem se submete ao jugo das vontades majoritárias. Não se aliena em um individualismo narcísico nem clama por implementar ideologias. É ludicamente séria, jocosamente grave, cosmicamente atrelada às necessidades sociais mais viceralmente humanas. É essencialmente vida, liberdade em sua promessa escandalosamente possível, da qual as dimensões do útil e do factível frequentemente tentam nos desconvencer.

A leitura do direito pela arte pode ser autenticamente "desconstrutura", no sentido derridiano do termo. É que, nulificando dogmatismos e irracionalismos petrificados sob a força de tradições irrefletidas, torna possível resgatar um dos comprometimentos fundamentais do direito moderno, e uma das promessas centrais da modernidade para consigo mesma. Que o direito seja um catalisador da transformação, elemento dinâmico o suficiente para incorporar em si a dialética da continuidade e ruptura. Não podemos nunca nos esquecer: o compromisso assumido de que o Direito se faça obra de um povo exige que o hoje não se apresente como uma simples derivação do ontem, mas como escolha, cuja manutenção dependerá da legitimação de seus próprios postulados.

Por meio da arte, especialmente da literatura, o direito se deixa ressignificar, colocando suas prescrições normativas à prova não apenas da razão, mas também do sentimento, inserindo-se em uma dinâmica de transformação muito mais rica e profunda, pois muito mais próxima da realidade humana. A arte expõe e testifica as prescrições normativas de uma maneira muito distinta e efetiva. Não as submete apenas ao teste de racionalidade por argumentos de cunho lógico ou universalista, mas examina-as pelo plano da particularidade, da sensibilidade e do jogo de emoções que desvela limites, dimensões e consequências nem sequer imagináveis por elucubrações racionais.

A presente obra reflete as pesquisas e trabalhos que vimos conduzindo junto ao Programa de Pós-Graduação em Direito da PUC Minas tendo como tema as relações entre direito e arte e, mais especialmente, entre direito e literatura. Nela pode-se perceber um pouco a dinâmica desenvolvida na sala de aula, onde alunos, professor e autores são inseridos em um espaço marcado pelo diálogo e a busca pela permanente e reflexiva construção do saber. Assim, a presença de consagrados autores ao lado de nossos jovens pesquisadores vem a refletir essa vivência que, além de acentuadamente pedagógica, revela-se também profundamente democrática. Esperamos que estes estudos possam não apenas promover a reflexão sobre esse importante (e ainda mal compreendido) âmbito do conhecimento, como também motivar o diálogo, a interlocução e a construção de pontes entre professores, pesquisadores e alunos que hoje se dedicam a tão fecunda e bela abordagem do fenômeno jurídico.

Boa leitura a todos!

OS COORDENADORES

CONTRIBUIÇÕES DA LITERATURA AO DIREITO

André Luís Vieira Elói[1]

1. Reflexões iniciais

O Estado, ainda hoje compreendido em uma visão moderna, é considerado como único responsável e competente para produção de normas no território que o compõe. Ele puxa para si toda a competência normativa e submete todos os grupos que o compõe à sua verdade.

Em uma visão formalista do Direito, tal centralização poderia ser benéfica, pois não permitiria que um grupo que estivesse no exercício o poder submetesse outros a suas concepções. Tal visão é encontrada, por exemplo, na "Teoria pura do Direito" de Kelsen.

Nesta concepção, poder-se-ia ter a percepção de que toda forma de vida estaria protegida por um direito que é neutro e, portanto, não pretende oprimi-las. Entretanto, na prática não é bem isso que acontece. O que se vê na realidade é um Estado que utiliza o direito para determinar padrões a seus sujeitos e tenta impor a todos aqueles a quem "protege".

O Estado, mesmo que não intencionalmente, ao levar sua proteção jurídica, leva consigo uma carga de discursos, que são resultados de suas relações de poder, que sempre "funcionam", sempre se reproduzem.

Para entender como se dá essa reprodução de discurso e a dinâmica do Judiciário como um produtor de verdade se faz necessária a análise do direito por meio de concepções menos formalistas e menos preocupadas com a cientificidade

[1] Professor da Universidade do Estado de Minas Gerais – Unidade Diamantina (UEMG) e da Faculdade Arquidiocesana de Curvelo (FAC). Doutorando e Mestre em Teoria do Direito no Programa de Pós-Graduação em Direito da PUC Minas. Especialista em Direito Processual pelo Instituto de Educação Continuada da PUC Minas. E-mail: eloi.andreluis@gmail.com.

no sentido moderno. Mostra-se necessária uma visão de mundo que não seja limitada pela obsessão do método e sua visão parcial da realidade. Para tanto, a literatura, e sua "postura filosófica" são de grande valia.

O presente texto objetiva fazer algumas reflexões sobre como o pensamento do direito é limitado e se distancia da realidade e de como a literatura pode contribuir para sua (r)evolução. Para tanto, recorre a Gadamer e sua hermenêutica, tentando refletir além do método.

2. A pretensão de neutralidade como caminho para a verdade

Os debates teóricos e mesmo a prática forense são permeados pela discussão sobre como deve ser aplicado e como deve funcionar o direito. As discussões constantemente pairam sobre a hermenêutica jurídica nos tribunais, em torno da discricionariedade dos juízos, do confronto entre positivismo e pós-positivismo (ou não positivismo), da influência da moral e da ética no direito, se estas são ou não direito. O objetivo dessas discussões nestes diferentes aspectos pode ser, de uma forma mais genérica, definido como a busca por soluções a problemas.

A partir do pensamento moderno de ciência e das revoluções burguesas, na busca pela construção de pensamento que não envolvesse instituições religiosas (problema para o qual buscavam soluções) o direito passou a se preocupar cada vez mais com um distanciamento da religião e da questão do governo de um soberano. O objetivo passou a ser a soberania da lei, que deveria prevalecer ante qualquer forma de exercício de poder vinculada a uma figura divina, ou a questões sanguíneas. O direito passa a ser algo republicano, no sentido literal de coisa pública, e tratado com pretensões de racionalidade e cientificidade (no sentido moderno).

Quando se pensa em soberania da lei, nos moldes do pensamento moderno, se imagina algo isento de tudo aquilo que não é racional. E isso significa, na concepção moderna de ciência, uma isenção de preconceitos e valores. Significa que o direito e a lei (sua principal fonte, nesta concepção) devem ser criados com a objetividade típica das ciências duras. A teoria pura do direito de Kelsen talvez seja a maior representação desta tentativa de construção racional do direito e da ciência do direito.

O tratamento do direito de maneira objetiva pretende levar o intérprete a enxergá-lo como um objeto de análise separado, como um biólogo observando um ser vivo, ou um físico observando algum fenômeno. Pretende-se que o jurista seja um cientista observando seu objeto, o Direito.

Como o direito não é um objeto material, este tratamento objetivo leva o intérprete a pensá-lo como algo metafísico, separado dele próprio, pois se pretende analisar seu objeto de maneira neutra e objetiva deve fazê-lo com distanciamento. Este distanciamento pressupõe um discurso jurídico aparadigmático e supostamente não histórico e apolítico, como se o direito se separasse do contexto onde o intérprete se encontra.

A partir desta ideia de objetividade, o direito opera como se houvessem verdades pressupostas, as quais o intérprete pode apenas compreender ou interpretar. Neste tratamento distante do Direito, como algo além do ser humano, o intérprete aplica o que compreende de algo que dele independe. Tal modelo de racionalidade já é questionado, inclusive, nas chamadas ciências duras.

Dentro desta perspectiva, as narrativas do direito funcionam como se existisse um mundo ideal, de onde os homens simplesmente trariam lições para aplicar no mundo real. O direito seria algo que não faz parte da vida, mas a regula.

A narrativa do direito é baseada em uma lógica formal, que traz a verdade (que se pretende como universal) que se coloca como inquestionável diante da realidade. O Estado é o único legitimado a dizer esta verdade. Sua narrativa é a única válida, não importa o que outros digam ou tentem contar.

O Estado busca, por meio de uma lógica formalista, e vinculado exclusivamente à própria capacidade normativa (que também é visto como uma entidade à parte de seus cidadãos), chegar a soluções que o tornem a única fonte de verdades. Suas narrativas são formalmente aceitas como válidas, quer seus concidadãos as aceitem, ou não.

O problema deste tratamento do direito reside no fato de que, apesar da pretensão de pluralidade, ele legitima discursos e interesses de quem exerce o poder, de quem ocupa os postos designados pelo ordenamento.

Ao contrário do que (pelo menos em tese) se pretende com a neutralidade, o "tratamento neutro" do Direito não permite que formas diferentes de expressão se revelem. Na verdade, funciona como instrumento de uniformização de discurso, que na verdade visa sustentar um *status quo* estabelecido e não resolve todos os problemas que se apresentam constantemente.

O direito na perspectiva formalista funciona como um catalisador da produção de uma história única, como o braço de uma governamentalidade que não deseja a pluralidade, mas a manutenção do próprio Estado como o único produtor da verdade. São criados padrões de comportamento por meio da narrativa jurídica, que obrigam a todos.

3. O perigo da padronização do discurso

Apesar de alguns filósofos e estudiosos trazerem suas contribuições para a tentativa de construir um discurso jurídico mais plural, muitas vezes, o próprio jurista (também sobre a influência deste poder que funciona) é o primeiro a resistir à necessária desconstrução dos discursos, baseando-se em postulados como segurança jurídica, literalidade do texto de lei, objetividade, não relativismo da aplicação do direito.

Como resultado deste funcionamento autônomo, o Direito acaba por não conseguir trazer solução para vários problemas que, pelo menos a princípio, seriam de sua alçada, ficando evidente o esgotamento de seu sistema para tratar de uma sociedade cada vez mais diversificada.

Como leciona Kuhn, dentro de um paradigma a ciência tem delimitadas suas possibilidades e, por seu caráter político, visa à busca de soluções que o sustentem, o mantenha. Aquilo que não se enquadra no paradigma é considerado uma anomalia, e simplesmente ignorado.

Com o acúmulo de anomalias, em certo momento a ciência se mostra insuficiente para solucionar a diversidade de novos problemas que se apresentam e, então, se faz necessário o rompimento com os métodos então utilizados, para buscar novos meios de se alcançar soluções. É o que Kuhn chama de revolução científica. Muitas vezes, para solucionar novos problemas devemos rever nossos meios e caminhos para tanto, numa espécie de afastamento das práticas vigentes.

A modernidade tem como característica a valorização da razão. Busca-se conhecer a desenvolver a sociedade através do desenvolvimento de métodos científicos, racionais neutros. A busca pelo conhecimento, pela "verdade", se dá através da ciência, em um molde objetivista, para que a subjetividade daquele que busca conhecer, não interfira nos resultados.

A ciência moderna, muito preocupada com a fundamentação de suas proposições através de métodos, buscou eliminar toda e qualquer forma de pré-conceito. Apenas por meio de métodos racionais que juízos seriam válidos.

Gadamer atribui grande parte do descrédito sofrido pelo preconceito na ciência moderna ao iluminismo e o questiona, demonstrando que essa exigência de eliminação de qualquer tipo de preconceito é, na verdade, também um preconceito. Para ele, o papel da hermenêutica não é de um procedimento racional de compreensão, mas desvelar as condições em que a compreensão surge.

A ciência moderna, muito preocupada com a fundamentação de suas proposições através de métodos, buscou eliminar toda e qualquer forma de pré-conceito. Apenas através de métodos racionais que juízos seriam válidos.

Esse distanciamento, baseado na ideia da pureza para alcançar a racionalidade despe o direito de sua força materialmente normativa, esvaziando assim a norma, por não se preocupar com o conteúdo e correção da norma no momento da aplicação, fornecendo enunciados que contêm uma descrição de objetos meramente formal, mas distante da realidade.

Justamente por isso, muitas vezes para conseguirmos trazer soluções aos problemas colocados para o Direito, é preciso recorrer a entendimentos, práticas e posturas que ainda se encontram fora do próprio Direito, como a filosofia e muitas vezes à literatura.

4. Contribuições de Gadamer

Mas, como chegar à construção de soluções e novos caminhos para o Direito, se utilizando de conhecimentos que não tem esta pretensão? Na obra *Hermenêutica da obra de arte,* Gadamer nos traz reflexões de grande valia nesse sentido.

Em Gadamer, é possível chegarmos ao conhecimento e à verdade na experiência hermenêutica da obra de arte. A possibilidade de adquirir conhecimento e experiência da verdade através arte, e sob o julgamento do belo nos leva a refletir sobre qual é o papel da hermenêutica filosófica no mundo.

A ideia de verdade apresentada por Gadamer apresenta várias ligações com a experiência da arte, por não ser possível estruturá-la numa metódica prefixada que objetive produzir certezas empíricas ou lógicas. Ou seja, a verdade e a ciência não são necessariamente equivalentes.

A conformidade entre a coisa visada e a universalidade estabelecida pelo conceito, guiada por parâmetros epistemológicos da ciência moderna, não são o único meio de se obter conhecimento, ou verdade, essa é a grande crítica de Gadamer.

A verdade da arte não se dá por meio da metodologia, ao contrário, possui sua conexão com o contexto, pois é constantemente revista enquanto compreendemos a obra de arte em cada situação concreta de uma maneira nova e diferente.

Na experiência da hermenêutica da obra de arte estamos diante das possibilidades de ser próprias da obra, e é justamente com a "coisa-mesma" que estabeleceremos um diálogo autêntico juntamente com toda uma rica tradição em significados expressados pela obra, e assim questionar acerca do sentido do mundo a que se interpreta, por meio da própria abertura provocada pela compreensão que se estabelece a cada experiência vivida pelo intérprete totalmente absorvido no acontecimento daquilo que se compreende.

É a contingencialidade da obra de arte que nos dá a possibilidade de investigar de maneira que não se vele o advento da verdade, pois aquilo que se compreende possui uma mobilidade de sentidos para o seu intérprete, que vão além da mera subjetividade do espectador.

Há de se ressaltar que Gadamer não busca uma relativização do conceito de verdade, mas demonstrar que ela acontece em um diálogo, que acontece pelo que denomina como "ocasionalidade histórica", em que intérprete e obra se encontram.

O que se apresenta em Gadamer é a possibilidade do homem, por meio da obra de arte, vivenciar uma experiência autêntica de conhecimento, que não se dá por meio de uma metodologia epistemológica, e sim pela compreensão da riqueza de sentidos orientados pelo próprio conteúdo da obra de arte.

Logo, o caminho proposto por Gadamer possui uma estrutura filosófica e não uma postura de "técnica-hermenêutica", o que se apresenta é uma estrutura especulativa e dialética, na qual existe a possibilidade de construção de conhecimento perene a uma obra de arte em sua representação.

Portanto, por meio da autenticidade composta pela relação hermenêutica dialética gadameriana, temos a possibilidade da experiência de verdade na arte, por meio do acontecimento da arte em seu modo de ser. A experiência da arte deixa de ser apenas relativismos e subjetivismos, para ser pensada em uma estrutura de diálogo, ou seja, existe um conteúdo a ser interpretado, esse balizamento nos orienta a um sentido de verdade que nos revela uma realidade, um mundo, enquanto anunciação de um conteúdo que nos dá uma totalidade de sentido.

A produção de conhecimento é possível por meio da recepção da obra de arte, isto é, partindo criticamente da concepção moderna de ciência, o juízo estético do objeto contemplado pelo espectador o insere no processo hermenêutico, e a ponte estabelecida é o intenso diálogo com o que está sendo ali apresentado.

Gadamer nos mostra, ainda, a proximidade existente entre filosofia e poesia. Diz-nos que nos séculos XIX e XX a filosofia se perdeu nos campos da pesquisa histórico-filosófica ou procurou uma cientificidade em meio à esterilidade da problemática epistemológica.

Todo e qualquer discurso seria capaz de evocar imagem e pensamento. Mas, o discurso dos homens conquista uma univocidade significativa a partir do momento que relaciona a situação que se encontra com o destino, mantendo sua concretude. Ou, seja a palavra preocupada com conexões concretas não diz nada isoladamente, mas articulada com o texto.

A linguagem cotidiana pode se aproximar da concretude daquilo que se vive, ou mesmo se afastar disso (ex. do discurso político). Gadamer chega a dizer que ela é como a "moedinha de baixo valor", por não possuir por si mesma o valor que simboliza. Ao contrário da poética, que não é apenas a indicação de algo, mas aquilo que a própria palavra representa.

A filosofia se constrói no diálogo, no pensamento, de maneira interiorizada e se aproxima das artes na destituição que fizeram do uso da palavra vinculada à prática e da pretensão objetivista da ciência moderna.

Gadamer busca compreender como a filosofia e as artes linguísticas podem ser tão contrárias e eminentes uma em relação à outra. "O texto da poesia que se acha estabelecido em si e a linguagem do conceito que se autossuspende e deixa para trás todo acontecimento".

A obra literária se assemelha à filosofia por possuir uma "relação privilegiada com a interpretação". Para explicar tal afirmação Gadamer recorre à fenomenologia. Ele cita Heidegger para dizer que a concepção pura sobre algo é uma abstração, ponto de desaparecimento de toda orientação de mundo vivida. Isso resulta numa objetividade da pesquisa científica, que contém por detrás de si um preconceito ontológico.

A poesia e a filosofia, por não terem preocupação meramente descritiva trazem possibilidades de sentidos diferentes, e tornam esse texto compreensível em momentos diferentes.

O que a poesia tem em comum com a filosofia é o fato de o filósofo não remeter algo diverso que exista em um lugar qualquer. O pensamento é o diálogo constante consigo mesmo, não havendo progresso nem na filosofia nem na arte. Nas duas tudo depende de alcançar uma participação.

Os dois modos de discurso, poético e filosófico, compartilham um traço comum, não podem ser falsos, pois não há critério externo a eles a ser seguido, ou ser usado como referência.

O poeta, assim como o filósofo, tem uma postura reflexiva diante da vida que o leva a analisar a realidade sob aspectos diferentes. Por não ter preocupação com métodos ou dar respostas ao paradigma em que se insere, consegue ver algo por si mesmo, e de forma que provavelmente se aproxime mais da realidade. O poeta possui uma espécie de "postura filosófica" diante do mundo.

A escritora nigeriana Chimamanda Adichie, em sua palestra "The danger of a single story", mostra um pouco desta "postura filosófica" ao tentar mostrar como discursos nos influenciam e direcionam nossa visão de mundo. Ela nos alerta para o risco de tentar encaixar as narrativas dentro de um padrão que se pretende verdadeiro (assim como a ciência moderna faz).

Para exemplificar, ela relata que em sua infância sempre teve acesso mais fácil a livros de autores norte-americanos e ingleses do que daqueles de sua nacionalidade (nigeriana). As narrativas retratavam pessoas com olhos azuis, neve, pessoas que comiam maças, bebiam cerveja de gengibre, ou seja, gente que tinha características e hábitos que em nada se assemelhavam à sua realidade. Mas, como tudo aquilo que lia se relacionava com estas características, sua imaginação também girava em torno desse "mundo branco".

Ela também relata sua primeira visita aos Estados Unidos, quando uma colega de curso ficou impressionada ao saber que na Nigéria a língua natal era o inglês, que na África há pessoas com nível intelectual extremamente elevado e que nem todos são "coitadinhos famintos".

O objetivo de Adichie é demonstrar como estes discursos únicos sobre algo operam de uma forma que o outro é silenciado.

Ela leciona que as pessoas são vulneráveis e influenciadas pelas histórias, pelas narrativas que ouvem ao longo de suas vidas, que o ser humano é formado por várias histórias.

O risco de se contar uma história única, de se adotar uma única narrativa sobre algo, reside justamente no risco de silenciar outras narrativas sobre o mesmo fato, ou outras perspectivas sobre um mesmo ser, na busca de uma verdade única.

No pensamento da escritora nigeriana fica claro que o verdadeiro poder consiste em impor uma história ao outro, pois somos seres sociais e nos constituímos por aquilo que nosso meio nos passa.

As narrativas, as histórias, nos formam, pois constituem nossos preconceitos, que são as lentes com as quais enxergamos o mundo. A repetição de uma história única, então, transforma as pessoas até deixá-las conforme o padrão vigente (ou as exclui).

Chimamanda demonstra de forma brilhante, ao narrar como imaginava uma família pobre que sua mãe ajudava, como esta tendência à história única se reproduz, ou melhor, como as pessoas reproduzem umas com as outras as imposições de histórias. E, nesta reprodução da imposição das histórias, fica claro como aquele que impõe sua narrativa, na verdade se impõe sobre o outro, anula o outro.

Levando esse raciocínio para o mundo do Direito, fica claro como o Estado (ou quem o controla) usa o discurso jurídico para impor suas verdades, implementar padrões e, consequentemente, excluir quem não se encaixa.

Para realmente construir-se uma sociedade plural se faz necessário superar a "unificação das histórias" realizada pelo discurso jurídico, através de uma descrição parcial da realidade. E a literatura, com sua capacidade de inserção do ser humano no mundo, serve de grande contribuição para o pensar no Direito, pois ela quebra com a neutralidade, trazendo o jurista para dentro do mundo, não se contentando apenas com descrições parciais e prontas sobre ele.

Como exemplo podemos citar, dentre tantas outras obras, "o Processo", de Kafka, que por não estar preso aos métodos e paradigmas estabelecidos no pensamento jurídico de seu contexto, conseguiu perceber de maneira mais ampla os problemas que permeavam o direito e sua prática. E por sua estrutura filosófica de pensamento, continua sendo um texto extremamente atual e ótima fonte de reflexão.

Considerações Finais

A literatura e as artes contribuem e podem cada vez mais contribuir para o pensamento jurídico, pois leva a refletir e questionar posturas descritivas e neutras no direito.

Diante de situações que nunca foram enfrentadas e da ausência de previsão pelo ordenamento jurídico de todas as possibilidades e que não teriam normas expressas que as solucionassem, o juiz seria levado a decidir criando soluções próprias, muitas vezes ignorando decisões anteriores a até mesmo as argumentações das partes do processo (que nessa situação nem poderiam ser chamados partes), e prolatando uma decisão que está de acordo com a sua própria visão do que seria mais adequado ao caso, apenas respeitando limites formais.

Tal posicionamento é perigoso, uma vez que pode facilmente ser levado por argumentos duvidosos e manipuláveis, recorrendo a termos como "bem comum", "paz social" e "interesse público".

Por outro lado, com uma postura mais filosófica diante do direito, que a literatura (além da própria filosofia) pode proporcionar aos leitores, é possível criticar os pressupostos adotados pela ciência, compreendendo que o Direito não pode ser reduzido a um conjunto de normas padronizadas, não pode ser reduzido a um esquema formal, ou em acordos legislativos.

É possível perceber que o Direito é muito mais complexo do que hipóteses e situações pensadas através de métodos pré-concebidos, e que nenhuma legislação é capaz de esgotar todas as situações que se fazem ou um dia se farão relevantes juridicamente. Ele compreende que "o fato de convenções legislativas (...) serem referenciais argumentativos na construção de soluções em sede de aplicação do Direito, não significa que tais normas esgotem o conteúdo normativo do Direito."[2]

A partir de uma postura participativa podemos perceber que é sempre possível alcançar uma resposta adequada, o julgador deve sempre levar em consideração a historicidade de onde se encontra.

Ao se inserir no objeto de análise, ou seja, quando o jurista se assume como parte do direito, passa a ter consciência de sua pertença à tradição e à linguagem, compreendendo que sua atividade está definitivamente entrelaçada às práticas e entendimentos construídos e utilizados ao longo da história da comunidade jurídica a qual pertence.

E a literatura é um meio bastante eficaz na inserção do ser humano nesta realidade, na compreensão do contexto em que se encontra, pois carrega consigo visões diversificadas do mundo, sem a pretensão de dizer verdades, mas tendo uma postura reflexiva.

A pretensão à neutralidade leva o Direito a se afastar do presente, da realidade da vida. Um jurista que se sabe pertencente a algo anterior a ele próprio, enxerga o Direito não mais como um conjunto de normas, mas como uma construção histórica infinita de sua comunidade política, como tradição e linguagem.

Relembrando sempre que a tradição em Gadamer não é algo pronto e imutável. Na verdade, seu sentido está ligado à ideia de transmissão, por estar diretamente relacionada com os efeitos que a história opera em toda compreensão, esteja o intérprete ciente ou não.

Ao trazer esta concepção para o Direito, percebemos que este não é algo pronto que significa apenas continuidade, mas algo que nos traz aspectos de um passado que forma nosso "conhecimento jurídico", e que reconstruímos e reinterpretamos a cada aplicação ao caso concreto.

Portanto, é preciso que o jurista se assuma enquanto ser histórico, inserido em uma tradição e linguagem jurídica, da qual não pode se dissociar ao mesmo tempo em que também as constitui. Sendo assim, é preciso abandonar a dicotomia moderna entre sujeito e objeto, e para isso e literatura, ao lado da filosofia é um instrumento essencial.

---

[2] CHAMON, 2008, p. 149.

Referências

CHAMON Jr., Lúcio Antônio. *Teoria da Argumentação Jurídica.* Rio de Janeiro: Ed. Lúmen Júris, 2008.

GADAMER, Hans Georg. *Verdade e Método.* Trad. Flávio Paulo Meurer. Petrópolis: Ed. Vozes, 1997.

GADAMER, Hans Georg. *Hermenêutica da obra de arte.* Trad. Marco Antônio Casanova. São Paulo: Ed. Martins fontes, 2010.

GRONDIN, Jean. *Introdução à hermenêutica filosófica.* São Leopoldo: UNISINOS, 1999.

HART, H. L. A. *O conceito de Direito.* 5. ed. Tradução de Antônio de Oliveira Sette-Câmara. São Paulo: Ed. Martins Fontes, 2012.

KELSEN, Hans. *Teoria Pura do Direito.* Trad. João Baptista Machado. São Paulo: Ed. Martins Fontes, 2006.

KUHN, Thomas S. *A estrutura das revoluções científicas.* 5. ed. São Paulo: Editora Perspectiva S.A, 1997.

Revista do Instituto de Hermenêutica Jurídica – Vol. 8, n.8 (2010). Belo Horizonte: Instituto de Hermenêutica Jurídica, 2003.

RIBEIRO, Fernando José Armando; BRAGA, Barbara Gonçalves de Araújo. *A Teoria das Fontes do Direito revisitada:* uma reflexão a partir do paradigma do estado democrático de direito. Disponível em: <http://www.conpedi.org.br/manaus/arquivos/anais/salvador/fernando_jose_armando_ribeiro-1.pdf>Acesso em: 30 de março de 2012.

SILVA, Francisco Paulo da. Articulações entre poder e discurso em Michel Foucault. In: SARGENTINI, Vanice; NAVARRO-BARBOSA, Pedro (Org.). *Foucault e os domínios da linguagem*: discurso, poder, subjetividade. São Carlos: Claraluz, 2004.

DIREITO, ALTERIDADE E VIOLÊNCIA: UMA REFLEXÃO A PARTIR DE "A GAROTA DINAMARQUESA"

Bernardo Gomes Barbosa Nogueira[1]
Fernando Armando Ribeiro[2]

1. Direito, arte e a desconstrução possível da violência normativa

O presente texto pretende uma abordagem filosófico-jurídico-artística a partir do filme "A Garota Dinamarquesa", que relata a história da primeira pessoa a se submeter a uma cirurgia de mudança de gênero. Contudo, o trabalho não pretende abordar a questão de fundo que ressoa como evidente, qual seja, uma discussão acerca das questões de gênero. Nesse sentido, nossa proposta está aliada a uma leitura que se inicia com a hipótese da arte como local mais adequado para invenção de um "outro"/ "outra" – por que nunca falamos uma outra que vem? O filme incita-nos uma reflexão, que, entendemos, aponta ao próprio coração do movimento *law and humanities,* pois, quando a pintura da esposa começa a se revelar pelas curvas de Einar, o "evento", aquele local inaugural do humano, emerge enquanto narrativa. A alteridade aflora e arranca antes de qualquer conceito, sugerindo-nos o encontro entre a ética de Lévinas (2000) e a construção do humano pela arte.

---

[1] Doutorando em Teoria do Direito pela PUC Minas. Mestre em Direito pela Faculdade de Direito da Universidade de Coimbra. Professor da Escola de Direito do Centro Universitário Newton Paiva.

[2] Doutor em Direito pela UFMG; Pós-Doutor pela University of California Berkeley (EUA); Professor da PUC Minas. Membro da Academia Mineira de Letras Jurídicas (Cadeira 34); Juiz do TJMMG.

Assim, procuraremos observar como a alteridade, dita a partir de Lévinas (2000), e a própria ideia de literatura, alicerçada pelo conceito de Derrida (2001), poderiam nos indicar um caminho ético interessante para percebermos que a proximidade da narrativa jurídica com a narrativa artística apresenta-se como solo fértil para a abertura a uma alteridade que vem. Aquela mesma do infinito levinasiano, amparada pela desconstrução derridiana, que aqui figura como mote a nos permitir encontros inesperados, uma vez que o "outro"/ a "outra", existem enquanto chegantes absolutos inesperados. "Hóspedes" de um tempo, ele mesmo inventado, arte.

> Esse distanciamento da verdade que se retira de si própria, que se suspende entre aspas (maquinação, grito, voo e garras de um grou), tudo isto que vai obrigar, na escrita de Nietzsche, a colocação da 'verdade' entre aspas – e, como consequência rigorosa, de todo o resto –, isto que vai, então, *inscrever* a verdade – e, como consequência rigorosa, inscrever em geral, digamos que não seja o feminino: mas a 'operação' feminina.
>
> Ela (se) escreve.
>
> É a ela que regressa o estilo.
>
> Mais ainda: se o estilo era o homem (como o pênis seria, segundo Freud, 'o protótipo normal do fetiche'), a escritura seria a mulher.[3]

A valorização dos limites formais de um Direito visto como ordenamento jurídico pode mesmo impedir a correta compreensão de que a continuidade e a descontinuidade mantêm uma mútua relação de dependência e implicação. Como uma vez já constatamos, a difundida noção de continuidade no Direito pode revelar-se como uma fórmula para simplificar e mitificar momentos históricos tumultuosos, em que, assim como na Geografia, a continuidade se afirma através de uma sistematização dos fenômenos de descontinuidade.

Uma das características mais paradoxais do Direito moderno reside no fato de que este, sendo fruto autêntico de uma revolução, veio a depositar tamanha confiança na estruturação formal do sistema, que passaria a suprimir a própria ideia de descontinuidade.[4] Para isto concorreram evidentemente muitos fenômenos, entre os quais se situa, com destacada importância, os elementos teóricos e ideológicos conformadores das revoluções modernas, dentre as quais se destaca a Revolução Francesa. A crença na fundação de um "marco zero" na história, a partir do desenvolvimento de um modelo jurídico que se pretendia uma absoluta ruptura com todos os legados do passado, somado à nova equação que legitimava

---

[3] DERRIDA, 1981, p. 31-32, tradução do autor.

[4] RIBEIRO, 2013, p. 155-157.

o Direito por remissão à soberania popular, forneceu as bases de sustentação dos postulados centrais do positivismo jurídico.

Todavia, não podemos negar a profunda importância que a revolução representa para a construção do direito moderno, seja em sua gênese histórica, seja nos fundamentos de alguns de seus alicerces teóricos como a possibilidade de sua contínua expansão e reprodução. Não podemos nunca nos esquecer de que o compromisso de que o Direito se faça obra de um povo exige que o hoje não se apresente como uma simples derivação do ontem, mas como escolha, cuja manutenção dependerá da legitimação de seus próprios postulados.

Daí ser imperioso que o direito se deixe filtrar pela arte para que possa se expor a uma fecunda e distinta revolução, e não apenas aquela trazida pela mudança legislativa das normas jurídicas. É o direito que se deixa ressignificar, colocar suas prescrições normativas à prova não apenas da razão, mas também do sentimento humano, inserindo-se, portanto, numa dinâmica de transformação muito mais rica e fecunda. E muito mais rica e fecunda porque muito mais próxima da vida humana em sociedade. A arte expõe e testifica as prescrições normativas de uma maneira muito distinta e efetiva. Não as submete apenas ao teste de racionalidade por argumentos de cunho lógico ou universalista, mas testifica-as pelo plano da particularidade, da sensibilidade e do jogo de emoções que desvela limites, dimensões e consequências nem sequer imagináveis por elucubrações racionais.

É com uma sugestão que iniciaremos esse texto. Sugerimos, portanto, que a arte é o próprio local da invenção humana. Até aqui nada demais, contudo, parece-nos que o tempo da arte, seria, ele mesmo, um tempo outro. Iremos assim, de mãos dadas com esse tempo outro, e por isso mesmo, estando já inseridos em uma dimensão de infinito. Ora, "aquela que vem" denota a própria ideia do infinito. Essa ideia a que o "rosto" dito por Lévinas (2000) sempre nos obriga.

Tal como a tela de Gerda desempenha no filme um papel desvelador e revelador da verdade de Lili, que ali se contempla, o direito compreendido por meio da arte torna possível o exsurgir da justiça, instituindo-se como visão de futuro e não mero compromisso objetificador do passado.

Na pintura, Lili encontrava uma forma de alcançar seu desejo existencial mais profundo e reprimido. Também o direito refletido pela arte poderá talvez saber perceber as necessidades mais básicas e fundamentais do humano, que se façam eventualmente reprimidas e impossibilitadas de manifestação. Assim, os juristas que se permitirem compreender o direito pelas lentes da literatura e das artes poderão certamente ver ao longe, ver em ausência, ver no invisível e até no infinito ver.

A pintura, não o quadro, nos interessa aqui. A tessitura e a construção das palavras também nos interessam aqui, e muito. Ora, com a inserção de um "*a*", Derrida colocou no texto aquilo que não pode ser ouvido. A *différance* derridiana é a pintura de Gerda. Estava ali, porém não podia ser ouvida. Com ela nasce Lili. A pintura é tudo aquilo que se vê, porém, não ainda pode ser ouvida. Não podemos falar da pintura, talvez dos quadros. A pintura é enquanto obra a constituir um tempo. O dito não alcançaria, portanto, a pintura. Vamos a essa questão, a ideia de Derrida acerca da *différance* produz dimensões que nos importam imensamente:

> Como se pode notar, esse 'a' se escreve ou se lê, mas não se pode ouvi-lo. Eu insisto, sobretudo, no fato de que o discurso – por exemplo, o nosso, neste momento – sobre essa alteração ou essa agressão gráfica e gramatical implica uma referência irredutível à intervenção muda de um signo escrito (...) *Primeiramente, différance* remete ao movimento (ativo e passivo) que consiste em diferir, por retardo, delegação, adiamento, reenvio, desvio, prorrogação, reserva. Nesse sentido, a *différance* não é precedida pela unidade originária e indivisa de uma possibilidade presente que eu colocaria em reserva; tal qual uma despesa que eu deixaria para mais tarde, por cálculo ou por previsão econômica. O que difere a presença é, ao contrário, aquilo a partir do qual a presença é – em seu representante, em seu signo, em seu rastro – anunciada ou desejada...[5]

2. De Einar a Lili

O percurso de Einar a Lili, de Einar para Lili é um primeiro instante de nossa discussão. Assim, afirmamos à partida que a *différance* é a própria ética. Em que consistiria essa afirmação? Bom, aqui é simples perceber que ao inserir uma letra que não pode ser ouvida, não podemos necessariamente olvidar ao tema que estamos a trabalhar, qual seja, da arte como local ético por excelência. Assim, quando Gerda solicita a Einar que se vista com trajes considerados femininos, apesar de um pequeno instante de relutância, logo superado, ele se veste e dá início a um processo de existência plena. Ao se fantasiar, imediatamente impõe-se sobre ele uma força outra, que aqui chamaremos de ética da arte.

A ética da arte consistiria em uma hipótese na qual cada vez que o humano é colocado em relação com a arte – aqui a pintura – ele se transforma em uma dimensão mais alta de eticidade, sobre a qual nenhuma hipótese de filtro racional pode ser observada. Nesta dimensão, a arte só é se for ética. E assim, talvez,

---

[5] DERRIDA, 2001, p. 14.

possamos alcançar aquilo que Lévinas chama de uma alteridade absoluta. Mas ainda não iremos discutir essa questão. Importa ainda questionar acerca da ideia acima. Esse pensamento não pode ser considerado sob um prisma racionalista. Mas a dimensão da arte, e neste caso, a dimensão ética que a arte nos permite, sustenta-se naquilo mesmo que nos constitui no mundo. Não há uma espera ou pretensão dominadora racional do conceito. Como dito no próprio resumo do texto, a arte é enquanto aquilo que nos instaura no mundo enquanto infinito. Enquanto alteridade, ora, estar na arte seria um habitar o outro, em nossa hipótese, a outra, enquanto realização, evento.

O assombro de Einar, agora Lili, dá-se na medida mesma em que habitar a arte, fazendo-se modelo para a pintura da esposa, foi ao mesmo tempo ver-se habitada. O corpo, prisão da natureza, violência - voltaremos a esse tema - se esvai em inaugurabilidade, desde os gestos novos, aqueles ainda não experimentados, e todo o medo daquele(a) que vem.

Na composição da tela, Gerda concebe primeiro os pés de Lili. Como uma deusa a conceber uma nova cria. A pintura de Gerda, até então inaudita pela crítica, após Lili, acende. O caminho possível de Einar a Lili passa pela pintura. É que ele passa por aquilo que não pode ser ouvido. Gerda acresce ao texto de Einar a sua pintura, que agora é ela mesma a própria existência de Lili. A ética da arte é, portanto, a própria manjedoura de Lili. Einar fora fecundado pela arte e nascera Lili, essa é a dimensão que comporta a relação do humano com a arte, capaz de invenção, de absurdo.

Aquela que vem apenas se completa enquanto "hospitalidade incondicional" quando se dá na desmedida da arte. Ora, aquela que vem não pode ser cria de uma racionalidade pré-concebida, ou seja, se houver previsão para "aquele que vem", a outra não vem propriamente, uma vez que já estipulada antes de chegar. A tentativa de antecipação racional da espera é a própria impossibilidade da chegada. Assim, Einar não poderia nunca ser uma pintura de Gerda, pois estava ali enquanto presença. Nesse sentido é que a pintura de Gerda torna-se verdadeiramente pintura, quando há uma chegada inesperada, e não antecipada, treinada ou medida. "Aquela que vem" não pode ser esperada, posto que evento, posto que alteridade absoluta.

Dois momentos são importantes. O primeiro, a percepção da outra que vem quando Einar se fantasia de Lili. A arte enquanto fantasia é pura recepção. Não há limites para aquela que vem, posto que invenção. De outro lado, na pintura de Gerda converte-se em um dizer, e por isso mesmo ela passa o resto dos dias a pintar Lili. Nunca acabada, Lili é uma invenção que se dá na arte infinita de Gerda. A ética da arte seria o local de morada do infinito que é a outra.

Veja-se, estamos a tratar da pintura e não do quadro. Na ética da arte não há dito. Ela é um impossível, assim como nos permite reconhecer Derrida. Nestes termos é que Gerda, ao experimentar essa chegada, realiza a própria significação etimológica da palavra *hospitalidade*, que desemboca ao fim em *hostil*. Não há meio termo nessa chegada. Lili agora habita a arte de Gerda, e ela, enquanto mãe, artífice e esposa traída, a recebe. Como tragédia, pintará para sempre Lili, sua cria, vilã, amiga, e agora, sua condição mesma de possibilidade como artista. Não há aqui a velha dicotomia metafísica entre criador e criatura. Em verdade só há Lili porque há Gerda, e só há Gerda porque há Lili. Assim, nada de criadora e criatura. A concepção da existência dá-se exatamente no jogo do texto que é a partir e desde então *différance*. Daí termos dito que a *différance* é a própria ética. De Einar a Lili, vimos, no entre, Gerda. Também evento concebido pela arte. Como dissemos, não há um início fundamental, senão, *différance*. E para que a outra venha, para que ela chegue, importa ética, logo, arte.

3. Aquela que vem

Iniciaremos esse tópico com outra sugestão. Ao invés de grafarmos "aquele que vem" ou "outro", termos caros à hospitalidade incondicional de Derrida, como também para a ética da alteridade de Lévinas, sugerimos "aquela que vem" e "outra". Ora, há como que uma violência da linguagem que nos obriga a concordâncias que não são consonantes com uma alteridade que se queira absoluta. Pois "outro" não é "outra" e "aquele" não é "aquela". Assim, Lili é uma outra que vem. Não é um outro. Tampouco não é aquele, mas sim, aquela.

Lili é aquela que vem. Chegou a Gerda sem avisar. A pintura de Gerda é também ao mesmo tempo concepção e condição de existência de Lili. Por isso mesmo, agora pela via invertida podemos dizer que a arte concebe a existência de Lili. Ora, ela existe pela primeira vez enquanto pintura. E de agora em diante não deixará de colorir. Colore os olhos. Colore as roupas. Colore os olhos da sociedade. Mancha com batom um tempo novo – possível apenas pela arte de Gerda.

Contudo, sabe-se que a hospitalidade incondicional vem com tudo. Gerda não terá mais Einar. Einar precisa morrer para Lili chegar. Aquela que chega também mata. Apenas a ética da arte permite, assim, ao mesmo tempo, uma morte para viver. A morte de Einar significa a vida de Lili, que surge plena na pintura de Gerda. Daí que ela não poderia ser "aquele que vem", não poderia ser "o outro", posto que o tempo, quando estamos a nos relacionar com a ética, é o tempo do outro, aqui, o tempo da outra. Aquela que inaugura a carreira de pintora reconhecida de Gerda, aquela que permite a Gerda uma existência em plenitude artística. É o humano uma obra de arte?

4. Um corpo que vem

A sugestão da mudança acerca do artigo a ser usado para grafar a alteridade que vem foi um recurso para que pudéssemos abordar a questão da violência. Não iremos abordar nenhuma outra forma de violência, senão, aquela chamada "objetiva" por Zizek (2014). O corpo de Einar coloca-se como violência em relação à existência de Lili. Chamá-la de outro é também uma violência. É importante realizarmos uma leitura outra.[6]

> Em primeiro lugar, há uma violência 'simbólica' encarnada na linguagem e em suas formas, naquilo que Heidegger chamaria a 'nossa casa do ser'. Como veremos adiante, essa violência não está em ação apenas nos casos evidentes – e largamente estudados – de provocação e de relações de dominação social que nossas formas de discurso habituais reproduzem: há uma forma ainda mais fundamental de violência que pertence à linguagem enquanto tal, à imposição de um certo universo de sentido.[7]

Quando Lili vai realizar as operações, ela mesma relata a violência que sentia em relação ao corpo que a habitava. É difícil não incorrermos em uma discussão de gênero, sexualidade e corpo, porém, não seria essa nossa intenção. Assim, o corpo que vem foi nossa opção para pensarmos o quão importante seria uma tratativa ética do corpo ao invés de uma matriz biologicista que insiste em ter no corpo uma prisão. O corpo que vem seria o corpo do outro, ou o corpo da outra. Não o corpo conceitual que vem predisposto de acordo com a violência estrutural da sociedade na qual está inserido. Recusar um olhar de desconstrução sobre o direito seria correr o risco de perenizar tais violências.

Lili, portanto, é o corpo que vem. O corpo que vem e não o avesso de Einar, mas uma hipótese que se dá na dimensão mesma do infinito que é a outra, ou o outro, dependendo da hipótese. Lili evidencia, portanto, a necessidade de uma leitura ética acerca da estrutura mesma de corpo. Assim como nos dá uma dimensão necessária de revisão ética da própria linguagem que sequer admite que o que vem seja "aquela" ou "outra". Trata-se talvez de recorrermos a Derrida e sua ideia de que "a escritura seria a mulher". A pintura de Gerda é a escritura que permite Lili. E essa escritura não pode ser encerrada. Lili é o infinito de Gerda. Ela é, portanto, a própria pintura, escritura viva, não dito, dizer.

---

[6] Válido aqui recordar Drummond, em seu poema Liberdade (2016):
O pássaro é livre
na prisão do ar.
O espírito é livre
na prisão do corpo.
Mas livre, bem livre,
é mesmo estar morto.

[7] ZIZEK, 2014, p. 17.

5. O corpo enquanto não habitação da outra: a arte

Não há como falar sobre Lili sem que mencionemos a ideia de hospitalidade incondicional de Derrida. Neste ideário o autor desconstrói o pensamento de Kant trazido em seu opúsculo "A paz perpétua". Para tanto, vale-se da ideia de que há a necessidade de uma hospitalidade incondicional a despeito da hospitalidade condicional que Kant nos oferece.

Assim, para essa reflexão, podemos perceber que a arte de Gerda esteve para Lili em hospitalidade incondicional. Ora, não há na ideia de ética da arte qualquer *a priori* que impeça que aquela que venha chegue a sua absolutidade, em sua "santidade", para usar os termos que Derrida herda de Lévinas. A outra como santa é uma espécie de inspiração para que haja Lili. Obra de arte em sua mais pura aparição, aquela que se diz de uma alteridade inalcançável, sem cálculo, e assim, e por isso mesmo, da ordem da arte, e cuja proximidade ao direito o torna mais próximo da própria justiça.

É importante pensar novamente, frisamos, que a pintura de Gerda é esse não lugar que habita a invenção. Esse não lugar é o único caminho para que Lili exista. Ora, caso estivéssemos a cumprir a lei da chegada, as leis de imigração, a lei da pintura, estaríamos distantes da Lei da Hospitalidade que nos obriga a deixar o outro ou a outra vir – pois estamos desde sempre obrigados a elas e a eles. Esse é o imperativo ético da hospitalidade, e esse é o mote que nos permite dizer que para uma efetiva relação de justiça, aquela que vem não poderia ser antecipada por um simples golpe da razão moderna – que, ademais, tantas vezes acompanha as ideias de direito. A pintura é o impossível do quadro. Assim como a justiça é o impossível do direito. Logo, a pintura de Gerda está para Lili na medida de uma procura pela realização desse impossível.

A hospitalidade incondicional de Derrida está mais próxima do evento que a consuma a partir da arte. A pintura é o local de nascimento de Lili. A hospitalidade incondicional é aquela na qual quem vem dita as regras. Gerda pintou Lili. Lili matou Einar. Como uma chegante absoluta, não poderia respeitar as ordens. A violência que mencionamos acima – do corpo, da linguagem – é confrontada pela invenção ética. A violência, portanto, cessa ante o evento, que é pura doação ética. Imprevisibilidade pela sua própria característica de ser evento. É interessante notar a crítica de Derrida à ideia de uma hospitalidade condicional:

> Se nos detemos um pouco mais sobre esse dado significativo, pode-se notar mais um paradoxo ou uma contradição: esse direito à hospitalidade oferecido a um estrangeiro 'em família', representado e protegido por seu nome de família, é ao mesmo tempo o que torna possível a hospitalidade ou a

> relação de hospitalidade com o estrangeiro, o limite e o proibido. Nessas condições, não se oferece hospitalidade ao que chega anônimo e a qualquer um que não tenha nome próprio, nem patrimônio, nem família, nem estatuto social, alguém que logo seria tratado não como estrangeiro, mas como mais um bárbaro.[8]

Lili não poderia existir a não ser na exata dimensão que a hospitalidade incondicional da arte oferece. Não há ali uma aduana a questionar seu passaporte, pois Lili é mesmo a própria estrangeiridade de si, trazendo em seu corpo a marca daquilo que não é, existindo apenas como arte. A hospitalidade incondicional é o próprio idioma da arte. A língua de Lili é a língua daquela que vem. Sequer há na arte um estatuto social, o quando de Gerda não tem país ou idioma.

Lili é a própria chegante absoluta. Traz consigo todo seu assombro, sua ausência de identidade, sua não relação com o sexo, sua dimensão de *différance*, sua falta de jeitos, sua arte, sua não família, que havia concebido Einar. Ela insinua que a hospitalidade incondicional nos obriga à própria cegueira, nos obriga a uma pintura eterna, constante. A cada pincelada de Gerda, escapava a existência de Lili, evidenciando que o endereço de partida fora esquecido, dado que Lili não existia antes de sua invenção pela arte: só há hospitalidade incondicional se houver arte. Aquela que não pode ser identificada e mesmo assim nos "passa à frente".

6. A literatura como pintura, o direito como quadro

Lili é pintura. Einar, pintor.

Derrida nos ensina que a desconstrução seria a própria justiça. Esta última, por sua vez, seria indesconstrutível. Assim, desde o nascimento de Lili, a invenção é invenção da justiça. Não há, portanto, a ideia de justiça sem que esteja aliada a uma ideia de invenção, pois a cada vez que somos impelidos a questionar acerca da justiça, estamos já na dimensão de outra existência, da existência daquela que vem: inabarcável pela hipótese do *cogito*.

Procuramos dialogar com a dimensão do dito e a do dizer, como nos permite reconhecer Aroso Linhares, estamos a discutir aqui "o dito do direito e o dizer da justiça" (LINHARES, 2008), o mesmo que falar "o dito do quadro e o dizer da pintura". Enquanto Gerda pinta Lili ela procura realizar a justiça impossível que Derrida enuncia em seu "Força de Lei". Contudo, e aqui nos parece um ponto crucial, ela nunca mais deixaria de pintar Lili. Ora, a justiça, a pintura, são

---

[8] DERRIDA, 2003, p. 45.

indescontrutíveis a despeito de sua necessidade de realização respectivamente no direito e no quadro.

> 'Talvez', é preciso sempre dizer *talvez* quanto à justiça. Há um porvir para justiça, e só há justiça na medida em que seja possível o acontecimento que, como acontecimento, excede o cálculo, às regras, aos programas, às antecipações, etc. A justiça, como experiência da alteridade absoluta, é inapresentável, mas é a chance do acontecimento e a condição da história [...] Mas a justiça incalculável *manda* calcular. E primeiramente no mais próximo daquilo a que associamos a justiça, isto é, o direito. [...] Não apenas *é preciso* calcular, negociar a relação entre o calculável e o incalculável, e negociar sem regra que não esteja por reinventar ali onde estamos 'jogados, ali onde nos encontramos; mas *é preciso* também fazê-lo tão longe quanto possível, para além do lugar em que nos encontramos e para além das zonas já identificáveis da moral, da política ou do direito'.[9]

A justiça precisa do direito, do cálculo, assim como, a pintura precisa do quadro, contudo, e esse é ponto importante no qual precisamos demorar, direito não é justiça e pintura não é quadro. Logo, a única hipótese de justiça é aquela que vem. Assim, a cada quadro de Gerda abre-se a necessidade de uma pintura outra, aquela que entranha pela incompletude que revela o próprio humano, incompletude que afeta o direito em seu seio e que nos impulsiona a discutir a questão da justiça à luz desta película, que, ademais, nos permitiu a inauguração de uma nova dimensão humana – aquela que habitou Lili e a fez ao mesmo tempo nascer.

Ainda na orientação de Derrida, quando nos ensina que a literatura seria "essa estranha instituição na qual tudo pode ser dito", parece-nos, aliás, este é um ponto muito importante, que não podemos olvidar, pois entendemos literatura como aquilo que possibilita a produção de narrativas, seja aquilo que filma, que pinta, canta ou escreve. Assim, na pintura, que excede o quadro, vemos a justiça a exceder o direito. Gerda fornece justiça a cada pintura, contudo, a justiça não é da ordem do cálculo e por isso mesmo, não está na dimensão do quadro, apesar de necessitar dele para se colocar. Contudo, e é essa nossa ideia, não há nunca justiça e haverá sempre justiça – desde que reconheçamos que a justiça é da ordem da invenção, da pintura e não do quadro. Lili é uma expressão inaugural, é evento, cria tempo novo. Isso significa justiça, mesmo que dela não se dê conta. A justiça enquanto desconstrução é o a-caminho pelo qual Einar andou até Lili. O próximo passo não podemos prever: uma vez mais, a justiça é da ordem daquela que vem.

---

[9] DERRIDA, 2010, p. 54-55.

7. Bibliografia

ANDRADE, Carlos Drummond de. *Farwell*. São Paulo: Cia das Letras, 2016.

DERRIDA, Jacques. *Da Hospitalidade*. Tradução de Fernanda Bernardo. Praga: Palimage, 2003.

DERRIDA, Jacques. *Espolones Los estilos de Nietzshe*. Traduzido por M. Arranz Lázaro Pretextos: Valencia, 1981.

DERRIDA, Jacques. *Força de lei*: o fundamento místico da autoridade. Tradução de Leyla Perrone-Moisés. 2. ed. São Paulo: Editora WMF Martins Fontes, 2010.

DERRIDA, Jacques. *Posições*. Belo Horizonte: Autêntica, 2001.

LINHARES, Aroso J. M. O dito do direito e o dizer da justiça. *Revista Themis*, Coimbra: Coimbra Editora, 2008, p. 212.

RIBEIRO, Fernando Armando. *Constitucionalismo e teoria do direito*. Belo Horizonte: Del Rey, 2013.

ZIZEK, Slavoj. *Violência*. Tradução de Miguel Serras Pereira. São Paulo: Boitempo, 2014.

JURISDIÇÃO, RAZÃO E SENSIBILIDADE OU DE COMO AS *EMOÇÕES RACIONAIS* PODEM SERVIR DE GUIA NA CONSTRUÇÃO DE RESPOSTAS CORRETAMENTE JUSTIFICADAS

Carlos Alberto Simões de Tomaz[1]

1. Introdução

Um rápido exame nas práticas judiciais cotidianas permite de plano vislumbrar que os juízes se movem em direção a uma eficiência na prestação da tutela tolhida em nome de dados estatísticos. Deveras, escondidos dentro da "caixa preta", o despertar do papel – até mesmo para que a comunidade dele conheça e o prestigie – está exigindo que a magistratura mostre o que faz para ser conhecida. Isso implica em cotidiana divulgação de números, números e mais números. Do juiz do mais longínquo rincão deste País até a Suprema Corte, a divulgação de dados estatísticos tornou-se rotina cotidiana.

Ao lado disso, o apelo de ordem econômica vem erigido sob o viés do princípio da eficiência e é verbalizado em jargões do tipo: "A justiça tal paga-se a si própria em face da arrecadação que propicia aos cofres do Estado...", ou na roupagem: "O que se arrecada com tributos é superior à despesa, inclusive com pessoal...",

1 Mestre em Direito das Relações Internacionais (UNICEUB/DF). Doutor em Direito Público (UNISINOS/RS). Pós-Doutor em Filosofia do Direito (Universidade de Coimbra). Coordenador do Programa de Pós-Graduação em Direito (Mestrado em Proteção dos Direitos Fundamentais) da Universidade de Itaúna/MG. Magistrado.

tudo no afã de imprimir eficiência (econômica!) ao Judiciário. A ideia de que se está fazendo muito imprime uma certa racionalidade pública que passa a ser chancelada com os dados estatísticos e a qualidade da produção não é ou pouco é [?] perquirida quando é realmente essa que vai imprimir o grau de eficiência institucional.

As práticas judiciais, com efeito, entregues aos arbítrios e amarras incontroláveis das estatísticas não se apresentam em grande proporção alimentadas pelas fontes de conhecimento externo que as humanidades, incluindo a filosofia e a crítica literária lhes proporcionam. O resultado disso são decisões que conquanto engrossem as colunas estatísticas, apresentam-se assépticas, muitas vezes fundamentadas por referência a um certo precedente sem a devida contextualização hermenêutica, cruas, insensíveis, como se não tivessem sido proferidas por um homem (o *homo humanus* que é projeto do direito) e igualmente a ele destinada.

Isso tudo acontece sob o império de uma fachada positivista onde ainda predomina a ideia de reduzir o direito à norma jurídica escrita.

A compreensão do direito e da prática judicial sem dúvida se encontra submetida às amarras de muitos outros fatores. Os aqui deduzidos, presentemente tão vislumbrados na experiência brasileira, já se avultam suficientes, como estamos convencidos, para justificar o testemunho que Martha Nussbaum[22] assume

> quando invoca as implicações políticos sociais do *literary lingusitic turn*, mas sobretudo enquanto confia à 'imaginação literária' (tanto mais fecunda quanto inseparável de experiências *situadas* de 'perdão' e de 'compaixão', de 'respeito pela singularidade' e de 'paixão pela justiça') a tarefa imprescindível de uma *mediação* (...) que se cumpre privilegiadamente como *resistência*: denunciando uma certa concepção da 'razão pública' (que se pretende científica)... e esboçando-abrindo o *work in progress* de uma alternativa (*a vivid conception of public reasoning that is* humanistic *and not pseudo-sientific*).[33]

É por isso que temos insistido na proposta de Martha Nussbaum no afã de palmilhar os caminhos de uma racionalidade jurídica aliada a uma sensibilidade,

---

[2] NUSSBAUM, Martha C, in: *Poetic* Justice. Aqui utilizaremos a versão espanhorla: *Justicia Poética. La imaginación literária y La vida pública*. Barcelona: Editorial Andres Bello, 1997. Especificamente para o capítulo 3 "Emoções Racionais", privilegiamos a tradução brasileira in: *Direito e Literatura. Discurso, Imaginário e Normatividade*. TRINDADE, André Karam; GUBERT, Roberta Magalhães e COPETTI NETO, Alfredo (Orgs.). Porto Alegre: Nuria Fabris, 2010, pp. 345 – 377.

[3] AROSO LINHARES, José Manoel. "Imaginação Literária e "Justiça Poética" – Um discurso da "Área Aberta"?" In: *Direito & Literatura. Discurso, Imaginário e Normatividade*. TRINDADE, André Karam; GUBERT, Roberta Magalhães e COPETTI NETO, Alfredo (Orgs.). Porto Alegre: Nuria Fabris, 2010, p. 270.

que julgamos imprescindível para a construção de uma resposta certa – não apenas formal, mas materialmente justificada – no espaço do Estado Democrático de Direito como a verdadeira missão da jurisdição.

É disso que nos ocuparemos neste artigo.

2. Quando a emoção entra por uma janela, a razão sai pela porta? O juiz *espectador judicioso*

Antes de chegarmos ao modelo de juiz alvitrado por Nussbaum a partir de uma aproximação entre o direito e a literatura, impende registrar que Dworkin também procede a essa aproximação quando se depara com o problema da interpretação.

2.1 Direito *como* Literatura: a proposta de Dworkin

Com efeito, para Dworkin a atuação do juiz como intérprete é marcada decisivamente pelo binômio "*integridade* e *coerência*" quando revela a nítida pretensão de impor um propósito ao texto, aos dados ou às tradições que está interpretando, de tal sorte que as práticas jurídicas "são verdadeiras se constam, ou se derivam, dos princípios de justiça, equidade e devido processo legal que oferecem a melhor interpretação construtiva da prática jurídica da comunidade"[4] e, assim, a validade do direito repousaria na coerência, na exata medida em que a decisão, engajada nos princípios comunitários, apresente-se erigida a partir de uma adequada correlação entre o passado (tradição) e o futuro. Por isso ele se socorre da analogia com a interpretação literária para fazer ver tal qual o escritor, que desenvolve um capítulo considerando os capítulos anteriores, a cadeia de direito (*chain of law*) revela-se quando a argumentação volta-se às decisões pretéritas.[5] A coerência da argumentação jurídica repousaria, assim, na cadeia de direito, ao mesmo tempo em que satisfaria a legitimidade do direito, garantiria a segurança do processo de integridade (*law as integrity*).

A proposição de Dworkin (*direito como literatura*) coloca o juiz como principal ator da prática jurídica comunitária, com a missão de preservar o grande *romance em cadeia* que se escreve a cada decisão, onde tudo aquilo que outros juízes disseram antes é apresentado como elemento de interpretação na construção do capítulo seguinte, que se apresentará coerente se ele age com integridade. E Dworkin faz uma analogia da prática judicial com a construção de um romance

---

[4] DWORKIN, Ronald. *O Império do Direito*. São Paulo: Martins Fontes, 1999, p. 272.

[5] Idem, pp. 275 – 285.

coletivo onde vários autores vão construir um capítulo. Todos deverão ter a consciência de que estão escrevendo um único romance quando se debruçam sobre o material recebido dos outros. Cada um deve atuar da melhor forma possível para que a obra se apresente como se fosse de um único autor. E ele registra que essa tarefa interpretativa

> exige uma avaliação geral da sua parte, ou uma série de avaliações gerais à medida que ele escreve e reescreve. Deve adotar um ponto de vista sobre o romance que vai formando aos poucos, alguma teoria que lhe permita trabalhar elementos como personagens, trama, gênero, tema e objetivo, para decidir o que considerar como continuidade e não como um novo começo[6]. Se for um bom crítico, seu modo de lidar com essas questões será complicado e multifacetado, pois o valor de um bom romance não pode ser apreendido a partir de uma única perspectiva. Vai tentar encontrar níveis e correntes de sentido, em vez de um único e exaustivo tema.[7]

A projeção desse grande romance em nível internacional faria emergir aquilo que Allard e Gasparon chamam de *comércio entre juízes*, onde a busca de elementos hermenêuticos colocaria juízes em contato com a linha argumentativa de decisões de colegas de outros sistemas jurídicos, seja igualmente estatais ou mesmo supranacionais, de tal sorte que a coerência argumentativa se veria, assim, enriquecida. Segundo Allard e Gasparon,

---

[6] Desarraigar a tradição e deflagrar um começo novo exige um hercúleo esforço hermenêutico e pode, com efeito, comprometer os critérios de integridade e coerência: "Podemos ampliar essa descrição abstrata da opinião do romancista em cadeia através de um exemplo. Suponha que você é um romancista na parte inferior da cadeia. Suponha que Dickens nunca escreveu *Conto de Natal*, e que o texto que lhe dão, apesar de ter sido escrito por várias pessoas, é a primeira parte desse conto. Considere estas duas interpretações do personagem principal: Scrooge é inerente e irrecuperavelmente mau, uma encarnação da maldade consumada da natureza humana livre dos disfarces da convenção que ele rejeita; ou Scrooge é inerentemente bom, mas progressivamente corrompido pelos valores falsos e pelas exigências perversas da sociedade capitalista. É evidente que sua escolha de uma ou outra dessas interpretações fará uma enorme diferença na continuação da história. Se lhe deram só o final de *Conto de Natal* para escrever – Scrooge já teve seus sonhos, arrependeu-se e mandou seu peru –, já é tarde para você torná-lo irrecuperavelmente mau, a menos que pense, como o faria a maior parte dos intérpretes, que o texto não suportará essa interpretação sem um enorme esforço. Não quero dizer que nenhum intérprete poderia considerar Scrooge intrinsecamente mau depois de sua suposta redenção. Alguém poderia ver essa pretensa redenção como um ato final de hipocrisia, ainda que para isso não pudesse tomar em sentido literal muitos outros aspectos do texto. Tal interpretação seria medíocre, não porque nela não fosse possível encontrar algum valor, mas porque na verdade, de acordo com todos os critérios que até aqui descrevemos, trata-se de uma interpretação ruim" (DWORKIN, op. cit., p. 279-280).

[7] Idem, p. 276-275.

a expressão apresenta o mérito de remeter às duas facetas da mundialização do direito: é simultaneamente uma rede de trocas, intercâmbios, e uma forma de sociabilidade nascida do desejo de estabelecer relações sólidas, corteses e serenas, uma dependência recíproca dos homens.[8]

2.2 Direito *e* Literatura: a proposta de Martha Nussbaum

A aproximação entre direito e literatura defendida por Martha Nussbaum deflagra uma resistência à racionalidade normativista sob os trilhos de uma experiência unilateral da cidadania democrática[9] e da neutralidade judicial erigidas a partir de emoções racionais que se apresentariam aptas a desenvolver um papel valioso na vida pública (racionalidade pública), ao exigir "que o 'sentido da vida' da 'imaginação literária' assuma uma participação 'interpretativa' lograda no tratamento das controvérsias juridicamente relevantes" de modo a 'acordar a *juris-prudentia* do seu torpor positivista', anota Aroso Linhares[10] com vista no pensamento de Douzinas.[11]

Com efeito, Martha Nussbaum mostra-se convencida da importância das emoções na construção de um juízo imparcial. E se por um lado as pessoas podem ser consideradas como quer Posner como "potencializadoras racionais de satisfações"[12], alguns tipos de emoções são frequentemente elementos essenciais em uma boa decisão e, portanto, a leitura de bons livros que despertam e sugerem alguns

---

8 ALLARD, Julie e GARAPON, Antoine. *Os Juízes na Mundialização. A nova revolução do direito.* Lisboa: Instituto Piaget, 2006, p. 09. Para estes autores, "o comércio judicial dispõe de uma força racional própria. Ao incentivarem os juízes a servirem-se dos argumentos de decisões estrangeiras, a discutirem a eficácia das diferentes soluções possíveis ou a avaliarem permanentemente os sistemas jurídicos, estas redes de intercâmbio não só modificam o estilo judicial como também aumentam a racionalidade das decisões de justiça. Uma vez que assenta numa autoridade persuasiva e não restritiva ou vinculativa, o comércio entre juízes evoca a própria função do 'terceiro poder' - julgar - e duas das suas características essenciais: a posição dos juízes relativamente ao poder político, por um lado, e as restrições próprias do julgamento, por outro." (Idem, p. 12).

9 "...se trata já claramente de invocar o horizonte integrador de uma experiência de cidadania democraticamente participatória e democrática (uma típica *comunidade de idéias!*) - só que agora também para exigir que esta (sob a máscara constitutiva de uma verdadeira *república de leitores*), longe de se reduzir ao eixo de inteligibilidade consagrado pela representação da *societas* (e pela cristalização hipertélica da modernidade), possa oferecer-se-nos ela própria (tal como todas as outras propostas do *common ground*) como a institucionalização lograda de uma dialética *societas/communitas*." (AROSO LINHARES, 2010, p. 286).

10 Idem, p. 281.

11 DOUZINAS, Costa e NEAD, L. (Eds.). *Law and the Image. The Authority of Art and the Aesthetics of Law.* Chicago/London: University of Chicago Press, 1999, p. 11.

12 POSNER, Richard. *The Economics of Justice.* Cambridge: Harvard University Press, 1981, p. 1-2. Nussbaum mostra que Posner "justifica sua proposta de extensão da análise econômica para todas as áreas da vida humana apelando à concepção como se fosse uma norma estabelecida, e como se essa norma excluísse a tomada de decisão com base emocional". (NUSSBAUM, 2010, p. 347)

tipos de emoções não poderia ser menosprezada. Significa dizer, com outras palavras, que as decisões que são tomadas pelas pessoas não são exclusivamente produto da razão. Há nelas uma considerável influência de fatores emocionais.[13]

As objeções ao espaço das emoções como guia apropriado na deliberação pública, ou seja, guia para uma resposta correta (o caráter normativo das emoções) repousam em primeiro lugar na consideração das *emoções como forças animais cegas* que não têm nada (ou nada de mais) a ver com o raciocínio, não incorporam a reflexão ou o julgamento, não respondem bem aos juízos da razão[14] e, portanto, deveriam estar dissociadas da deliberação dos cidadãos e dos bons juízes, porquanto ameaças ao bom julgamento. Em segundo lugar, as emoções revelariam *reconhecimento de carências* na medida em que se relacionam de maneira próxima (ou, em alguns casos, idêntica) aos julgamentos, que se mostrariam falsos porque atribuem um valor muito alto a pessoas ou a acontecimentos que não são inteiramente controlados pela virtude ou vontade racional das pessoas.[15] Um bom juiz seria alguém estável, alguém que não pode ser influenciado pelas correntes do acaso ou da moda, como o são pessoas agarradas às emoções, ora esperançosas, ora chorosas, ora serenas, ora mergulhadas em violento pesar, falta-lhes a estabilidade e a solidez da pessoa sábia, que encontra um constante e calmo prazer na imutabilidade de sua própria virtude. Uma terceira objeção aponta para que as emoções focam-se nos reais laços e vínculos da pessoa, especialmente com objetos concretos ou pessoas próximas de si. Elas consideram o objeto não abstratamente, como um dentre vários, mas como especial – e especial, ao menos parcialmente, por conta de sua proeminência na vida do agente.[16] Ao estimular e fortalecer

---

[13] Idem, ibidem, *passim*.

[14] "Essa caracterização das emoções é algumas vezes expressada com uma descrição delas como "animais", como elementos de uma natureza não inteiramente humana que há em nós. Ela também tem sido ligada com a ideia de que as emoções são, de alguma forma, "femininas", enquanto a razão é "masculina" – presumivelmente porque a fêmea é tomada por mais próxima ao que é animal e instintivo, mais imerso no corpo." (NUSSBAUM, 2010, p. 349)

[15] "O medo envolve o pensamento de que importantes coisas ruins podem acontecer no futuro, e que não somos inteiramente capazes de preveni-las. O pesar envolve o pensamento de que alguém ou algo extremamente importante nos foi tirado; a ira, o pensamento de que outra pessoa provou um sério dano a algo a que atribuímos grande valor; a piedade, o pensamento de que outros estão sofrendo de modo não trivial, sem culpa sua ou para além de sua culpa; a esperança envolve o pensamento de que o futuro bem de alguém não está completamente sob o seu controle. Em todos esses casos, as emoções retratam a vida humana como algo carente e incompleto, algo que está refém da sorte." (Idem, ibidem).

[16] "Emoções sempre ficam perto de casa e contêm, por assim dizer, uma referência de primeira pessoa. Assim, o amor atribui grande valor a uma pessoa que está em uma relação íntima com o agente, e sua intensidade normalmente depende da existência de uma conexão, de algum tipo, entre agente e objeto. O pesar, normalmente, é pesar por uma perda que é sentida como um corte nas raízes da vida de alguém. O medo é, usualmente, ou completamente autocentra-

emoções, os romances estariam encorajando uma forma autocentrada e desigual de atenção para os sofrimentos de outros seres humanos e por isso se deve preferir a imparcialidade do intelecto calculista, e da prosa em que ele está incorporado: porque aqui cada pessoa conta como uma só, e nenhuma conta como mais do que uma. Numa última objeção, Martha Nussbaum registra o pensamento segundo o qual as emoções estão preocupadas demais com os particulares e não suficientemente com unidades sociais maiores, como as classes.[17]

Para a professora da Universidade de Chicago, todavia, as emoções são, ao menos em parte, modos de percepção e não apenas impulsos cegos. Ela registra com firmeza que "o amor não é, no sentido relevante, cego: ele percebe seu objeto como dotado de uma especial maravilha e importância (...). O ódio distingue-se do amor em nada além do que no caráter oposto de suas percepções."[18] Há, portanto, uma crença que é parte constitutiva da emoção e, em ela, a emoção não pode se enraizar. As crenças e os juízos cognitivos que formulamos a partir delas podem ser verdadeiras ou falsas.[19] Dar valor a esses juízos é reconhecer em si a própria carência e a falta de autossuficiência, anota Nussbaum, que vê, a partir daí, a dimensão cognitiva das emoções quando precisamente elas habilitam o agente a perceber certa espécie de valor e se avultarão, assim, necessárias para uma visão ética completa.[20]

A partir daí, Nussbaum se mostra convencida da contribuição que pode advir da visão moral dos romances e dramas realistas onde as vulnerabilidades da vida humana e a carência por "bens externos" restem expostas, a exemplo do que ocorre com *Tempos Difíceis* de Charles Dickens, tomado como fio condutor para sua análise. Segundo ela,

---

do, ou sentido em nome de amigos, familiares, entes queridos. A ira é provocada por ofensas ou danos a algo que é importante para alguém. Em todos esses casos, as emoções ligam imaginação moral a particularidades que subjazem perto da própria pessoa. Elas não olham para o valor humano ou mesmo para o sofrimento humano de uma maneira imparcial. Elas não se agitam por causa de vidas distantes ou sofrimentos não vistos." (Idem, p. 352).

[17] "Este é um ponto que pareceu aos marxistas, e também a outros pensadores políticos, fazer dos romances um instrumento inapto para a reflexão política – ou, em algumas versões, um instrumento tão comprometido com o individualismo burguês que é inapto para a reflexão política crítica." (Idem, p. 352- 353).

[18] Idem, p. 354.

[19] "uma crença pode ser falsa apesar de racional, se eu a formei com base em boas evidências, mas acontece de estar errada; ela também pode, como ocorre mais frequentemente, ser verdadeira apesar de irracional, se eu a formei precipitada e acriticamente, mas acontece de estar correta. Porém, de modo algum as emoções serão irracionais no sentido de estarem totalmente dissociadas da cognição e do juízo." (Idem, p. 356).

[20] Idem, pp. 357-358.

podemos dizer dos romances realistas mais em voga o que Aristóteles afirmou sobre o drama trágico: que sua própria forma edifica compaixão nos leitores, posicionando-os como pessoas que se importam intensamente com os sofrimentos e a má-sorte dos outros, e que se identificam com estes na medida em que se mostram as suas próprias possibilidades.

E tal como os espectadores de tragédias, prossegue Martha Nussbaum:

> Os leitores de romances têm empatia com os apuros dos personagens, experimentando o que acontece com eles de seu próprio ponto de vista, e também piedade, que vai além da empatia naquilo que envolve um julgamento do espectador de que os infortúnios são realmente sérios e de que realmente surgiram sem culpa deles. Tais julgamentos nem sempre são disponíveis do ponto de vista empático, de modo que o leitor de romances, como o espectador de tragédias, deve alternar-se entre a identificação e uma espécie mais externa de afinidade. O que a antiga tradição de piedade reivindica para o épico e a tragédia pode agora ser alegado sobre o romance: que este complexo modelo mental é essencial para tomar a medida completa da adversidade e do sofrimento dos outros, e que sua consideração é necessária para uma racionalidade social total.[21]

Charles Chaplin nos convida a pensar sobre o dilema que se debruça sobre o binômio *razão – emoção* quando proclamou no último discurso em "O grande ditador": *Não sois máquinas! Homens é que sois.* Efetivamente, o problema reside em como conciliar as emoções como guia de racionalidade pública – para o que nos interessa de perto, da racionalidade judicial – se não raro, lamentavelmente, a racionalidade judicial se apresenta mergulhada em uma proximidade não desejável do eu, de grupos estritos sejam políticos ou econômicos, onde "os vínculos com a família e com os amigos próximos parecem tomar conta de tudo, borrando as justas reivindicações da maioria distante" maculando a imparcialidade que o intelecto calculista sustenta apresentar porém em nome de uma justiça – estritamente numérica – lembra Nussbaum – e sobretudo com nítido propósito de afastamento das emoções porque preconceituosas. E a mestra norte-americana mostra-se inteiramente convencida de que "a visão abstrata do intelecto calculista mostra-se relativamente míope e não diferenciadora, a menos que ajudada pela vívida e empática imaginação de como realmente é viver um certo tipo de vida."[22]

---

[21] Idem, p. 360, passim.

[22] Nussbaum coerentemente está convencida de que as emoções são uma parte integral dessa visão mais abrangente. Para tanto, contextualiza sob o fio condutor das personagens de Charles Dickens em *Tempos Difíceis*: "Louisa reclama que o fracasso de seu pai em educar as emoções tornou-a "injusta", e nós vemos, na verdade, que a ausência de uma rápida inteligência da miséria alheia tornou-a de fato muito lenta para encarar a situação dos trabalhadores de Coketown. Por contraste, as robustas respostas emocionais de Sissy às necessidades dos outros são ingre-

Intelecto sem emoção é valorativamente cego: falta-lhe o senso de significado, proclama Nussbaum[23] que, todavia, pontua para a circunstância – tão comum na racionalidade jurídica e política – de que não é preciso o raciocínio embasado em emoção sustentar que a vida humana é "sagrada" ou "de valor infinito", noções vagas que provavelmente não representam as intuições de muitas pessoas quando são examinadas de perto quando, por exemplo, direcionada a discussão para a terminação da vida, o tratamento de humanos severamente debilitados, direito dos animais[24], etc.

Se a emoção racional é uma emoção confiável o que lhe confere a possibilidade de guiar a racionalidade, existem, contudo, emoções não confiáveis. O critério de filtragem para a seletividade das emoções em que podemos confiar foi divisado por Nussbaum a partir da figura do *espectador judicioso* criado por Adam Smith, que acreditava que a orientação de certas emoções era um ingrediente essencial

dientes essenciais da sua habilidade (na sua lição de economia) de criar respostas sensatas sobre casos hipotéticos distantes. Vamos agora considerar dois outros exemplos daquela lição. O professor utilitarista de Sissy diz-lhe que em uma "imensa cidade" de um milhão de habitantes, apenas vinte e cinco morrem de fome nas ruas. O professor, M'Choakumchild, pergunta-lhe o que ela pensa sobre isso – claramente esperando uma resposta que expressasse satisfação por os números serem tão baixos. A resposta de Sissy, entretanto, é a de que "deve ser igualmente difícil para os famintos, se os outros forem um milhão ou um bilhão". De novo informada de que em um dado período de tempo cem mil pessoas fizeram viagens marítimas e apenas quinhentas morreram, Sissy comenta que esta baixa porcentagem é "nada para os parentes e amigos das pessoas que morreram". Em ambos os casos, a análise numérica conforta e distancia: que bela porcentagem baixa, diz M'Choakumbchild, e nenhuma ação deve ser tomada a respeito (...) A resposta emocional de Sissy reveste os mortos com o valor da humanidade. Sentindo o que a fome é para os famintos, a perda para os pesarosos, diz ela, com bastante razão, que os números baixos não compensam aquelas mortes, que a complacência simplesmente baseada nos números baixos não é a resposta certa. Por estar sempre consciente de que não há como substituir um ser humano, ela pensa que as pessoas responsáveis pelas viagens marítimas deveriam esforçar-se mais. Lidando com números é fácil dizer "Esta cifra está boa" – pois nenhum desses números tem qualquer significado não arbitrário (...) Lidando com vidas humanas imaginadas e consentidas, não se vai (todo o resto sendo igual) aceitar qualquer cifra de famintos como simplesmente boa, nenhuma estatística de segurança de passageiros como simplesmente tolerável (apesar de que alguém poderá, é claro, julgar que outros fatores façam com que obter algum progresso nessas questões seja presentemente insensato ou impossível). As emoções não nos dizem como resolver esses problemas; elas mantêm a nossa atenção focada neles como problemas que devemos resolver. Julgue qual abordagem levará a uma melhor resposta pública para a miséria, para a situação dos desabrigados, para os testes de produtos e padrões de segurança. (NUSSBAUM, 2010, p. 362-363).

23 NUSSBAUM, 2010, p. 362-363, passim.

24 Idem, p. 363-364.

na racionalidade pública provida por juízos e respostas de um *espectador judicioso* projetado para modelar o ponto de vista da moral racional[25].

O espectador judicioso conquanto imparcial não é desinteressado, mas seu interesse não retoma aos seus próprios objetivos e projetos, senão para assumir uma *identificação empática*[26] com as partes, por isso é um *amigo interessado*. Nas palavras de Nussbaum:

> O espectador judicioso é, em primeiro lugar, um espectador. Isto é, ele não está envolvido pessoalmente nos eventos que testemunha, apesar de se preocupar com os participantes com um amigo interessado. Ele não terá, portanto, emoções e pensamentos relacionados à sua própria segurança e felicidade; neste sentido ele não é tendencioso e avalia a cena diante de si com certo desapego. Ele pode, é claro, usar qualquer informação sobre o que está acontecendo que se origine de sua própria história pessoal – mas esta informação deve ser filtrada das tendências favoráveis aos seus próprios objetivos e projetos. Por outro lado, ele não é, por essa razão, carente de sentimentos. Entre suas faculdades morais mais importantes está o poder de imaginar vividamente como é ser cada uma das pessoas cuja situação ele imagina.[27]

O espectador judicioso se valerá como guia da racionalidade de emoções confiáveis, que resultam, portanto, apropriadas na medida em que "são informadas por uma visão verdadeira do que está acontecendo – dos fatos do caso, de sua significância para os atores da situação, e de quaisquer dimensões de seu verdadeiro sentido e importância que possam escapar ou se distorcer na própria consciência do ator." Mas esta emoção, registra ainda Nussbaum, não se confunde com a emoção de um participante porquanto havida a partir de uma avaliação reflexiva da

---

25 Nussbaum remete o leitor para a obra de Adam Smith: *A Teoria dos Sentimentos Morais* (*The Theory of Moral Sentiments*).

26 "Mas a identificação empática com as partes diante de si não é suficiente para a racionalidade do espectador. Smith entende que frequentemente os infortúnios que recaem sobre as partes prejudicam sua habilidade de avaliar sua própria situação corretamente. No extremo, podemos imaginar um caso em que um acidente fez com que a pessoa diante de nós perdesse completamente o uso da razão. Se a vida da pessoa não é dolorosa, a empatia bem que pode nos mostrar o prazer de uma criança de uma criança contente. Porém, observa Smith, o espectador judicioso, mesmo assim, verá a calamidade como "de todas as calamidades a que a condição de mortalidade expõe a humanidade [...] de longe a mais horrorosa". O que isso nos mostra é que tanto a participação empática quanto a avaliação externa são cruciais na determinação do grau de compaixão que é racional ter pela pessoa: 'A compaixão do espectador deve erigir-se junto com a consideração de como ele próprio se sentiria se fosse reduzido à mesma situação infeliz, e, o que é talvez possível, se estivesse ao mesmo tempo apto a analisá-la com sua razão e juízo precedentes'." (NUSSBAUM, 2010, p. 369).

27 Idem, p. 368.

situação pra decidir se os participantes a entenderam corretamente e reagiram razoavelmente. Por isso ela é imparcial, porque "devemos omitir aquela parcela da emoção que deriva de nosso interesse pessoal em nosso próprio bem-estar". Sob condições que tais, a atuação do espectador judicioso visa,

> sobretudo, a filtrar a parcela de ira, medo, etc., que se foca em si mesmo. Se meu amigo sofre uma injustiça eu me zango em seu nome; mas, de acordo com Smith, essa ira carece da intensidade vindicativa especial da ira por males produzidos a si. Novamente, se meu amigo está pesaroso pela morte de um ente querido, eu partilharei de seu pesar, mas não, aparentemente, de seu excesso ofuscante e impeditivo. Para Smith, pensar nessa distinção nos ajuda a pensar sobre o que deveríamos ser, enquanto cidadãos: passionais quanto ao bem-estar dos outros, mas sem nos inserimos no quadro que responsavelmente contemplamos.[28]

O juiz e o bom cidadão seriam beneficiados, como espectador judicioso, a partir de uma fonte de orientação moral emergente da leitura literária. A leitura é, na verdade, uma construção artificial da *plateia judiciosa*: "Enquanto lemos, somos participantes imersos e intensamente preocupados, e mesmo assim carecemos de conhecimento concreto de onde estamos na cena diante de nós." Somos e não somos as personagens. Temos, cada um, enquanto *leitor judicioso*[29] a possibilidade de fazer uso daquilo que precede e constitui nossa história, sobre o que está acontecendo, mas trabalhando racionalmente as emoções envolvidas.

Enfim, tem-se avultado outra ordem de objeção à aproximação entre direito e literatura sugerida por Martha Nussbaum e ela pode ser resumida à seguinte indagação: Que livros devem ser lidos para ensejar a pretendida filtragem das emoções racionais pelo espectador judicioso? Nussbaum está atenta para que as obras literárias possam distorcer o mundo de seus leitores apresentando falsamente fatos científicos e históricos[30] ou um quadro distorcido das capacidades de mulheres e minorias, bem como representando mal a importância de vários tipos de sofrimento ou dano. Para afastar a orientação falível e incompleta dos romances ela conclama para o exercício de um juízo crítico na seleção deles, que deve

---

[28] Idem, p. 370.

[29] "A visão das esperanças e medos humanos que o leitor judicioso forma no processo de leitura de um romance não é infalível. Como já afirmei, emoções são bons guias apenas se são baseadas em uma visão verdadeira dos fatos do caso e da importância das várias espécies de sofrimento e alegria para atores humanos de vários tipos. (como outros juízos, elas devem ter testada a sua coerência com nossas outras experiências e com nossas teorias morais e políticas.)" (NUSSBAUM, 2010, p. 371).

[30] Mas, "não se presa ter a política de uma obra como totalmente correta para se considerar a própria experiência como politicamente válida" (Idem, p. 373).

ser prorrogado durante a leitura estabelecendo diálogo com outros autores[31], no âmbito de um processo intitulado *co-dução*[32]. Enfim, convencida de que as obras literárias constituem valiosos guias para a resposta correta, Martha Nussbaum insiste em que não recomenda uma confiança acrítica e ingênua na obra literária, ao contrário chama a atenção para que a experiência literária exija um continuado escrutínio do pensamento moral e político, de nossas próprias instituições políticas e morais, e do julgamento dos outros para concluir que

> Se não começarmos com 'fantasia' e nos perguntarmos sobre as formas humanas diante de nós, com empatia por seus sofrimentos e alegria por seu bem-estar, não verificamos a importância de ver cada pessoa como um indivíduo como uma vida única para viver, então nossa crítica das emoções perniciosas terá pouca base. A leitura, como tenho defendido, nos dá tal base e também nos dá a postura do espectador judicioso, essencial à crítica.[33]

3. Uma última reflexão para concluir

Se lembrarmos de que por trás do processo judicial, de regra, existe essa preconizada singularidade, que há um indivíduo, uma pessoa a espera de, igualmente, uma resposta certa, a atuação do juiz como espectador judicioso na esteira do pensamento de Martha Nussbaum pode, no mínimo, contribuir para a formação do juízo crítico e tornar os magistrados mais sensíveis. Por isso, tenhamos presente: a complacência baseada em números baixos (pouca quantidade de processos), por si só, não é indicativo de resposta certa, assim como não é indicativo de resposta certa, da mesma maneira, o comprazer com os altos índices estatísticos se, em cada processo, a situação de vida não for contextualizada[34] e verbalizada a partir de emoções racionais.

---

31 Idem, p. 371- 372.

32 Segundo Nussbaum "Wayne Booth adequadamente chamou este processo de 'co-dução', uma vez que é por natureza um tipo comparativo e não dedutivo de raciocínio que é levado adiante em cooperação com outros. No processo de co-dução, nossas intuições sobre uma obra literária será refinada pelas críticas da teoria ética e do debate amigável, e isso pode alterar significativamente a experiência emocional que podemos ter enquanto leitores." (Idem, p. 372).

33 NUSSBAUM, 2010, p. 372, passim.

34 Nesse tratamento privilegiado da controvérsia singular, a decisão possível deve ser arquitetonicamente pensada, elaborada, construída através de uma mediação entre a intencionalidade normativa do direito e a intencionalidade problemática do caso conforme ensina CASTANHEIRA NEVES (ver, entre outros, *Metodologia Jurídica. Problemas Fundamentais*. Coimbra: Editora Coimbra, Universidade de Coimbra, 1993, p. 142-196). Aroso Linhares questiona se a proposta de Nussbaum integraria os discursos da área aberta e faz ver que ela recusa persistentemente "em admitir (em automizar sequer como uma *conjectura* problematizável)

4. Referências

ALLARD, Julie e GARAPON, Antoine. *Os Juízes na Mundialização. A nova revolução do direito.* Lisboa: Instituto Piaget, 2006.

AROSO LINHARES, José Manoel. *Entre a reescrita pós-moderna da modernidade e o tratamento narrativo da diferença ou a prova como um exercício de passagem nos limites da juridicidade. Imagens e reflexos pré-metodológicos deste percurso.* In: Boletim da Faculdade de Direito de Coimbra. Coimbra: Editora Coimbra, 2001.

AROSO LINHARES, José Manoel. *"Imaginação Literária" e "Justiça Poética" – Um discurso da "Área Aberta"?.* In: *Direito & Literatura. Discurso, Imaginário e Normatividade.* TRINDADE, André Karam; GUBERT, Roberta Magalhães e COPETTI NETO, Alfredo (Orgs.). Porto Alegre: Nuria Fabris, 2010.

CANOTILHO, J. J. Gomes. *O Direito Constitucional como Ciência de Direcção: o núcleo essencial de prestações sociais ou a localização incerta da sociabilidade (Contributo para reabilitação da força normativa da "constituição social").* In: www.revistadoutrina.trf4.jus.br/artigos/edicao022/Jose_Canotilho.htm.

CASTANHEIRA NEVES, A. Metodologia Jurídica. Problemas Fundamentais. In: *Boletim da Faculdade de Direito da Universidade de Coimbra.* Coimbra: Coimbra Editora, 1993.

DOUZINAS, Costa e NEAD, L. (Eds.). *Law and the Image. The Authority of Art and the Aesthetics of Law.* Chicago/London: University of Chicago Press, 1999.

DWORKIN, Ronald. *O Império do Direito.* São Paulo: Martins Fontes, 1999.

---

que o processo de realização que responde às insuficiências normativas dos critérios possa ser conduzido-constituído por intenções *jurídicas* (determináveis numa experimentação-problematização constitutivamente circular dos *fundamentos* e dos *critérios do sistema*). (AROSO LINHARES, 2010, p. 294-295). De nossa parte, como a nossa pesquisa se volta para, divisando os pressupostos jus-filosóficos da jurisdição, fornecer contributos para seu melhor exercício no Estado Democrático, parece-nos que a contribuição de Nussbaum possui o condão de fornecer uma forte carga de sensibilidade ao juiz e colocá-lo – e ao mesmo tempo o Direito – em maior contato com a vida. A contribuição de Nussbaum é tomada, nessa conformidade, com caráter nitidamente propedêutico e, assim, pode possuir o condão de melhor preparar a magistratura para enfrentar, na singularidade, as insuficiências normativas a partir da consideração de intenções *jurídicas* divisadas a partir da problematização do caso em cotejo com a intencionalidade normativa como sustentando por Castanheira Neves, que imprimindo relevância aos critérios normativos, sustenta a determinação de sentido jurídico como tal no âmbito de uma problemática realização do direito e enquanto momento normativo-metodológico dessa mesma realização, como a própria interpretação (CASTANHEIRA NEVES, A. Op. cit., p. 83).

NUSSBAUM, Martha C. *Justicia Poética. La imaginación literária y La vida pública.* Barcelona: Editorial Andres Bello, 1997.

______. *Emoções Racionais.* In: TRINDADE, André Karam; GUBERT, Roberta Magalhães e COPETTI NETO, Alfredo (Orgs.). *Direito e Literatura. Discurso, Imaginário e Normatividade.* Porto Alegre: Nuria Fabris, 2010.

POSNER, Richard. *The Economics of Justice.* Cambridge: Harvard University Press, 1981.

A EXPERIÊNCIA TOTALITÁRIA NA FILOSOFIA E NA LITERATURA: UM PARALELO ENTRE AS ORIGENS DO TOTALITARISMO, DE ARENDT, E A REVOLUÇÃO DOS BICHOS, DE ORWELL

Gabriel Henrique Silva Tomé[1]
Vitor Amaral Medrado[2]

1. Introdução

O Estado totalitário é um fenômeno que não se confunde com o despotismo. Ele destrói o fundamento da teoria política e rompe com as fronteiras do legal e do ilegal, do legítimo e do ilegítimo[3]. No regime totalitário, o julgamento, a legitimidade e a legalidade são compreendidos a partir da lógica inerente ao próprio regime[4].

O governo totalitário, nesse sentido, desafia as leis positivas pretendendo ser uma forma superior de legitimidade que, inspirada nas suas próprias fontes, pode dispensar as legalidades menores[5]. Criando um inimigo comum a partir da propaganda e do terror, o Estado garante a coesão do povo, mantendo o controle a partir da insegurança jurídica e da opressão violenta. Nesse sentido, o totalitarismo

---

[1] Bacharel em Direito pela PUC Minas.

[2] Professor da PUC Minas. Mestre e Doutorando em Teoria do Direito pela PUC Minas. Visiting Research Fellow (University of Baltimore School of Law – 2015/2016).

[3] ARENDT, 1979, p. 514.

[4] ARENDT, 1979, p. 514.

[5] ARENDT, 1979, p. 514.

cria a polícia secreta para denunciar todos os que se opusessem aos interesses do Estado. É por meio de práticas como essa que o governo totalitário garantiu a eficácia do movimento[6].

A existência de um único partido político representando todas as instâncias do poder, uma ideologia definindo o regime, a mobilização das massas, a penetração na vida privada do cidadão, a personificação do líder e o uso do terror. São esses os elementos que compõem o fenômeno totalitário. Esse conjunto de características torna o totalitarismo, enquanto conceito político, mais inteligível, além de permitir aplicá-lo com maior objetividade, já que categorias específicas podem ser consideradas, como partido único de massas ou polícia secreta. E é com base nessas categorias que se pode falar em dois totalitarismos: o comunismo stalinista e o nazismo, fenômenos inéditos na história da humanidade. Os elementos apresentados estiveram presentes em outros momentos históricos, mas a combinação e a dinâmica entre esses elementos durante o comunismo soviético e o nazismo foram únicas[7].

Essa é a maneira como, em geral, Hannah Arendt explicou o surgimento e o desenvolvimento do movimento totalitário. Arendt se valeu de conceitos complexos como os de massa, polícia secreta, legalidade e ilegalidade, propaganda totalitária dentre outros. Cabe, entretanto, perguntar se não há uma outra maneira, talvez mais intuitiva de descrever esse fenômeno. Acreditamos que a literatura possa nos ajudar. Na obra *A Revolução dos Bichos,* George Orwell revela o cenário da sociedade europeia no contexto da Revolução Soviética. Em forma de sátira, a obra acaba abarcando os regimes totalitários de forma universal. Em clara crítica ao regime instituído na União Soviética de Stalin, o romance de Orwell permite uma reflexão sobre o poder e seus efeitos naqueles que carregam bandeiras ideológicas, como acontece com os animais da "Granja dos Bichos".

Queremos mostrar que é possível traçar um paralelo entre a *Revolução dos Bichos* e a maneira como Arendt descreve o regime totalitário. Para tanto, partimos de uma exposição do totalitarismo em Arendt para, a partir de uma resenha do livro de Orwell, identificar ao final do texto as passagens, ideias e personagens do texto literário que nos ajudam a compreender o totalitarismo de uma maneira mais intuitiva. Comecemos do início.

---

6 ARENDT, 1979, p. 430.

7 ARENDT, 1979, p. 469.

2. O totalitarismo

O termo **totalitarismo** passou a ser utilizado em meados do século XX, designando regimes políticos nacionalistas que controlam não só o poder do Estado, como também a esfera privada do seu povo, a partir da figura de um líder carismático de vontade soberana[8]. É fundamental que os regimes totalitários se baseiem em uma ideologia forte, que apresente uma explicação para tudo, de modo a não sobrar brechas para questionamentos. Nessa medida, o totalitarismo se vale de narrativas que explicam a história de maneira totalizante, dispensando qualquer verificação ou comparação com o mundo real. Essa forma de discurso autoritário justifica grandes atrocidades, como a perseguição e eliminação de tudo o que se apresenta como um empecilho para a realização de seu curso natural. No totalitarismo, todas as esferas da vida se colocam a serviço da propagação de sua ideologia. A vontade do Estado é superior aos interesses, liberdades e direitos do indivíduo. Para estimular o nacionalismo, o Estado Totalitário recria o seu passado, contrastando o presente vergonhoso às glórias do passado.

As massas ocupam lugar central no regime totalitário, pois são manobráveis e carecem de identidade política. Seu contingente numérico fortalece os partidos totalitários e favorece a sua chegada ao poder pelas vias democráticas, subvertendo a participação ativa do povo no governo[9].

Ao chegarem ao poder, os movimentos totalitários passam a alterar a realidade segundo as suas afirmações ideológicas, via propaganda. A propaganda do movimento totalitário serve para libertar o pensamento da experiência e da realidade, procurando injetar um significado secreto em cada evento público tangível e farejar intenções secretas atrás de cada ato político público. Nesse sentido, o próprio conceito de inimizade é substituído pelo conceito de conspiração, e isso produz uma mentalidade na qual já não se experimenta e se compreende a realidade em seus próprios termos, mas automaticamente se presume que ela significa outra coisa.

A propaganda ameaça aqueles que não corroboram com os ditames do governo e o terror se constitui como a prática, a execução destas ameaças em forma de assassinatos ou prisões indiscriminadas[10]. A propaganda é central para o totalitarismo, mas tem um papel secundário se comparada ao papel do terror[11].

---

[8] ARENDT, 1979, p. 424.
[9] ARENDT, 1979, p. 361.
[10] ARENDT, 1979, p. 394.
[11] ARENDT, 1979, p. 393.

Nos primeiros estágios do regime totalitário, quando o novo sistema político ainda está em processo de consolidação, o terror e a coerção violenta servem ao propósito de derrotar os oponentes e inviabilizar oposições ao regime, mas o terror realmente total "só é lançado depois de ultrapassada essa fase inicial, quando o regime já nada tem a recear da oposição"[12]. Nessa medida, Stalin e Hitler recorreram a métodos violentos na condução das atividades do governo com o propósito de eliminar qualquer ação humana espontânea, uma vez que a ideologia totalitária não aceita divergências[13].

A visão totalitária do mundo leva o governo totalitário a desconsiderar as consequências de suas ações buscando um bem maior. Na lógica de "o fim justifica os meios", a vida humana perde importância no presente para que, no futuro, o homem viva plenamente. Os "inimigos da humanidade"[14] precisam, dessa forma, ser exterminados. O regime busca, portanto, a "fabricação de uma humanidade" justa, pura, perfeita. Nessa fabricação, há de se eliminar os indivíduos pelo bem da espécie, sacrificando as "partes" em benefício do "todo". Por essa lógica, o terror é imparcial, serve apenas como instrumento que acelera os processos naturais ou históricos que fatalmente aconteceriam.

Os governos totalitários utilizaram a violência como meio de ação. O terror e a violência são usados, de acordo com a lógica totalitária, para destruir a individualidade humana, tornando os indivíduos supérfluos, de modo que o ideal de regime não encontre qualquer tipo de oposição. Baseia-se na solidão, na experiência de não pertencer ao mundo, que é, segundo Arendt, uma das mais radicais e desesperadas experiências que o homem pode ter[15]. Para se manter no poder, o totalitarismo precisou destruir a individualidade humana[16].

Essas são as características centrais do regime totalitário tal como descrito em seus pormenores por Hannah Arendt. Vejamos agora se a literatura é capaz de fornecer uma compreensão mais intuitiva e imaginativa do totalitarismo.

---

12 ARENDT, 1979, p. 489.

13 ARENDT, 1979, p. 524.

14 ARENDT, 1979, p. 577.

15 ARENDT, 1979, p. 527-528.

16 ARENDT, 1979, p. 530-531.

3. A Revolução dos Bichos

A história inicia-se na "Granja do Solar", de propriedade do Sr. Jones, que após perder dinheiro numa ação judicial, caiu no vício da bebida e descuidou-se da fazenda. Certa noite, correu pela granja um boato de que o velho "Major", um porco de 12 anos de idade que gozava de grande respeito por parte dos demais animais da granja, teria tido um sonho muito estranho na noite anterior, e desejava contá-lo aos demais. Após escurecer, os animais reuniram-se no celeiro a pedido de "Major", exceto "Moisés", o corvo domesticado de Sr. Jones. Ciente de que teria poucos dias ainda de vida, "Major" explicou que os animais eram escravizados e viviam na miséria e que o Homem seria o verdadeiro inimigo, a única criatura que consome sem produzir, roubando todo o produto de seus esforços.[17]

O velho "Major" questionava se a natureza da vida animal era a miséria e o trabalho forçado. Fez os presentes acreditarem que todo o sofrimento experimentado tinha uma só causa, e a solução seria apenas a rebelião. O porco fez questão de salientar as diretrizes a serem observadas, sendo a mais importante a de que todos os animais eram iguais, independente de suas capacidades e que todo hábito humano era ruim e não devia ser copiado[18]. Após essa explanação, o velho "Major" contou a todos o seu sonho, onde teria se lembrado de uma velha música, e que se chamava "Bichos da Inglaterra". Antes mesmo de "Major" chegar ao fim, todos já havia começado a cantar por conta própria:

> Bichos ingleses e irlandeses,
> Bichos de todas as partes!
> Eis a mensagem de esperança,
> No futuro que virá!
> Cedo ou tarde virá o dia,
> Cairá a tirania
> E os campos todos da Inglaterra
> Só aos bichos caberão!
> Não mais argolas em nossas ventas,
> Dorsos livres dos arreios,
> Freios e esporas, descartados,
> Chicotadas abolidas!
> Muito mais ricos do que sonhamos
> Possuiremos daí por diante
> O trigo, o feno, e a cevada,
> Pasto aveia e feijão!
> Brilham os campos da Inglaterra,

---

[17] ORWELL, 2012, p. 13.
[18] ORWELL, 2012, p. 15.

Águas puras rolarão.
Ventos leves soprarão
Saudando a redenção!
Lutemos todos por esse dia
Mesmo que nos custe a vida!
Cavalos, vacas, perus e gansos,
Liberdade conquistemos!
Bichos ingleses e irlandeses,
Bichos de todas as partes!
No futuro que virá![19]

Alguns dias depois, o Velho "Major" faleceu. A tarefa de instruir e organizar os animais a respeito da rebelião, que não tinha data para acontecer, recaiu sobre os porcos, que eram reconhecidos como os mais inteligentes entre eles. Como seus substitutos, salientavam-se dois jovens leitões, Bola-de-Neve e Napoleão, e um outro porco castrado, o mais conhecido entre eles, chamado Garganta; estes organizaram os ensinamentos do Velho "Major", num sistema de pensamentos que chamaram de Animalismo. Várias noites por semana, após "Sr. Jones" dormir, faziam reuniões secretas no celeiro e expunham aos outros animais os princípios do Animalismo. De início, encontraram apatia e ignorância. Alguns animais mencionavam o dever de lealdade com "Sr. Jones".

"Moisés" espalhava uma história sobre a existência de um lugar chamado "Montanha de Açúcar-Cande", uma espécie de paraíso, para onde iriam os animais após a morte. E os porcos lutavam para desmentir o corvo. Os bichos detestavam "Moisés", porque vivia de histórias e não trabalhava, porém alguns animais acreditavam na "Montanha de Açúcar-Cande".

Certo dia, "Sr. Jones" embebedou-se e adormeceu sem tratar dos animais, que passaram o dia sem comer. Cansada e faminta, uma das vacas, arrebentou a chifradas a porta do celeiro, e os animais avançaram sobre as tulhas. Acordado pelo barulho, Jones reuniu seus capangas e de chicote em punho, bateram em todos os animais. Isso ultrapassou tudo que os bichos podiam suportar, e no ímpeto da situação, partiram contra seus agressores, que se viram acuados, e acabaram fugindo da fazenda, e junto com eles "Moisés".

A Rebelião, que não tinha data nem hora para acontecer, afinal venceu; os animais mudaram o nome da fazenda para "Granja dos Bichos". Os porcos, após alguns meses, aprenderam a ler e escrever, ajudados por alguns livros de ortografia que tinham encontrado no lixo, e após conseguirem tinta, escreveram na parede

[19] ORWELL, 2012, p. 16-17.

dos fundos do celeiro, os sete mandamentos, constituindo lei inalterável pela qual a Granja dos Bichos deveria reger sua vida para sempre, conforme exposto abaixo:

1. Qualquer coisa que ande sobre duas pernas é inimigo.
2. Qualquer coisa que ande sobre quatro pernas, ou tenha asas, é amigo.
3. Nenhum animal usará roupas.
4. Nenhum animal dormirá em cama.
5. Nenhum animal beberá álcool.
6. Nenhum animal matará outro animal.
7. Todos os animais são iguais[20].

Os animais então trataram os mesmos das tarefas da fazenda, cada qual de acordo com sua capacidade. Os porcos, como eram mais inteligentes, não trabalhavam, cabendo a eles a coordenação e fiscalização dos trabalhos. Os bichos terminaram o trabalho em menos tempo que "Sr. Jones" e os peões normalmente levavam, colheram mais e não houve desperdício. Encontraram muitas dificuldades para certos trabalhos, mas os porcos com a inteligência e "Sansão" com os músculos sobrepujavam-nas. "Sansão" era um cavalo, e era admiração de todos outros animais. Trabalhava onde o serviço era mais pesado e em seu tempo livre ajudava onde fosse necessário. Seu lema particular era "Trabalharei mais ainda".

Bola-de-Neve encontrou uma toalha verde e pintou no centro de branco um chifre e um casco, criando assim a bandeira da granja. Ela era hasteada no pátio da casa todos os domingos pela manhã. Após o hasteamento da bandeira, todos iam ao grande celeiro para assistir uma assembleia geral conhecida como Reunião. Lá eram planejados os trabalhos da semana seguinte e debatiam as resoluções. A Reunião sempre era encerrada com o hino "Bichos da Inglaterra".

Nos debates, Bola-de-neve e Napoleão eram os mais ativos e nunca concordavam em nada, protagonizando acirradas discussões. Devido à dificuldade de alguns animais, que não conseguiam ler ou decorar os sete mandamentos, eles foram condensados em uma máxima: "Quatro pernas bom, duas pernas ruim" que era frequentemente repetida pelas ovelhas, balindo no pasto horas a fio.

Napoleão sem interesse por nenhum comitê proposto por Bola-de-neve, afirmava que a educação dos jovens era mais importante que qualquer outra coisa a favor dos adultos. "Lulu" e "Branca" deram cria a nove robustos cachorrinhos e tão logo foram desmamados, Napoleão tirou-os das mães, dizendo que ele próprio se responsabilizaria por sua educação. Levou-os para um sótão e os manteve em reclusão, tal que o resto da fazenda esqueceu-se de sua existência.

---

20 ORWELL, 2012, p. 25.

O pomar encontrava-se coberto de maçãs e contrariando o que todos pensavam que os frutos seriam distribuídos equitativamente, a determinação dos porcos foi de levarem tudo para o depósito para o consumo destes. "Garganta" era o enviado para dar explicações. O argumento era que sem o alimento os porcos falhariam na missão de manter a granja e assim Sr. Jones retornaria. Garganta manejava a palavra com brilho e diziam que era capaz de convencer que preto era branco.

Todos os dias, Napoleão e Bola-de-Neve enviavam formações de pombos com instrução de se misturarem aos animais das granjas vizinhas e ensinar a melodia de "Bichos da Inglaterra".

Alguns meses depois, Sr. Jones, armado com uma espingarda e acompanhado de mais alguns homens de "Pilkington" e "Frederick", donos de outras granjas chamadas "Foxwood" e "Pinchfield", que empunhavam bastões, adentraram a Granja dos Bichos, para retomar o controle à força. Porém, Bola-de-Neve já esperava por isso, ele havia estudado um velho livro de campanhas de Júlio César e feito preparativos para a ocasião. Após um breve, mas feroz embate, os animais conseguiram novamente afugentar os humanos, apesar de Bola-de-Neve, que foi o mais bravo durante a luta, ter sido ferido por um disparo de Jones e uma ovelha ter morrido; decidiram chamar este confronto de "A Batalha do Estábulo".

Ao pé do túmulo da ovelha, Bola-de-Neve fez um pequeno discurso, pondo em relevo a necessidade de todos os animais estarem prontos a morrer pela Granja dos Bichos, se necessários. A espingarda de Jones foi encontrada, e uma boa quantidade de cartuchos na casa-grande também. Assim ficou decidido que colocariam a arma ao pé do mastro da bandeira, como peça de artilharia, e dariam uma salva duas vezes ao ano, no aniversário da batalha e no da rebelião.

No fim de janeiro, muitas reuniões foram feitas no celeiro. Decidiu-se que os porcos, como animais mais inteligentes, seriam responsáveis pela política agrária da granja embora devessem ser ratificados por voto da maioria. Neste período também se acirraram as discordâncias entre Bola-de-Neve e Napoleão, a ponto dos animais ficarem divididos nas votações. Bola-de-Neve frequentemente obtinha maioria por seus discursos brilhantes nas reuniões, enquanto Napoleão era melhor na cabala de apoio durante os intervalos.

Bola-de-Neve teve a ideia da construção de um moinho de vento, que dizia poder gerar luz elétrica e economizar grande parte do trabalho dos animais da granja. A granja estava profundamente dividida com respeito ao moinho de vento. Bola-de-Neve dizia que o trabalho da construção seria difícil e que poderia ser feito em um ano, depois o trabalho seria recompensado ao aumentar o tempo de descanso na semana. Napoleão, por seu lado, argumentava que a grande necessidade do momento era aumentar a produção de alimentos, e que todos morreriam de fome se perdessem tempo com o moinho.

Os animais se dividiram em duas facções, entre Bola-de-Neve e Napoleão. Além da disputa sobre o moinho de vento, havia o problema da defesa e segurança da granja. Segundo Napoleão, os animais deveriam conseguir armas de fogo e aprender a utilizá-las. Bola-de-Neve achava que deveriam enviar mais pombos e provocarem rebelião entre os bichos de outras granjas.

Por fim, chegou o dia de votar o projeto de Bola-de-Neve sobre o moinho de vento. Quando este terminou de falar, e que não havia duvidas em relação à construção do moinho, Napoleão soltou um guincho estridente, e imediatamente nove cães enormes, criados em segredo por Napoleão, entraram aos saltos no celeiro, rosnando de modo selvagem, e investiram contra Bola-de-Neve, que por pouco conseguiu fugir pelo campo, com os cachorros em seu encalço e entrou por um buraco na cerca e sumiu. Napoleão, ladeado pelos cães, determinou que a partir dali, estavam extintas as reuniões de domingo, e todos os assuntos relacionados ao bom funcionamento da granja seriam decididos por uma comissão de porcos, presidida por ele, e que depois comunicaria suas decisões aos demais. Mais tarde, Garganta, como porta-voz, foi mandado percorrer a granja, explicando a nova situação aos demais. Dizia que Napoleão estava fazendo um grande sacrifício tomando o controle da granja, com o objetivo de impedir que Bola-de-Neve enganasse a todos e que não passava de um criminoso que enganava a todos com o uso dos discursos. Os feitos de Bola-de-Neve na batalha do Estábulo foram distorcidos por Garganta. Sansão convencido que Napoleão estava certo acrescentou ao seu lema "Napoleão tem sempre a razão".

A caveira do velho "Major" fora desenterrada e colocada ao pé do mastro, junto da espingarda. Após o hasteamento da bandeira, os animais deviam desfilar reverentemente perante a caveira antes de entrar no celeiro. Já não sentavam todos juntos. Napoleão, com Garganta e outro porco chamado "Mínimo", que tinha notável talento para compor canções e poemas, sentavam-se a frente da plataforma, com os noves cachorros em semicírculo ao redor deles e os outros porcos atrás. O restante dos animais ficava de frente para eles, no chão do celeiro. Napoleão lia as ordens da semana num áspero estilo militar e os animais cantavam "Bichos da Inglaterra", uma única vez e se dispersavam.

No terceiro domingo após a expulsão de Bola-de-Neve, Napoleão anunciou a construção do Moinho, sem dar muitas explicações. Mais tarde, Garganta explicou aos demais, em particular, que Napoleão nunca fora contra sua construção, aliás, este era um projeto seu e que fora roubado por Bola-de-Neve. Devido à eloquência de Garganta e dos rosnados dos três cães, que coincidentemente o acompanhavam, nenhum animal fez qualquer comentário contrário.

Todo aquele ano, os bichos trabalharam feito escravos. Mas trabalhavam felizes, não mediam esforço ou sacrifício, cientes que tudo seria revertido em benefício próprio.

A construção do moinho foi tomada por prioridade e haveria trabalho também nos dias de descanso. O trabalho seria voluntário nesses dias, mas o bicho que não aceitasse trabalhar teria a ração diminuída pela metade.

No fim do inverno, foi sentida a escassez de algumas coisas necessárias ao bom andamento dos serviços na Granja, entre elas óleo, pregos, corda, ferraduras, entre outras coisas a maquinaria para o moinho. Num certo domingo, Napoleão anunciou sua decisão de comercializar alguns produtos com a comunidade vizinha, não para obter lucros, mas para suprir as necessidades da Granja e terminar o Moinho de Vento. Foi esclarecido ainda por Garganta, que nenhum bicho teria contato com os humanos, e um advogado viria até a Granja todas as segundas-feiras para receber as determinações de Napoleão que tomaria esse fardo.

Certo tempo depois, os porcos repentinamente mudaram-se para a casa grande, e imediatamente Garganta argumentou que os porcos precisavam de um lugar calmo para trabalhar, em virtude da função que exerciam, e frisou que se os porcos dormiam nas camas, estas estavam sem os lençóis; alguns animais foram até o celeiro e leram o quarto mandamento, que dizia – "Nenhum animal dormirá em cama com lençóis" –, muitos não se lembravam deste último adendo e tranquilizaram-se a esse respeito. Alguns dias depois quando anunciado que os porcos passariam a levantar-se de manhã uma hora mais tarde que os outros bichos também não houve queixas.

Em novembro, o Moinho estava quase pronto, porém, uma forte tempestade se abateu sobre a granja, e ao acordarem viram, em desespero, seu grande projeto derrubado ao nível dos alicerces. Napoleão declarara o autor do desastre como Bola-de-Neve e pronunciou a sentença de morte para tal com direito a recompensas. E os animais recomeçaram a construção do moinho na mesma manhã.

O inverno daquele ano foi rigoroso, e os animais trabalhavam com frio e com fome, e os estoques estavam no fim. Porém, sabendo que tal informação seria prejudicial para a sua administração, Napoleão mandou que seu advogado espalhasse a falsa notícia que os animais da granja tinham fartura de alimentação. Também instruiu às ovelhas para comentar, casualmente, mas de forma bem audível de que as rações teriam sido aumentadas. Napoleão ordenou às galinhas que botassem quatrocentos ovos por semana, para que fossem trocados por ração e mantimentos; as galinhas protestaram, e pela primeira vez ocorreu algo parecido com uma rebelião, desde que os bichos haviam assumido o controle. Imediatamente, Napoleão ordenou o corte do fornecimento de ração para as rebeladas, bem como proibiu que qualquer animal as alimentasse, sob pena de morte, os cachorros fiscalizavam a execução da ordem. Após cinco dias, voltaram para seus ninhos, e cumpriram sua tarefa, apesar de nove galinhas terem morrido de fome. No início da primavera, surgiu o boato que Bola-de-Neve frequentava a granja em segredo durante a noite. Os bichos todos ficaram preocupados que mal conseguiam dormir. E assim sempre que algo errado aparecia, o culpado era Bola-de-Neve. Os ratos, por incomodarem muito durante o inverno, foram tachados de aliados de Bola-de-Neve. Napoleão decretou uma ampla investigação sobre as atividades de Bola-de-Neve.

Quatro dias depois, Napoleão reuniu os bichos, e em determinado momento, os cães pegaram quatro leitões pelas orelhas, os mesmos que geralmente tentavam protestar nas reuniões, e os trouxeram, sangrando, aos pés de Napoleão, que induziu aos mesmos que confessassem os seus crimes. Os leitões disseram então que eram aliados de Bola-de-Neve, e foram imediatamente estraçalhados pelos cães. Napoleão com uma voz ameaçadora, perguntou se algum outro animal tinha qualquer coisa a confessar. Outros animais confessaram e tiveram o mesmo fim.

Garganta, acompanhado por três cães, anunciou que, por decreto, Napoleão aboliu a canção "Os Bichos da Inglaterra", e justificou, dizendo que esta era a canção da Rebelião, que desejava uma sociedade melhor; como esta sociedade já estava criada, a canção não tinha mais finalidade. Mesmo amedrontados, alguns animais poderiam ter protestado, se nesse momento as ovelhas não enveredassem pelo "Quatro pernas bom, duas pernas ruim", que durou por vários minutos, pondo fim a discussão. E não se ouviu mais "Bichos da Inglaterra". Em seu lugar, "Mínimo", o poeta, compusera outra canção que começava dizendo: "Granja dos Bichos, Revolução dos Bichos, Nenhum de Nós jamais te fará Mal!"[21]. E passou a ser cantado todos os domingos após o hasteamento da bandeira. Mas o sentimento dos animais não se igualava a quando era cantada "Bichos da Inglaterra".

Poucos dias mais tarde, quando foram verificar o mandamento que dizia algo contra um animal matar outro, os bichos leram, com certa dificuldade – "nenhum animal matará outro, sem motivo" – apesar de não lembrarem-se deste último item, acharam que então estava tudo certo eliminar os traidores aliados de Bola-de-Neve.

---

[21] ORWELL, 2012, p. 73-74.

Durante aquele ano os animais trabalharam ainda mais que no ano anterior. A reconstrução do moinho de vento com o dobro de espessura nas paredes, a conclusão no prazo marcado e juntamente com o trabalho normal da granja era tudo desgastante. Nos Domingos de manhã, Garganta lia os relatórios com estatísticas que comprovavam o aumento na produção de duzentos, trezentos, quinhentos por cento conforme o caso. Os bichos não viam razão para descrer, especialmente por não lembrar com clareza das exatas condições de antes da rebelião.

Todas as ordens eram agora transmitidas por Garganta. Napoleão não era mais visto em público mais que uma vez a cada quinze dias. Napoleão habitava um apartamento separado dos demais e fazia refeições sozinho, com apenas dois cachorros para servi-lo. Foi anunciado que a espingarda também seria disparada, anualmente, na data de aniversário de Napoleão, assim como nos outros dois aniversários.

Os animais agora se referiam a ele de maneira formal, como "Nosso Líder" e os porcos inventavam títulos para ele, tais como "Pai de Todos os Bichos", "Terror da Humanidade", e assim por diante.

Garganta, em seus discursos, com lágrimas rolando pelo focinho, falava da sabedoria de Napoleão, da bondade de seu coração, do profundo amor que devotava aos animais de toda parte, mesmo e especialmente os infelizes animais que viviam na ignorância e escravidão de outras granjas.

Tornara-se comum dar a Napoleão crédito por todos os êxitos e golpes de sorte. Mínimo compôs um poema intitulado "O Camarada Napoleão" que dizia:

> Amigo dos órfãos!
> Fonte da Felicidade!
> Senhor do balde de lavagem! Oh, minh'alma arde
> Em fogo quando eu te vejo
> Assim, calmo e soberano,
> Como o sol na imensidão,
> Camarada Napoleão!
> Tu és aquele que tudo dá, tudo
> Quanto as pobres criaturas amam.
> Barriga cheia duas vezes por dia, palha limpa onde rolar;
> Todos os bichos, grandes, pequenos,
> Dormem tranquilos, enquanto
> Tu zelas por nós na solidão,
> Camarada Napoleão!
> Tivesse eu um leitão e
> Antes mesmo que atingisse
> O tamanho de um garrafão ou de um barril
> Já teria aprendido a ser, eternamente,

> Um teu fiel e leal seguidor. E o primeiro
> Guincho que daria meu leitão. Seria:
> "Camarada Napoleão!"[22].

Napoleão aprovou esse poema e mandou escrevê-lo no grande celeiro, na parede oposta que estavam os Sete Mandamentos. Sobre ele foi colocado um retrato de Napoleão.

Enquanto isso, por intermédio do Advogado "Whymper", Napoleão negociava uma pilha de madeira, de certo valor, encontrada na granja, com Frederick e Pilkington. Frederick era o mais interessado, mas não oferecia bom preço. Ao mesmo tempo, circulavam boatos de que Frederick e seus homens planejavam atacar a Granja dos Bichos e destruir o moinho de vento. Sabia-se que Bola-de-Neve ainda estava oculto na Granja Pinchfield.

Fora anunciado mais ou menos nessa época que Napoleão acertara vender as pilhas a Pilkington e que assinariam um acordo para troca regular de certos produtos entre a Granja dos Bichos e a Granja Foxwood. Os bichos não confiavam em Pilkington por ser humano, mas preferiram-no a Frederick, a quem temiam e odiavam. Ódio esse causado pelo que era lhes contado sobre o maltrato dos animais de sua granja.

Napoleão apareceu no celeiro e declarou que jamais admitiria vender as pilhas de madeira a Frederick. Os pombos responsáveis pela mensagem da Rebelião foram proibidos de pôr os pés em qualquer ponto da Granja Foxwood e receberam ordem de modificar seu slogan de "Morte à humanidade" para "Morte a Frederick".

No outono, o moinho de vento fora terminado após o árduo trabalho. Congratulando-se com os animais pelo feito, Napoleão colocou o próprio nome no moinho. Dias mais tarde, os animais foram convidados para uma reunião especial no celeiro, onde fora comunicado para a surpresa de todos, que Napoleão vendeu a pilha de madeira a Frederick e que os boatos não passaram de uma manobra para obter lucro na venda. Mas Frederick acabou pagando a madeira com notas falsas e desencadeando o ódio de Napoleão.

No dia seguinte, Frederick e mais quinze homens, armados com meia dúzia de espingardas, invadiram a granja, e obrigaram os animais a se refugiarem na Casa Grande. Detiveram-se ao lado do Moinho de Vento e o explodiram. Isto foi o que devolveu a coragem aos animais, que se lançaram contra seus inimigos e novamente venceram. Celebraram por dois dias e nomearam o combate como "A

---

22 ORWELL, 2012, p. 77-78.

Batalha do Moinho de Vento". Passaram-se alguns dias, e os porcos encontraram uma caixa de uísque na adega da casa-grande. E daquela noite, chegou da casa o som de uma cantoria com trechos de "Bichos da Inglaterra". Na manhã seguinte, Garganta aparece com um péssimo aspecto e disse que Napoleão encontrava-se a beira da morte. Como último ato sobre a terra Napoleão expedira o seguinte decreto: a ingestão de álcool seria punida com a morte. Já à noite Napoleão sentia-se melhor e ordenou no dia seguinte a Whymper comprar alguns folhetos sobre fermentação e destilação. Soube-se que Napoleão pretendia semear o campo antes destinado aos animais aposentados.

Nesta noite, os animais ouviram um barulho no Celeiro, e quando foram verificar, avistaram Garganta caído, com uma lata de tinta branca na mão, e uma escada quebrada, com mais atenção, leram também na parede um mandamento, que dizia: "Nenhum animal beberá álcool, em excesso".

A vida continuava difícil; as rações foram cortadas à metade, com exceção à dos porcos e dos cachorros. Quatro porcas deram cria a trinta e um leitõezinhos, todos os filhos de Napoleão, que foram educados por ele próprio, na cozinha da casa grande. Eram instruídos a não brincarem com os filhotes de outros animais. Depois, os animais descobriram que cada porco teria direito a meia garrafa de cerveja, e Napoleão recebia meio galão.

Napoleão determinara que uma vez por semana houvesse uma coisa chamada "Manifestação Espontânea", cuja finalidade era comemorar as lutas e triunfos da Granja dos Bichos. À hora marcada, os animais deviam abandonar o trabalho e desfilar pelo terreno da granja, em formação militar, os porcos à frente. Em seguida o poema composto em honra de Napoleão e um discurso de Garganta com o relatório de aumento na produção.

A granja foi proclamada República, e precisava de um presidente; e como único candidato, foi eleito Napoleão.

Em meio ao verão, "Moisés", o corvo, reapareceu inesperadamente na granja. Continuava o mesmo, não trabalhava e contava as histórias de sempre a respeito da Montanha de Açúcar-Cande.

Os anos passaram e a maioria dos animais que participou da revolução morreu ou esqueceu-se dos fatos. Napoleão beirava os cento e cinquenta quilos, e o moinho de vento, bem como outras construções foram erguidas.

Havia nascido muitos animais e a Rebelião não passava mais de uma obscura tradição transmitida oralmente, e outros nem sequer tinham ouvido falar a respeito. Aceitavam tudo quanto lhes era dito sobre a Revolução e os princípios do Animalismo.

A granja prosperava e estava mais bem organizada, fora até aumentada pela compra de dois tratos de terra do senhor Pilkington. O moinho de vento fora concluído com êxito, mas não era usado para gerar energia elétrica e sim moer cereais, coisa que dava um bom dinheiro.

Foi iniciada a construção de um novo moinho com a ideia inicial de gerar energia. Napoleão resumiu a verdadeira felicidade em trabalhar bastante e viver frugalmente.

A verdade é que nem os porcos, nem os cachorros produziam alimento com seu trabalho, mas viviam em luxo. Quanto aos outros, a vida continuava a mesma, com fome, dormindo em camas de palha, sofrendo com o frio e as moscas.

Certo dia, todos viram Garganta, seguido por uma fila de porcos, todos em duas patas, alguns desequilibrados, e por último, surgiu Napoleão, ereto, com um chicote nas mãos, e alguns bichos foram até o Celeiro e leram agora o único Mandamento que havia na parede – "Todos os bichos são iguais, mas alguns bichos são mais iguais que os outros"[23].

E em coral, obedecendo às ordens passadas por Garganta, as ovelhas baliram "Quatro pernas bom, Duas pernas melhor!"

Semanas mais tarde, várias charretes chegaram à Granja, com muitos granjeiros vizinhos, que vieram visitar Napoleão. Naquela noite, ouviu-se uma grande festa na casa grande, e mesmo com receio, os outros animais aproximaram-se da janela e assistiram meia dúzia de homens e meia dúzia de porcos sentados à mesa, jogando cartas e bebendo. E declarando que a partir daquele momento, porcos e homens seriam amigos, e a Granja dos bichos passaria a se chamara de Granja do Solar. Após encherem os copos novamente, reiniciaram o carteado, e os animais se afastaram, para retornar melancolicamente ao estábulo, quando ouviram enorme gritaria e palavras cheias de ódio, por causa de um desentendimento no jogo. Ao olharem para dentro, os bichos, ao fitarem as fisionomias dos presentes, já não conseguiam distinguir porcos de homens, homens de porcos.

Conclui-se assim a breve resenha, para apoiar o estudo produzido a seguir.

4. A Revolução dos Bichos e o Totalitarismo

O primeiro personagem apresentado é o Sr. Jones. O dono da Granja do Solar é cruel com os animais, chicoteando-os e, por vezes, deixando-os com fome. O Sr. Jones representa o governo dos Czares, a "monarquia russa".

[23] ORWELL, 2012, p. 106.

Ao anoitecer na fazenda, uma reunião dos bichos acontece e surge então o porco Major. Premiado e respeitado por todos os bichos, o velho porco expressa seus desejos de dias melhores para todos os animais e explica o Animalismo. Major dizia que os animais eram os únicos que trabalhavam e os humanos quem gozavam dos benefícios desse trabalho. Por isso, o porco incita uma revolução para que todos os "trabalhadores" possam ter uma vida melhor. Major, mentor intelectual do movimento, com objetivo da igualdade entre os animais, em que a prática não pode ser efetivada ante sua morte, representa a figura de Lênin.

Com a morte de Major antes da revolta, três porcos assumem o objetivo: Napoleão, Bola-de-Neve e Garganta.

Bola-de-Neve é, assim como Major, idealista e inteligente. Este tem destino similar ao de Trotski, transformando-se, à custa de muita propaganda, no "inimigo da revolução", seguia a risca os ensinamentos de Marx.

Napoleão, com um caráter agressivo e egoísta, não era tão inteligente ou bom orador quanto Bola-de-Neve e assim arma um golpe com ajuda de nove cães ferozes. Obriga Bola-de-Neve a se exilar e à custa de muita propaganda, transforma-o em inimigo da Granja dos Bichos. Napoleão é uma representação de Stalin, que não seguia os ideais socialistas, sua ambição pelo poder lhe fez corrupto. Usou a KGB representada pelos cães, e permitiu a volta da igreja ortodoxa representada pelo corvo Moisés, para manter o povo sob controle.

Napoleão, assim como Stalin, usou do culto a personalidade para se afirmar no poder. Por não ser bom orador, usou da figura de Garganta para convencer os animais que era um líder bondoso e corajoso. Sem qualquer ética, Garganta manipulou os mandamentos do Animalismo para beneficiar Napoleão, se aproveitando do analfabetismo da maior parte dos bichos. Garganta representa o departamento de propaganda de Stalin, que durante o governo usou de mentiras para manter a imagem de líder.

Além de Garganta, o controle é mantido com o uso de cães. Esses eram responsáveis de oprimir os oponentes de Napoleão. Assim como a KGB, a polícia secreta de Stalin, que utilizava de força bruta para controlar o povo e eram totalmente leais ao governante.

Moisés, o corvo, representando a igreja ortodoxa, no começo do livro é tratado como mentiroso por Major e Bola-de-Neve. O corvo, quando pousava perto dos animais em seu horário de descanso, falava sobre a Montanha de Açúcar-Cande, "o paraíso", um lugar onde os bichos descansariam após o árduo esforço no trabalho. Era uma desculpa para os bichos trabalharem mais para Sr. Jones. Com o passar dos anos depois de expulso, Napoleão permite a volta de Moisés, entendendo que a religião seria uma forma de controle dos animais através da esperança de um lugar melhor.

Alguns dos animais são apresentados com mais representatividade do que outros, mas todos eles simulavam o povo russo. Assim foi representado Sansão, um cavalo forte e trabalhador, que se mantém fiel a Napoleão sem questionar e no fim, se vê traído por ele; as ovelhas que repetiam, sem compreender, os lemas e canções em ode a Napoleão; as galinhas que não se concentram em nada; além de Benjamin, o burro, que suspeitava da Revolução e garantia que nada mudaria.

Esses bichos surgem como um retrato da população russa da época, classe operária e controlada que se submetia ao poder de um líder ambicioso e sem escrúpulos. Assim, tornam-se prisioneiros de sua própria Revolução.

Ademais, analisando criticamente o perfil da sociedade naquele contexto e propondo ao mesmo tempo reflexões acerca do modo que os governantes lidam com o poder, Orwell permite outra perspectiva histórica ou temporal de diferentes regimes totalitários.

Inicialmente existe um esforço conjunto para que a igualdade entre todos seja a representação da justiça, que leva os bichos da granja, à formulação de uma "carta de direitos fundamentais", os sete mandamentos do Animalismo, inalteráveis, que deveriam reger a comunidade, "eternamente". São eles:

1. Qualquer coisa que ande sobre duas pernas é inimigo.
2. Qualquer coisa que ande sobre quatro pernas, ou tenha asas, é amigo.
3. Nenhum animal usará roupas.
4. Nenhum animal dormirá em cama.
5. Nenhum animal beberá álcool.
6. Nenhum animal matará outro animal.
7. Todos os animais são iguais[24].

A discórdia entre os membros da cúpula do poder da Granja dos Bichos, leva à expulsão de Bola de Neve, realizada por Napoleão e seus nove cães, secretamente por ele criados. Os cães que amparam a decisão de Napoleão servem do mesmo modo que os animais serviam para Sr. Jones, dentro de uma relação de opressor e oprimido.

Após a expulsão de Bola de Neve, Garganta, cuja principal habilidade é a retórica, ganha uma posição de destaque como braço direito de Napoleão. Assim os discursos de Garganta amenizavam a quaisquer acontecimentos negativos sofridos na granja, demonstrando que a decisão dos bichos se rebelarem e viverem livres dos humanos, tiranos, autoritários e opressores foi a correta.

---

[24] ORWELL, 2012, p. 25.

Cada qual trabalhava de acordo com sua capacidade. As galinhas e os patos, por exemplo, economizaram cinco baldes de trigo, na colheita, juntando os grãos extraviados. Ninguém roubava, ninguém resmungava a respeito das rações. A discórdia, as mordidas, o ciúme, coisas normais nos velhos tempos, tinham quase desaparecido. Ninguém se esquivava ao trabalho[25].

A partir do aparecimento das dificuldades existentes em uma sociedade igualitária, constatadas com o passar do tempo, e tendo como referencial o desempenho e as necessidades de cada indivíduo da comunidade criada, ficaram mais evidentes os traços de autoritarismo de Napoleão, que amplia o tempo e a carga de trabalho.

A mudança dos porcos para a casa-grande expõe mais uma demonstração de subversão às regras igualitárias inicialmente propostas, dividindo os bichos em duas castas, os líderes e os trabalhadores. Afastando do "ideal do Animalismo", os líderes justificam seus atos com alterações do contrato social estabelecido.

Foi mais ou menos por essa época que os porcos, de repente, mudaram-se para a casa-grande, onde fixaram residência. Novamente os bichos julgaram lembrar-se de que havia uma resolução contra isso, aprovada nos primeiros dias, e novamente Garganta conseguiu convencê-los do contrário. Era absolutamente necessário que os porcos, disse ele, sendo os cérebros da granja, tivessem um lugar calmo onde trabalhar. Além disso, viver numa casa era mais adequado à dignidade do Líder (nos últimos tempos dera para referir-se a Napoleão pelo título de "Líder") do que viver numa simples pocilga. Mesmo assim, alguns animais se aborreceram ao ouvir dizer que os porcos não só faziam as refeições na cozinha e utilizavam a sala como local de recreação, mas ainda dormiam nas camas[26].

O poder de retórica de Garganta procura constantemente acalmar os bichos, que se tornam subordinados dos porcos. As emendas são quatro dos sete mandamentos e a opressão, submetida por Napoleão, aos demais bichos da Granja colocou a todos em situação semelhante à vivida enquanto Sr. Jones administrava a fazenda. Os mandamentos alterados ficaram assim:

1. Nenhum animal dormirá em cama *com lençóis*;
2. Nenhum animal beberá álcool *em excesso*;
3. Nenhum animal matará outro animal *sem motivos*;
4. Todos os animais são iguais, *mas alguns são mais iguais que os outros.*[27]

---

[25] ORWELL, 2012, p. 29.

[26] ORWELL, 2012, p. 57 e 58.

[27] ORWELL, 2012, p. 25, grifos nossos.

A obra revela o quanto, em regimes totalitários, as igualdades se convertem em falácias, com o argumento da "igualdade do sofrimento" e trabalho pesado para as classes inferiores, enquanto a "igualdade de benefícios" seria apenas para os líderes. O final da narrativa revela que a pretensão inicial de Major em criar uma sociedade livre e igual havia sido deturpada pelos líderes. Assim como na experiência totalitária, também na narrativa de Orwell os bichos deturparam a realidade jurídica e social. Se, na história, a experiência totalitária tratou de desumanizar o homem, na literatura, a farsa da revolução se deu a partir da humanização (se bem que pejorativa) dos bichos:

Não havia dúvida, agora, quanto ao que sucedera à fisionomia dos porcos. As criaturas de fora olhavam de um porco para um homem, de um homem para um porco e de um porco para um homem outra vez; *mas já se tornara impossível distinguir quem era homem, quem era porco.*[28]

5. Conclusão

O totalitarismo foi um regime político tão complexo que Arendt precisou se valer de uma complexa gama de conceitos para descrevê-lo com propriedade. E assim o fez. Arendt concluiu que a experiência totalitária foi um acontecimento único na história, distante, portanto, da teoria clássica dos regimes políticos. Bem entendido, o regime totalitário deve ser compreendido a partir das noções de massa, terror, desumanização, propaganda totalitária, dentre outros elementos.

Diante disso, nos perguntamos se poderia haver na literatura uma maneira mais intuitiva e imaginativa de compreender o regime totalitário. Encontramos no livro, *A Revolução dos Bichos,* de George Orwell, uma criativa maneira de abordar o totalitarismo. Orwell tratou de descrever vários elementos do totalitarismo a partir da narrativa literária.

Ao analisar o texto literário, foi possível traçar um paralelo entre o que fizeram os bichos na literatura e a experiência histórica do totalitarismo. Assim como no regime totalitário, também na revolução dos bichos a ideologia, a alienação, a propaganda, o terror e a dissimulação em relação às leis fornecem um campo fértil para o florescimento de uma experiência totalizante que corrói de maneira engenhosa a verdadeira natureza da lei, dos direitos e da história.

[28] ORWELL, 2012, p. 111-112, grifos nossos.

6. Referências

ARENDT, Hannah. *Origens do totalitarismo.* São Paulo: Editora Companhia das Letras, 1979.

BIGNOTTO, Newton. *Hannah Arendt e a Revolução Francesa.* Disponível em: <http://www.oquenosfazpensar.com/adm/uploads/artigo/hannah_arendt_e_a_revolucao_francesa/newton_bignotto_41-58.pdf/>. Acesso em: 7 set. 2016.

BRAZIL, Marcelo Pasquini; CUNHA, Lucas Jordão. *De Orwell à Huxley: a visão multifacetada do Estado Totalitário e a supressão do indivíduo.* Disponível em: <http://www.revistas.unifacs.br/index.php/redu/article/view/3469/>. Acesso em: 7 set. 2016.

FARIA, Gentil de. *Direito e Literatura*: confluências e afinidades. São Paulo: HN: Cultura Acadêmica, 2015.

FILHO, Daniel Aarão Reis. *As revoluções russas e o socialismo soviético.* São Paulo: Editora Unesp, 2003.

GODOY, Arnaldo Moraes. *Direito e Literatura.* Disponível em: <http://www.jf.jus.br/ojs2/index.php/revcej/article/viewFile/573/753/>. Acesso em: 7 set. 2016.

Grupo Virtuous. *Revolução Russa de 1917.* Só História. Disponível em: <http://www.sohistoria.com.br/ef2/revolucaorussa/>. Acesso em: 2 out. 2016.

HOBSBAWM, Eric. *Era dos Extremos*: O breve século XX 1914-1991. São Paulo: Editora Companhia das Letras, 1995.

JUNQUEIRA, Eliane Botelho. *Literatura e direito*: uma outra leitura do mundo das leis. Rio de Janeiro: Editora Letra capital, 1998.

KELSEN, Hans. *Teoria Pura do Direito.* São Paulo. Editora Martins Fontes, 1998.

MONTANHA, Alexandre. *Direito e Literatura*: reflexões jurídicas na obra "Inferno", de Dan Brown. Disponível em: <http://www.revistas.unifacs.br/index.php/redu/article/view/2769/2014/>. Acesso em: 7 set. 2016.

OLIVEIRA JÚNIOR, Humberto Ramos de. *Regimes Totalitários e o resguardo dos Direitos Humanos.* Disponível em: <http://www.conteudojuridico.com.br/pdf/cj031957.pdf/>. Acesso em: 7 set. 2016.

ORWELL, George. *A Revolução dos Bichos.* São Paulo: Editora SCHWARCZ, 2012.

PINHEIRO, Romildo Gomes. *Hannah Arendt*: Legitimidade e Política. Disponível em: <www.ppgf.ufba.br/dissertacoes/Romildo_Gomes.pdf/> Acesso em: 7 set. 2016.

RAMIRO, Caio Henrique Lopes. *Direito e Literatura*: Notas Acerca da Justiça, do Jurídico e da desobediência em a Revolução dos Bichos. Disponível em: <http://www.cidp.pt/publicacoes/revistas/ridb/2012/06/2012_06_3605_3615.pdf/> Acesso em 7 set. 2016.

RIBEIRO, Ricardo Gomes. *Hannah Arendt, o totalitarismo e a relação com o conceito do mal e da moral.* Disponível em: www.pucrs.br/edipucrs/Vmostra/V.../82333-RICARDO_GOMES_RIBEIRO.pdf/>. Acesso em: 7 set. 2016.

RUBIANO, Mariana de Mattos. *Liberdade em Hannah Arendt.* Disponível em: <www.teses.usp.br/teses/disponiveis/8/8133/tde.../2011_MarianadeMattosRubiano.pdf/>. Acesso em: 7 set. 2016.

SANTOS, Silvana Marla Pantoja dos. *Direito e Literatura*: Perspectiva transdisciplinar na abordagem de temas sociais e jurídicos. Disponível em: <https://periodicos.set.edu.br/index.php/direito/article/download/156/73/>. Acesso em: 7 set. 2016.

SCHITTINO, Renata Torres. *O totalitarismo segundo Hannah Arendt.* Disponível em: <www.maxwell.vrac.puc-rio.br/14056/14056_1.PDF/>. Acesso em: 2 out. 2016.

CRITÉRIOS PARA O USO DE MEDIDAS ATÍPICAS NA EXECUÇÃO POR QUANTIA CERTA: O DILEMA DO MERCADOR DE VENEZA E A BUSCA POR UM PROCESSO CIVIL CONSTITUCIONALMENTE ORIENTADO

Hugo Moreira Lima Sauaia[1]

1. Introdução e delimitação do problema

A ideia que permitiu o início desta digressão surgiu não somente da necessidade de maior exploração teórica do tema, mas, sobretudo, da vontade do autor de contribuir para o esclarecimento dos critérios que devem nortear a atuação diuturna de advogados e julgadores, perplexos diante do advento de diversas decisões judiciais contraditórias sobre o tema, no ano de 2016 e início de 2017, ora promovendo a suspensão de passaportes e da carteira nacional de habilitação de devedores, ora considerando tais restrições ilícitas, sem alcançar-se consenso sobre os limites da aplicação do art. 139º, inciso IV do Código de Processo Civil (CPC)[2]

---

[1] Doutorando em Direito do Estado pela Universidade de São Paulo (USP). Mestre em Direito Constitucional pelo Instituto Brasiliense de Direito Público (IDP). Advogado em São Luís/MA e Brasília/DF.

[2] Quando no presente texto for mencionada a numeração do artigo sem a indicação da legislação respectiva, a referência será ao CPC de 2015. (BRASIL. Presidência da República. Lei nº 13.105, de 16 de março de 2015. Código de Processo Civil. *Diário Oficial da União,* Brasília, DF, 2015. Disponível em:<http://www.planalto.gov.br/ccivil_03/_ato2015-2018/2015/lei/l13105.htm>. Acesso em: 1 mar. 2017).

à luz da Constituição Federal (CF) de 1988.[3] Por tais razões, não tem a pretensão de ser extensa e profunda, mas didática e seminal. Propõe-se, para além da análise da legislação processual, realizar cotejo desta com direitos e garantias constitucionais amplamente consagrados, mas ainda não sistematizados para a circunstância particular da utilização de medidas atípicas, seja no cumprimento de título judicial, seja na execução de título extrajudicial que documente obrigação de pagar quantia certa. Acredita-se, que assim será possível ao menos iniciar a discussão sobre a utilização de tais medidas, também denominadas de estruturantes, sem o risco, e o erro, da abertura de grande margem à discricionariedade judicial de viés meramente utilitarista.[4]

De outro lado, lança-se mão da literatura, para que sirva de auxílio na construção do problema, com amparo na máxima de Barthes – de que todas as ciências estão presentes no monumental literário[5] –, e servindo de ilustração uma das mais belas obras da literatura mundial, a comédia trágica que retrata o *Mercador de Veneza*, do bardo eterno, o autor inglês William Shakespeare.[6] Tem-se o referencial literário não como modelo de moralidade – a peça, como se verá, engloba um judeu estereotipado como ganancioso, da mesma forma que outras peças do mesmo autor retratam preconceitos da época, não necessariamente esquecidos no tempo, sem combatê-los –, mas por permitir, através da complexidade do texto e seu potencial imaginativo, a construção de uma imagem mais intensa e carregada de significado, de tal forma que, no momento da leitura, vislumbra, o leitor, uma

---

3 Para que réu pague dívida, juíza suspende CNH e confisca passaporte. *Revista Consultor Jurídico,* São Paulo, set. 2016. Alternativa à condenação. Disponível em:<http://www.conjur.com.br/2016-set-07/reu-pague-divida-juiza-suspende-cnh-confisca-passaporte>. Acesso em: 10 abr. 2017. COURA, K. Desembargador concede HC para devedor que teve CNH suspensa e passaporte apreendido. *JOTA,* São Paulo, set. 2016. Justiça. Disponível em:<https://jota.info/justica/desembargador-concede-hc-para-devedor-que-teve-cnh-suspensa-e-passaporte-apreendido-09092016>. Acesso em: 10 abr. 2017.

4 Como salientam Lenio Luiz Streck e Dierle Nunes: "Todas estas digressões nos fazem retornar ao problema inaugural: seria possível com base no artigo 139, IV do CPC/2015 restringir unilateralmente, a partir da visão utilitarista do magistrado, direitos individuais para obter a satisfação de obrigações pecuniárias como defendido pelos respeitáveis autores? Parece-nos que, em regra, não!" (STRECK, Lenio Luiz; NUNES, Dierle. Como interpretar o artigo 139, IV, do CPC? Carta branca para o arbítrio? *Revista Consultor Jurídico,* São Paulo, ago. 2016. Senso Comum. Não paginado. Disponível em:<http://www.conjur.com.br/2016-ago-25/senso-incomum-interpretar-art-139-iv-cpc-carta-branca-arbitrio#author>. Acesso em: 10 abr. 2017).

5 "Se, por não sei que excesso de socialismo ou de barbárie, todas as nossas disciplinas devessem ser expulsas do ensino, exceto numa, é a disciplina literária que devia ser salva, pois todas as ciências estão presentes no monumento literário." (BARTHES, Roland. *Aula*. São Paulo: Editora Cutrix, 1997. p. 8).

6 Portal Domínio Público (Disponível em:<http://www.dominiopublico.gov.br/download/texto/cv000094.pdf>).

imagem vívida do drama humano, que, de outra forma, não teria como imaginar, ou sobre ela refletir, com tamanha intensidade.[7]

Traça-se desse modo, o objeto inicial de exploração deste estudo: a possibilidade de utilização de medidas atípicas no curso da execução por quantia certa (no cumprimento de título executivo judicial - art. 523, ou na execução fundada em título extrajudicial - art. 771). O problema, o qual se pretende responder, diz respeito as quais seriam os critérios, presentes na CF de 1988 e na própria legislação processual, a orientar a utilização de referidas medidas, de forma a proteger direitos fundamentais do executado, sem, no entanto, desconsiderar-se o direito ao adimplemento, prerrogativa do credor e exequente.[8]

A discussão se inicia com o CPC de 2015, que ao tratar em seu Título IV, Capítulo I, *Dos poderes, dos deveres e da responsabilidade do Juiz*, determina, no art. 139 - inaugural ao Capítulo - que: "O juiz dirigirá o processo conforme as disposições deste Código, incumbindo-lhe", em seu inciso IV, objeto deste estudo: "[...] determinar todas as medidas indutivas, coercitivas, mandamentais ou sub-rogatórias necessárias para assegurar o cumprimento de ordem judicial, inclusive nas ações que tenham por objeto prestação pecuniária."[9]

Além daqueles atos expropriatórios e coercitivos típicos do cumprimento de obrigação por quantia certa e da execução de título extrajudicial (o antigo *Código Buzaid* e suas reformas previam, basicamente, a multa quando do não adimplemento voluntário após a intimação para pagar, e a penhora de bens, reproduzidas de forma similar no CPC/2015) parece a norma autorizar a adoção de medidas atípicas, ou seja, não explicitamente relacionadas, voltadas a atingir-se o cumprimento da tutela jurisdicional executiva. Rompeu-se assim, barreira antes já avançada quanto ao cumprimento de obrigações de fazer, não fazer, entregar coisa e na execução de alimentos.[10]

---

[7] POSNER, Richard A. *Law and Literature*. 3. ed. Cambridge, MA: Harvard University Press, 2009. p. 489.

[8] BRASIL. Presidência da República. *Constituição da República Federativa do Brasil de 1988*. Brasília, DF, 1988. Disponível em:<http://www.planalto.gov.br/ccivil_03/constituicao/constituicao.htm>. Acesso em: 1 mar. 2017.

[9] BRASIL, 2015.

[10] Gajardoni chega a falar em "[...] revolução silenciosa da execução por quantia." (GAJARDONI, Fernando da Fonseca. A revolução silenciosa da execução por quantia. *JOTA*, São Paulo, ago. 2015. Disponível em:<http://jota.uol.com.br/a-revolucao-silenciosa-da-execucao-por-quantia>. Acesso em: 1 mar. 2017). Alexandre Câmara também crê na inovação: "Esse dispositivo corresponde, em alguma medida, ao que constava do § 5º do artigo 461 do CPC/1973, que já previa o poder do juízo de valer-se de meios atípicos para assegurar o cumprimento das decisões judiciais que impusessem deveres jurídicos de fazer, não fazer ou entregar coisa, e que se repete no que atualmente são o artigo 536, caput e § 1º do novo CPC. Há aí, porém, uma

O próprio dispositivo destaca, com aparente nitidez, quatro espécies de medidas, sem, porém, delineá-las. Com apoio na literatura é possível, preambularmente, detalhar-se o significado de tais meios executivos. As medidas *indutivas* ou *premiais* guardam relação com o oferecimento de um prêmio, ou um incentivo ao sujeito, em virtude do cumprimento de obrigação ou do reconhecimento do pedido. Há diversas previsões no Código de medidas dessa natureza, podendo-se citar a redução de honorários advocatícios em caso de pagamento em 3 (três) dias na execução por título executivo extrajudicial (art. 827º, §1º); a dispensa de custas processuais remanescentes em caso de transação antes da sentença (art. 90º, §3º), e a isenção de custas ao devedor cumpridor do mandado monitório no prazo de 15 (quinze) dias após sua citação.

---

grande novidade: a expressa previsão da possibilidade de utilização de meios atípicos para assegurar o cumprimento de decisões que impõem obrigações pecuniárias. Por força desse dispositivo torna-se possível o emprego de meios outros, além da multa de 10% (a que se refere o artigo 523, § 1º, do novo CPC), para compelir o devedor a cumprir obrigações pecuniárias reconhecidas em decisão judicial. Alguns exemplos podem ser aqui imaginados: pense-se em uma pessoa jurídica que, não tendo cumprido decisão judicial que reconheceu uma obrigação pecuniária, seja proibida de participar de licitações até que a dívida esteja quitada. Ou no caso de alguém que, tendo sido condenado a pagar uma indenização por danos resultantes de um acidente de trânsito, seja proibido de conduzir veículos automotores até que pague sua dívida." (CÂMARA, Alexandre Freitas. Novo CPC ampliou sobremaneira os poderes do juiz. *Revista Consultor Jurídico,* São Paulo, jun. 2016. Opinião. Não paginado. Disponível em:<http://www.conjur.com.br/2016-jun-23/alexandre-freitas-camara-cpc-ampliou-poderes-juiz#sdfootnote2sym>. Acesso em: 1 mar. 2017). Da mesma forma dita o *Enunciado 48* da Escola Nacional de Formação e Aperfeiçoamento de Magistrados (ENFAM): "O art. 139, IV, do CPC/2015 traduz um poder geral de efetivação, permitindo a aplicação de medidas atípicas para garantir o cumprimento de qualquer ordem judicial, inclusive no âmbito do cumprimento de sentença e no processo de execução baseado em títulos extrajudiciais." (ESCOLA NACIONAL DE FORMAÇÃO E APERFEIÇOAMENTO DE MAGISTRADOS. Enunciados aprovados. In: SEMINÁRIO O PODER JUDICIÁRIO E O NOVO CÓDIGO DE PROCESSO CIVIL, 2015, Brasília, DF. *Anais...* Brasília, DF, 2015. Disponível em:<http://www.enfam.jus.br/wp-content/uploads/2015/09/ENUNCIADOS-VERS%C3%83O-DEFINITIVA-.pdf##LS>. Acesso em: 10 abr. 2017) e o *Enunciado 12* do Fórum Permanente de Processualistas Civis: "(arts. 139, IV, 523, 536 e 771) A aplicação das medidas atípicas sub-rogatórias e coercitivas é cabível em qualquer obrigação no cumprimento de sentença ou execução de título executivo extrajudicial. Essas medidas, contudo, serão aplicadas de forma subsidiária às medidas tipificadas, com observação do contraditório, ainda que diferido, e por meio de decisão à luz do art. 489, § 1º, I e II. (Grupo: Execução)." (FÓRUM PERMANENTE DE PROCESSUALISTAS CIVIS. [Enunciados]. In: ENCONTRO, 5., 2015, Vitória. *Anais...* Vitória, 2015. p. 9. Disponível em:<http://portalprocessual.com/wp-content/uploads/2015/06/Carta-de-Vit%C3%B3ria.pdf>. Acesso em: 10 abr. 2017). (NÓBREGA, Guilherme Pupe da. Reflexões sobre a atipicidade das técnicas executivas e o artigo 139, IV, do CPC de 2015. *Migalhas*, São Paulo, 2016. Processo e procedimento. Disponível em:<http://www.migalhas.com.br/ProcessoeProcedimento/106,MI243746,21048-Reflexoes+-sobre+a+atipicidade+das+tecnicas+executivas+e+o+artigo+139>. Acesso em: 10 abr. 2017).

As *coercitivas*, por sua vez, visam forçar o devedor a cumprir a obrigação, impondo, em caso de descumprimento à ordem judicial, pesado ônus, como a incidência de multa de 10% (dez por cento) quando do descumprimento do prazo quinzenal para o pagamento de dívida em dinheiro (art. 523, §1°); a fixação de sanção pecuniária em periodicidade variável para o descumprimento de obrigação de fazer ou não fazer (art. 536, §1°), ou mesmo a prisão do devedor alimentar (art. 528).[11]

A medida *mandamental*, como ensina Ovídio Araújo Baptista da Silva, distingue-se das demais, por ser necessário para sua caracterização que "[...] o juiz emita uma ordem a ser observada pelo demandado, ao invés de limitar-se a condená-lo a fazer ou não fazer alguma coisa."[12] Seu elemento caracterizador, portanto, é a expedição de ordem diretamente à parte, cujo descumprimento poderá resultar na tipificação de crime por desobediência (art. 330 do Código Penal - CP), se particular, ou prevaricação (art. 319 do CP), se funcionário público.[1313] A formação de culpa, no âmbito criminal, serve aqui, como medida coercitiva indireta, sendo os exemplos mais comumente citados, a desobediência a ordens em Mandado de Segurança ou em *Habeas Corpus*.

Medidas *sub-rogatórias* são executadas pelo magistrado ou por terceiros, seus auxiliares ou não, com o objetivo de promover o resultado equivalente à prestação que deveria ser realizada pelo executado inadimplente, ou seja, são medidas que sem depender da colaboração do devedor, podem levar ao resultado prático desejado. Pode-se citar como exemplos, a substituição da declaração de vontade do devedor ou a adjudicação compulsória, na qual o juiz profere sentença que substitui o devedor, "[...] e produz em favor do promissário todos os efeitos jurídicos que deveriam ser gerados pela declaração sonegada pelo devedor inadimplente."[14]

---

11 MEIRELES, Edilton. Medidas sub-rogatórias, coercitivas, mandamentais e indutivas no Código de Processo Civil de 2015, *Revista de Processo*, Natal, v. 247, p. 231-246, set. 2015.

12 SILVA, Ovídio Araújo Baptista da. *Curso de processo civil*. 4. ed., rev. e atual. São Paulo: Revista dos Tribunais, 2000. v. 2. p. 336.

13 BRASIL. Presidência da República. Decreto-Lei n. 2.848, de 7 de dezembro de 1940. Código Penal. *Diário Oficial da União*, Brasília, DF, 1940. Disponível em:<http://www.planalto.gov.br/ccivil_03/decreto-lei/Del2848.htm>. Acesso em: 10 abr. 2017.

14 THEODORO JÚNIOR, Humberto. Tutela específica das obrigações de fazer e não fazer. *Revista Brasileira de Direito Comparado*, Copacabana, n. 20, p. 89-130, 2001, p. 12. Disponível em: <http://www.smithedantas.com.br/texto/tut_esp.pdf>. Acesso em: 10 abr. 2017.

2. O dilema do Mercador de Veneza e a derrota de Shylock

A história do *Mercador de Veneza* transcorre no século XIV, época onde a região gozava de ampla movimentação comercial e cultural. Bassânio, um jovem de origem nobre, mas privado de grandes posses em razão de infortúnios financeiros, deseja casar-se com Pórcia, herdeira de família abastada. Para isso precisa fazer uma viagem para Belmonte, onde será submetido a desafio deixado pelo pai da pretendente, o qual determinará a sorte do futuro do casal.

Recorre, assim, a seu amigo Antônio, um dos mais ricos comerciantes de Veneza, e homem de bom coração. Antônio explica ao amigo que todo seu capital fora investido em seus navios, os quais estão em alto mar, em lucrativas viagens comerciais. Ressalta, porém, que, em razão de sua amizade, poderia ser seu fiador, caso Bassânio conseguisse um empréstimo.

Bassânio toma a iniciativa de pedir o valor que precisa ao judeu Shylock, o qual é retratado como figura gananciosa e maldosa, bem como antigo inimigo comercial e pessoal de Antônio, que desprezava sua origem étnica, e com quem competia comercialmente em Veneza. Shylock aceita fazer o empréstimo, mas sabendo ser Antônio o seu garantidor, propõe especial e inusitada garantia: se não for pago até a data especificada receberá uma libra da carne de Antônio, da parte do corpo que escolher. Bassânio não deseja pegar o dinheiro nessas condições, mas Antônio consente e assina o contrato, certo de que receberia, com a chegada de seus navios, diversas vezes o valor suficiente para pagar, em dia, o empréstimo. Aquela, portanto, não passaria de uma exigência absurda, com a qual não precisaria jamais lidar.

Em inesperada reviravolta na trama, enquanto Bassânio tem sucesso em sua trajetória – superando enigmático desafio, e alcançando o direito de casar com Pórcia – Antônio é surpreendido pelo imprevisível fracasso de todos os seus navios, que terminam por naufragar, colocando-o em situação próxima à da falência, o que o leva a perder a data final para o pagamento do empréstimo de Shylock. Este demanda, perante o judiciário veneziano, o cumprimento da avença, com a retirada da libra de carne diretamente do coração de Antônio, o que, irremediavelmente, significaria a sua morte.

A lei veneziana determinava o cumprimento dos contratos e de suas garantias – o que se infere ser importante, inclusive, para a garantia dos prósperos negócios locais –, e o judeu, mesmo recebendo a proposta do pagamento de diversas vezes o valor devido, a rejeita, exigindo o cumprimento da garantia.

Eis o dilema principal: de um lado o credor, a exigir seu direito, a pleitear o pagamento da garantia mais economicamente vantajosa – afinal, a morte do competidor significaria seu triunfo comercial –, de seu lado *the rule of law*, o direito escrito. De outro lado o devedor, que não esperava o seu fracasso econômico, e que agira de boa-fé, e pretendia, com certo auxílio, pagar o débito, da forma menos onerosa possível, já acrescido de altos juros, mas que não significasse a sua morte – que pode ser encarada aqui como nítida metáfora para o fracasso total; constrangimento; persecução indigna; penhora de patrimônio ou renda necessária ao sustento, como poupança ou salário, ou ainda, como a perda de faculdades típicas dos tempos hodiernos, como o direito de viajar, de dirigir um carro, de ter momentos de lazer em meio ao caos cotidiano, as quais não necessariamente guardam relação direta com o cumprimento da obrigação de pagar quantia certa, e que frequentemente são indispensáveis a sua já dura sobrevivência.

O problema é resolvido de forma engenhosa: Pórcia consegue nomeação para servir, disfarçada, de magistrado no julgamento, e decide que o contrato deve ser cumprido, como era direito de Shylock, mas que, no entanto, este deveria ser interpretado da forma menos onerosa possível ao devedor, o que significava que a retirada da libra de carne, fosse do coração ou de outra parte, não deveria estar acompanhada do derramamento de nenhuma gota de sangue, uma vez que este não havia sido incluído na transação. O erro significaria ainda a incidência de pesada multa sobre Shylock, o qual termina desistindo, e pleiteando o pagamento em dinheiro, o qual, todavia, é negado, sob o argumento de que já o havia recusado. Por fim, ainda é multado com a perda, em favor de Antônio, de metade de seus bens, por haver atentado contra a vida de cidadão veneziano.

Percebe-se, ao final, o tom de reprovação à conduta do credor implacável, e leva, o drama, sem sombra de dúvidas, o leitor à reflexão sobre o tema em discussão: quais os limites ao cumprimento de obrigação de pagar? Quais os limites desta execução por quantia certa? Poderia, o credor, pleitear qualquer medida, ainda que não relacionada diretamente com o débito? Haveria limites? Quais os limites do pleito e os limites decisórios? O que dizem, no Brasil atual, o CPC 2015 e a Constituição? Deveriam os Shylocks modernos – sejam bancos, financeiras, incorporadoras, ou mesmo credores particulares – gozarem dos lucros capitalizados e de medidas cerceadoras de liberdades individuais, em troca, obviamente, do cumprimento da obrigação de pagamento? A obrigação de pagar deve prevalecer até que ponto? Em que medida deve ser cumprida, ou, de outra forma, em que medida deve fracassar?

3. A centralidade dos direitos fundamentais na exploração dos marcos interpretativos das normas processuais

Há quem defenda, com certa razão, que o direito processual criou verdadeira cláusula geral no art. 139, inciso IV, a qual permitiria ao magistrado tomar todas as medidas executivas necessárias ao cumprimento de sua decisão.[15] Necessário, porém, comedido temperamento, inerente à prevalência da hierarquia constitucional e ao papel do intérprete ao extrair, do dispositivo, a norma.

Isto se dá, prioritariamente, em razão da possibilidade da conduta do Estado esbarrar em direitos e garantias fundamentais, constitucionalmente assegurados, os quais implicam em obrigação negativa voltada ao próprio Poder Legislativo. Este se encontra proibido de legislar em sentido a impor limitações não autorizadas pela norma constitucional, ou de produzir ato normativo que viole o seu âmbito de validade. Há ainda um viés positivo, o qual obriga o legislador a atuar em conformidade com essas normas constitucionais, inclusive no sentido de aperfeiçoar e regulamentar a sua plena aplicação:

> Assim, num sentido negativo (ou proibitivo), já se referiu à proibição de edição de atos legislativos contrários às normas de direitos fundamentais, que, sob este ângulo, atuam como normas de competência negativa. Na sua acepção positiva, a vinculação do legislador implica um dever de conformação de acordo com os parâmetros fornecidos pelas normas de direitos fundamentais e, neste sentido, também um dever de realização destes, salientando-se, ademais, que, no âmbito de sua faceta jurídico-objetiva, os direitos fundamentais também assumem a função de princípios informadores de toda a ordem jurídica.[16]

A vinculação abrange os poderes públicos e os poderes constituídos, próximos aos públicos, por exercerem uma função de natureza pública. Segundo Canotilho, pode-se afirmar que as entidades públicas estão sob reserva de direitos, liberdades e garantias. As formas de atuação dessas entidades podem ser extremamente diversas: desde os atos normativos típicos (leis, regulamentos), às várias medidas administrativas ou decisões judiciais, passando pelas próprias intervenções

---

15 SCHMITZ, Leonard Ziesemer. A Teoria geral do processo e a parte geral do Novo Código de Processo Civil. In: MACÊDO, L. B. de.; PEIXOTO, R.; FREIRE, A. (Ors.). *Coleção Novo CPC:* doutrina selecionada. Salvador: Ed. JuspodiVm, 2016, p. 126.

16 SARLET, Ingo Wolfgang. *A eficácia dos direitos fundamentais:* uma teoria geral dos direitos fundamentais na perspectiva constitucional. Porto Alegre: Livraria do Advogado, 2012. p. 431.

no mundo fenomênico: nenhum ato das entidades públicas é livre dos direitos fundamentais.[17]

Conclusão parcial e não condicional, já possível de se alcançar neste momento do estudo, é a *centralidade dos direitos constitucionais quando do exercício da parcela executiva da jurisdição*, e, logo, quando da interpretação quanto aos limites da denominada "[...] cláusula geral de medidas atípicas":

> As categorias processuais elevadas a direitos fundamentais devem ser estudadas à luz da metodologia e ideologia do direito constitucional, como qualquer outro direito constitucional que se encontre na própria Lei fundamental. E também é de maneira independente que deve ser analisada à luz do processualismo, haja vista que suas projeções enquanto garantia constitucional - devido processo - refletem em todo o ordenamento secundário, onde se encontram os processos civil, penal, do trabalho, etc.[18]

Em busca de marcos interpretativos que possam limitar a utilização das medidas atípicas, tem-se agora nítido local comum, de onde devem insurgir as primeiras, e prováveis melhores luzes, a clarear o caminhar do precavido hermeneuta da legislação processual.

4. A proibição da prisão civil por dívidas

O máximo em termos da tutela civil de pretensões de adimplir quantia certa, em sede de execução, certamente seria a possibilidade de compelir-se o devedor, mediante pena de prisão, caso não realizasse o pagamento, uma vez citado ou intimado para tanto. Todavia, o próprio Supremo Tribunal Federal (STF) já decidiu que a prisão do devedor civil – exceto do devedor de pensão alimentícia –, afrontaria o art. 7º do *Pacto de São José da Costa Rica*, de 1969, incorporado ao ordenamento jurídico brasileiro a título de norma supralegal (não obstante as possíveis críticas a essa posição na hierarquia dos atos normativos, matéria, porém, cuja discussão não comportaria os limites deste artigo).[19]

---

17 CANOTILHO, José Joaquim Gomes. *Direito constitucional e teoria da constituição*. 7. ed. Coimbra: Almedina, 2003; No mesmo sentido: NOVELINO, Marcelo. *Direito Constitucional*. 10. ed. Salvador: Ed. Juspodivm, 2015.

18 MAC-GREGOR, Eduardo Ferrer. As garantias constitucionais do processo e o direito constitucional processual. *Revista Panóptica*, ed. 14, p. 25-31, 2008. Disponível em:<http://www.panoptica.org/seer/index.php/op/article/view/160>. Acesso em: 10 abr. 2017.

19 BRASIL. Supremo Tribunal Federal. RE 466.343-1 - SP, 4 de junho de 2009. *Diário da Justiça Eletrônico*. Brasília, DF, 2009. Rel. Min. Cezar Peluso, Tribunal Pleno. Disponível em:<https://jurisprudencia.s3.amazonaws.com/STF/IT/RE_466343_SP_1278971570481.pdf?Signature=K2UjHFFFV1%2FyJq6sZCy68L1Cfeo%3D&Expires=1491942425&AW-

Referida compreensão guarda íntima relação com a denominada cláusula de abertura, presente no § 2º do art. 5º da Constituição de 1988, ao determinar que "§ 2º Os direitos e garantias expressos nesta Constituição não excluem outros decorrentes do regime e dos princípios por ela adotados, ou dos tratados internacionais em que a República Federativa do Brasil seja parte."[20] Podendo-se concluir não existir na Constituição um sistema fechado, onde direitos fundamentais sejam apenas aqueles ali expressos, amalgamando-se, igualmente, pelo menos outras duas categorias de direitos, quais sejam, aqueles oriundos do regime e dos princípios por ela adotados, e os demais frutos de tratados internacionais que a República Federativa haja firmado.

Como salienta George Marmelstein, deve-se destacar ainda a proteção da dignidade da pessoa humana como elemento comum a todos os direitos fundamentais, sendo inconcebível o exercício de faculdade que contribua para a destruição desta dignidade. Toda atividade judicial, e, portanto, também a executiva – espécie daquela – encontrará limite inarredável na possibilidade de cerceamento da liberdade do devedor – medida inconvencional – e na primazia da dignidade da pessoa humana.[21]

Dignidade pode ser concebida na acepção d*workiniana*, enquanto a necessidade de mesmo os membros mais frágeis da comunidade política obterem a mesma consideração e respeito dos demais membros, mais poderosos, de modo que, se algumas pessoas têm liberdade de decisão, qualquer que seja o efeito sobre o bem-estar geral, todos devem ter a mesma liberdade. Pressupondo-se, ainda, que cada pessoa tenha responsabilidade significativa no que se refere ao sucesso de sua própria vida.[22]

Traçado este núcleo inviolável, prossegue-se com a demarcação dos limites seguintes, mais suscetíveis de dificuldades interpretativas.

SAccessKeyId=AKIAIPM2XEMZACAXCMBA&response-content-type=application/pdf&x-amz-meta-md5-hash=49d88a9d9571e722a5d5e3a66747d4fd>. Acesso em: 10 abr. 2017.

20 SARLET, Ingo Wolfgang. Os direitos fundamentais sociais na constituição de 1988. *Revista Diálogo Jurídico*, Salvador, v. 1, n. 1, p. 1-46, abr. 2001.

21 MARMELSTEIN, George. *Curso de Direitos Fundamentais*. 6. ed. São Paulo: Ed. Atlas, 2014, p. 40.

22 DWORKIN, Ronald. *Levando os direitos a sério*. Trad. de Nelson Boeira. 3. ed. São Paulo: Martins Fontes, 2010, p. 304-305.

5. A subsidiariedade das medidas atípicas

Medidas atípicas, para serem utilizadas, dependem do prévio esgotamento das medidas típicas e ordinárias disponíveis ao procedimento executório. As razões a justificar tal subsidiariedade têm origem em solo constitucional: a intervenção na esfera privada pelo Estado-juiz deve se pautar na legalidade, no dever de não gerar constrangimento ou ofensa à pessoa, e na exigência de respeito ao devido processo legal em sua perspectiva não só formal, mas material.

Neste ponto, preciso o *enunciado 12* do *Fórum Permanente de Processualistas Civis*, ao dispor que:

> A aplicação das medidas atípicas sub-rogatórias e coercitivas é cabível em qualquer obrigação no cumprimento de sentença ou execução de título executivo extrajudicial. Essas medidas, contudo, serão aplicadas de forma subsidiária às medidas tipificadas, com observação do contraditório, ainda que diferido, e por meio de decisão à luz do art. 499, § 1º, I e II.[23]

O esgotamento das vias típicas é necessário, inclusive para a correta averiguação de que está o devedor exercendo ilegitimamente seus atributos inerentes à capacidade civil, promovendo, assim, a ocultação de patrimônio ou o abuso de direito de defesa.[24] Nem mesmo a garantia a um processo célere e efetivo pode prevalecer à exigência de percorrer-se a *via crucis* das medidas executivas típicas.

De outra forma, o próprio procedimento seria subvertido, com ofensa à legalidade, limitando-se o magistrado a determinar, de início, e em ignorância a toda limitação à intervenção na esfera da privacidade dos afazeres individuais, uma série de medidas atípicas, em verdadeiro espetáculo de horrores do período medievo, a privar o devedor de uma série de bens da vida, como a liberdade de livremente sair do país, de dirigir, de frequentar bares e outros logradouros públicos. Na lição de Tércio Sampaio Ferraz Júnior:

> A privacidade, como direito, tem por conteúdo a faculdade de constranger os outros ao respeito e de resistir à violação do que lhe é próprio, isto é, das situações vitais que, por dizerem a ele só respeito, deseja manter para si, ao abrigo de sua única e discricionária decisão. O objeto é o bem protegido, que pode ser uma *res* (uma coisa, não necessariamente física, no caso de direitos reais) ou um interesse (no caso dos direitos pessoais). No direito à privacidade, o objeto é, sinteticamente, a integridade moral do sujeito. Tanto conteúdo quanto objeto são muito claros no art. 12 da Declaração

---

23 FÓRUM PERMANENTE DE PROCESSUALISTAS CIVIS, 2015.

24 RODRIGUES, Marcelo Abelha. *Manual de Execução Civil.* 5. ed. rev. e atual. Rio de Janeiro: Forense, 2015, p. 40.

Universal dos Direitos do Homem, de 1948, em que se lê: 'Ninguém sofrerá intromissões arbitrárias na sua vida privada, na sua família, no seu domicílio ou na sua correspondência, nem ataques à sua honra e reputação. Contra tais intromissões ou ataques toda pessoa tem direito à proteção da lei'.[25]

A execução se tornaria ferramenta de punição severa, e de restrição frontal a direitos fundamentais, em patente inconstitucionalidade, e dissonância com outras disposições legais, como aquela do art. 805 do CPC, quanto à primazia dos meios menos gravosos ao devedor.[26] Desta feita, imprescindível a utilização primeira, e cautelosa, dos meios típicos disponíveis, para somente em seguida cogitar-se a utilização de medidas atípicas, e ainda assim, nos estritos limites que se pretende demonstrar, com observância dos liames constitucionais.

6. A vedação a medidas restritivas a direitos fundamentais sem correlação direta com o adimplemento: O ciclo vicioso da suspensão de carteiras de habilitação no direito estrangeiro e a *übermassverbot*

Estudos empíricos têm demonstrado, nos Estados Unidos da América, que a suspensão ou a cassação da carteira de habilitação de devedores, ainda que devedores de multas oriundas da própria condução de veículos, não resultará em qualquer avanço, seja quanto à quitação dos débitos – com maior frequência o sujeito efetivamente não tem receita suficiente para pagar as altas multas –, seja quanto a inviabilizar a utilização do veículo – o sujeito depende da locomoção, as metrópoles têm sérias deficiências de transporte público, em especial para aqueles que moram em periferias, uma realidade semelhante à brasileira.

Logo, o devedor continuará a dirigir, por exigências da vida – porque precisa se locomover ao trabalho, por depender do veículo para deslocar seus filhos à escola – mesmo sem habilitação, o que provocará a eternização de um ciclo, sendo o sujeito novamente multado e processado, o que, também, em nada contribuirá

---

[25] FERRAZ JÚNIOR, Tércio Sampaio. Sigilo de dados: o direito à privacidade e os limites à função fiscalizadora do Estado. *Revista da Faculdade de Direito, Universidade de São Paulo*, São Paulo, v. 88, p. 439-459, jan. 1993. ISSN 2318-8235. DOI: http://dx.doi.org/10.11606/issn.2318-8235.v88i0p439-459. Disponível em:<http://www.revistas.usp.br/rfdusp/article/view/67231/69841>. Acesso em: 9 abr. 2017.

[26] "Art. 805. Quando por vários meios o exequente puder promover a execução, o juiz mandará que se faça pelo modo menos gravoso para o executado.
Parágrafo único. Ao executado que alegar ser a medida executiva mais gravosa incumbe indicar outros meios mais eficazes e menos onerosos, sob pena de manutenção dos atos executivos já determinados." (BRASIL, 2015).

para o problema fundamental da quitação dos débitos, e gerará maiores despesas com tais procedimentos, e mesmo com o encarceramento oriundo de condenações criminais por direção sem possuir habilitação.[27]

A utilização de uma medida atípica desta natureza, que restringe direito fundamental, bem como outras, *v.g.* o cancelamento de passaporte, somente poderá ser determinada se, depois de superados todos os meios típicos, houver como se justificar, em concreto, a relação entre a medida específica e o intento de promover a quitação do débito, sob pena de ser ineficaz, gerar maiores ônus, e ter a finalidade meramente punitiva – inadequada ao procedimento executivo, que tem por objetivo a satisfação do crédito da forma menos onerosa ao devedor:

> Imaginemos a seguinte situação: um devedor de determinada quantia certa, muito embora ausente de bens sujeitos à expropriação ao que consta dos autos, é visto rotineiramente na área de embarque internacional do aeroporto do estado em que possui domicílio. A imposição de multa coercitiva nesses casos surtirá qualquer efeito positivo em relação à obtenção de uma tutela efetiva, adequada e eficiente? Certamente que (e via de regra será assim) não! Até porque, como cogitado no exemplo acima destacado, não foram encontrados bens sujeitos à expropriação no patrimônio do devedor e nenhum valor ainda foi pago pelo devedor inadimplente.[28]

Como destaca Paulo Bonavides, decorre do princípio constitucional da proporcionalidade a exigência de que eventual interferência em liberdade individual, promovida pelo Estado, seja sempre amparada por uma relação de pertinência entre meio e fim, de modo que, em atenção ao comando do art. 93, IX, da CF de 1988[29], a decisão judicial precisa elucidar, nos moldes do art. 489, do CPC[30], como

---

[27] MITCHELL, John B.; KUNSCH, Kelly. Of driver's licenses and debtor's prison. *Seattle Journal for Social Justice*, Seattle, Washington, v. 4, n. 1, p. 439-494, 2005.

[28] LIMA, Rafael de Oliveira. A atipicidade dos meios executivos no Código de Processo Civil Brasileiro de 2015. *Index Law Journals*, Curitiba, v. 2, n. 2, p. 59-78, jul./dez. 2016. e-ISSN: 2525-9814. Disponível em:<http://indexlaw.org/index.php/revistaprocessojurisdicao/article/view/1611>. Acesso em: 10 abr. 2017.

[29] BRASIL, 1988.

[30] "Art. 489. São elementos essenciais da sentença: I – o relatório, que conterá os nomes das partes, a identificação do caso, com a suma do pedido e da contestação, e o registro das principais ocorrências havidas no andamento do processo; II – os fundamentos, em que o juiz analisará as questões de fato e de direito; III – o dispositivo, em que o juiz resolverá as questões principais que as partes lhe submeterem. § 1o Não se considera fundamentada qualquer decisão judicial, seja ela interlocutória, sentença ou acórdão, que: I – se limitar à indicação, à reprodução ou à paráfrase de ato normativo, sem explicar sua relação com a causa ou a questão decidida; II – empregar conceitos jurídicos indeterminados, sem explicar o motivo concreto de sua incidência no caso; III – invocar motivos que se prestariam a justificar qualquer outra decisão; IV – não enfrentar todos os argumentos deduzidos no processo capazes de, em tese, infirmar a conclusão adotada pelo julgador; V – se limitar a invocar precedente ou enunciado de súmula,

se dará a intervenção – leia-se: qual será, como será e por quanto tempo será aplicada a medida atípica –, e de que forma isso poderá contribuir para o objetivo de forçar o adimplemento:

> O princípio da proporcionalidade (*Verhältnismässigkeit*) pretende por conseguinte, instituir, como acentua Gentz, a relação entre fim e meio, confrontando o fim e o fundamento de uma intervenção com os efeitos desta para que se torne possível um controle de excesso (*'eine Übermasskontrolle'*). A locução 'vedação de excesso', ou seja, *Übermassverbot*, teve a preferência de importantes juristas desde Jullinek, em clássico do Direito Administrativo, até Peter Lerche, autor de uma originalíssima e fundamental obra sobre o assunto, estampada ao começo da década de 60. Também usaram essa designação Klaus Stern, Hoffman-Becking, Kloepfer, H. Liesegang e Selmer, entre outros.[31]

Por tais fundamentos, discorda-se de todas as situações relacionadas por Fernando Gajardoni, ao afirmar que:

> Ilustrativamente, não efetuado o pagamento de dívida oriunda de multas de trânsito, e superados os expedientes tradicionais de adimplemento (penhora de dinheiro e bens), seria lícito o estabelecimento da medida coercitiva/indutiva de suspensão do direito a conduzir veículo automotor até pagamento do débito (inclusive com apreensão da CNH do devedor); não efetuado pagamento de verbas salariais devidas a funcionários da empresa, possível o estabelecimento de vedação à contratação de novos funcionários até que seja saldada a dívida; não efetuado o pagamento de financiamento bancário na forma e no prazo avençados, possível, até que se tenha a quitação, que se obstem novos financiamentos, ou mesmo a participação do devedor em licitações (como de ordinário já acontece com pessoas jurídicas em débito tributário com o Poder Público); etc.[32]

Não basta que o sujeito deva multa de trânsito para estar autorizado, o juízo onde tramita suposto procedimento executório do crédito oriundo de referida multa, a determinar o cancelamento de sua carteira nacional de habilitação. Em tempos de popularização do *Uber*, e outros aplicativos, como mecanismos de geração de renda auxiliar às famílias, a suspensão da carteira de habilitação, além

---

sem identificar seus fundamentos determinantes nem demonstrar que o caso sob julgamento se ajusta àqueles fundamentos; VI – deixar de seguir enunciado de súmula, jurisprudência ou precedente invocado pela parte, sem demonstrar a existência de distinção no caso em julgamento ou a superação do entendimento." (BRASIL, 2015).

31 Cf. BONAVIDES, Paulo. *Curso de Direito Constitucional*. São Paulo: Malheiros, 2003. p. 43.

32 GAJARDONI, 2015.

de não viabilizar o pagamento do débito, poderá retirar a única possibilidade de atividade lícita que restou ao sujeito em grave circunstância financeira.[33]

O não pagamento de verba oriunda de reclamação trabalhista, da mesma forma, não poderá autorizar medidas como a proibição de contratação de novos empregados, ou de contratação com a administração pública, uma vez que não guardam nexo com a acumulação de recursos financeiros suficientes para o pagamento da execução por quantia certa, e inviabilizarão facilmente a manutenção da atividade empresarial, engessando a livre iniciativa[34] e favorecendo contratações informais, sem a assinatura da Carteira de Trabalho e Previdência Social (CTPS), sem o pagamento de verbas previdenciárias e demais encargos, uma vez que o magistrado não terá como fiscalizar, nesse nível, a alocação de recursos, providência que ao final repercutirá contra o primado do trabalho na ordem social.[35] Esta lógica econômica é explicada com maestria por Daniel Sarmento:

> Na dimensão coletiva, a premissa é de que a sociedade tende a ser mais próspera quando assegura a liberdade aos agentes econômicos, do que quando o Estado se apropria dos meios de produção ou planifica completamente a economia. A garantia da livre iniciativa estimula o empreendedorismo, gerando maior riqueza social. Não por outra razão, Cass Sunstein, jurista insuspeito de simpatias libertárias, afirmou que os mercados livres 'são motores de produtividade econômica'. Ademais, o funcionamento regular de um mercado competitivo tende a ser instrumento mais eficiente para a captação e satisfação das necessidades e preferências de um universo amplo e plural de pessoas do que a atuação de qualquer autoridade pública. Por isso, o bem-estar coletivo é promovido quando as instituições asseguram a livre iniciativa e preservam as 'regras do jogo' em que ela se desenvolve de modo saudável – o que não exclui, é claro, a intervenção estatal na economia voltada à promoção de outros objetivos legítimos que o mercado não atende bem, como a distribuição de riqueza.[36]

O cancelamento de cartão de crédito, por exemplo, poderá ser determinado, desde que comprovada a utilização do mecanismo negocial para a realização de compras de forma a evitar o acumulo de recursos financeiros em conta bancária. Igualmente, pode ser determinada a suspensão de passaporte, desde que comprovada a realização frequente em viagens com mero fim de lazer, oportunizando-se

---

33 TARTUCE, Flávio; NEVES, Daniel Amorim Assumpção. *Manual de Direito do Consumidor*. 5. ed. Rio de Janeiro: Forense, 2016, p. 628. No mesmo sentido: LIMA, 2016.

34 BRASIL, 1988, art. 1º, inciso IV.

35 Ibid., art. 193º.

36 SARMENTO, Daniel. *Ordem constitucional econômica, liberdade e transporte individual de passageiros:* o "caso Uber". Rio de Janeiro, 2015. Parecer. Disponível em:<http://s.conjur.com.br/dl/paracer-legalidade-uber.pdf>. Acesso em: 10 abr. 2017.

ao devedor, inclusive, se manifestar previamente sobre tais pedidos, em atenção à exigência do contraditório. A *golden rule*, portanto, deve ser a vinculação entre medida e resultado, tornando-se inútil, e, portanto, passível de revogação, aquela que providencie restrição a liberdades individuais sem demonstrar a potencialidade prática, naquela demanda, de servir como meio coercitivo ou indutivo de pagamento.

Outra discussão possível, e que em breve surgirá na jurisprudência, guarda relação com a possibilidade de fixação de sanção pecuniária periódica para o cumprimento de decisão de pagar no bojo da própria execução, enquanto medida atípica. Alexandre Câmara aparenta assinalar favoravelmente:

> De todas as medidas atípicas que poderão ser usadas, porém, sem dúvida a mais empregada será, na prática, a fixação de astreinte, isto é, de multa diária pelo atraso no cumprimento da decisão. Pense-se, por exemplo, no caso de uma instituição financeira que, condenada a pagar quantia a título de reparação de dano moral, não o faz em quinze dias. Neste caso, como sabido, incide a já conhecida multa de 10%. Nada impede, porém, que se estabeleça que se prolongando o atraso no cumprimento voluntário da decisão (por exemplo, alcançando-se trinta dias de atraso), passe a incidir multa diária. Figure-se, então, o exemplo: condenada a instituição a pagar o valor de cinco mil reais, e não cumprindo a decisão em quinze dias, o valor passará a ser de cinco mil e quinhentos reais. Ultrapassado o outro período fixado pelo juízo (no exemplo que suscitei seriam trinta dias), passaria a incidir uma multa de dez mil reais por dia. Deixar de cumprir a decisão judicial tempestivamente passaria, assim, a ser um péssimo negócio.[37]

A opinião do conhecido autor merece, porém, ressalvas. O próprio Superior Tribunal de Justiça (STJ) tem se posicionado, quanto às *astreintes*, no sentido da possibilidade de posterior revisão do valor alcançado, caso se compreenda que o descumprimento não se deu em razão de recalcitrância do devedor, mas pela impossibilidade de cumprimento da obrigação[38]. Portanto, apesar de em tese ser

---

[37] CÂMARA, 2016.

[38] "Agravo regimental no agravo em recurso especial. Astreintes. Revisão do valor. Improcedência. Agravo regimental desprovido. 1. O Superior Tribunal de Justiça firmou orientação de que, em regra, é inadmissível o exame do valor atribuído às astreintes, só podendo ser reavaliado em hipóteses excepcionais, quando for verificada a exorbitância ou a índole irrisória da importância arbitrada, em flagrante ofensa aos princípios da razoabilidade e da proporcionalidade, o que não se verifica na hipótese. 2. Agravo regimental a que se nega provimento." (BRASIL. Superior Tribunal de Justiça. AgRg no AREsp n. 564.103/SC, 23 de setembro de 2014. *Diário da Justiça Eletrônico*. Brasília, DF, 2014. Rel. Ministro Raul Araújo, Quarta Turma. Disponível em:<www.stj.jus.br>. Acesso em: 10 abr. 2017).

viável a fixação, não deve esta agravar a situação do devedor insolvente, e, da mesma forma que as demais medidas, deverá ser justificada a imposição, estabelecendo-se limite e prazo para cumprimento sem a sua incidência. Ademais, verificada a real insolvência do devedor, e não a sua má-fé ou pretensão de evitar o pagamento, deverá ser revogada ou minimizada:

> Conclui-se, pois, que, com a edição do inciso IV do artigo 139 do CPC/2015, tornou-se totalmente viável a aplicação da multa coercitiva diante de uma obrigação de pagar, muito embora a cominação da astreinte nessa hipótese a) dificilmente implique os efeitos psicológicos visados; b) gere um ônus insustentável ao devedor, que, na maioria das vezes, deixou de cumprir a obrigação original simplesmente porque não possuía a quantia devida – neste caso, impor o pagamento de novos valores dificultará ainda mais a satisfação do crédito; c) abre margem à eventual enriquecimento indevido do credor, quando utilizada de forma inadequada pelo juiz competente; e d) deva ser feita de forma subsidiária e precedida de contraditório, sendo certo que esse instrumento será utilizado, preferencial e fundamentalmente, nas obrigações de fazer, não fazer e entrega de coisa.[39]

Por fim, constata-se que as medidas atípicas têm sido compreendidas, até agora, somente como aquelas voltadas a compelir o devedor, via de regra mediante coerção, ao cumprimento da obrigação. No entanto, o magistrado está autorizado a proferir decisões que autorizem medidas indutivas, incentivadoras e viabilizadoras do cumprimento. Pode-se exemplificar a possibilidade de deferimento de parcelamento, com juros legais e correção monetária por índice adequado, em geral o Índice Geral de Preços do Mercado (IGPM) da Fundação Getulio Vargas (FGV) ou o Índice Nacional de Preços ao Consumidor (INPC), em número de meses maior que a previsão expressa do CPC, com entrada, e mesmo intermediárias, quando constatada a intenção do devedor de pagar, mas verificada a inviabilidade do pagamento à vista, assim como a imposição de óbice injustificado pelo próprio credor. Não são raras as circunstâncias em que o devedor de boa-fé tem interesse em pagar, mas não encontra meios adequados, e nessas circunstâncias o parcelamento seria muito mais eficiente que a mera imposição de multa.

---

39 CHALFIN, Renato. Anotações sobre as astreintes no novo código de processo civil: o que mudou? *Migalhas*, São Paulo, [2016]. Disponível em:<http://www.migalhas.com.br/arquivos/2016/6/art20160620-06.pdf>. Acesso em: 10 abr. 2017.

7. Conclusão

Conclui-se, assim, pelo reconhecimento das medidas atípicas como evolução do CPC de 2015, a fornecer instrumentário eficiente para resguardar os interesses do credor, o qual, não raras vezes, não encontra êxito na localização de recursos financeiros para o adimplemento. Buscou-se refletir sobre os critérios constitucionais e legais que devem, no entanto, pautar a sua utilização, de modo a garantir-se o primado dos valores constitucionais, e a solução do dilema shakespeariano, de forma a não se compelir o devedor a obrigações acessórias e coercitivas que não guardem proporcional relação com o objetivo do processo executivo, e que somente agravem sua condição, estabelecendo meios mais onerosos, ou mesmo inviabilizando o cumprimento da obrigação de realizar pagamento de quantia certa.

8. Referências

BARTHES, Roland. *Aula*. São Paulo: Editora Cutrix, 1997.

BONAVIDES, Paulo. *Curso de Direito Constitucional*. São Paulo: Malheiros, 2003.

BRASIL. Presidência da República. Decreto-Lei n. 2.848, de 7 de dezembro de 1940. Código Penal. *Diário Oficial da União*, Brasília, DF, 1940. Disponível em:<http://www.planalto.gov.br/ccivil_03/decreto-lei/Del2848.htm>. Acessado em: 10 abr. 2017.

BRASIL. Presidência da República. Lei nº 13.105, de 16 de março de 2015. Código de Processo Civil. *Diário Oficial da União*, Brasília, DF, 2015. Disponível em:<http://www.planalto.gov.br/ccivil_03/_ato2015-2018/2015/lei/l13105.htm>. Acessado em: 1 mar. 2017.

BRASIL. Supremo Tribunal Federal. RE 466.343-1 – SP, 4 de junho de 2009. *Diário da Justiça Eletrônico*. Brasília, DF, 2009. Rel. Min. Cezar Peluso, Tribunal Pleno. Disponível em:<https://jurisprudencia.s3.amazonaws.com/STF/IT/RE_466343_SP_1278971570481.pdf?Signature=K2UjHFFFV1%2FyJq6sZCy68L1Cfeo%3D&Expires=1491942425&AWSAccessKeyId=AKIAIPM2XEMZACAXCMBA&response-content-type=application/pdf&x-amz-meta-md5-hash=49d88a9d9571e722a5d5e3a66747d4fd>. Acessado em: 10 abr. 2017.

BRASIL. Superior Tribunal de Justiça. AgRg no AREsp n. 564.103/SC, 23 de setembro de 2014. *Diário da Justiça Eletrônico*. Brasília, DF, 2014. Rel. Ministro Raul Araújo, Quarta Turma. Disponível em:<www.stj.jus.br>. Acessado em: 10 abr. 2017.

BRASIL. Presidência da República. *Constituição da República Federativa do Brasil de 1988*. Brasília, DF, 1988. Disponível em:<http://www.planalto.gov.br/ccivil_03/constituicao/constituicao.htm>. Acessado em: 1 mar. 2017.

CÂMARA, Alexandre Freitas. Novo CPC ampliou sobremaneira os poderes do juiz. *Revista Consultor Jurídico*, São Paulo, jun. 2016. Opinião. Não paginado. Disponível em:<http://www.conjur.com.br/2016-jun-23/alexandre-freitas-camara-cpc-ampliou-poderes-juiz#sdfootnote2sym>. Acessado em: 1 mar. 2017.

CANOTILHO, José Joaquim Gomes. *Direito constitucional e teoria da constituição*. 7. ed. Coimbra: Almedina, 2003.

CHALFIN, Renato. Anotações sobre as astreintes no novo código de processo civil: o que mudou? *Migalhas*, São Paulo, [2016]. Disponível em:<http://www.migalhas.com.br/arquivos/2016/6/art20160620-06.pdf>. Acessado em: 10 abr. 2017.

COURA, K. Desembargador concede HC para devedor que teve CNH suspensa e passaporte apreendido. *JOTA*, São Paulo, set. 2016. Justiça. Disponível em:<https://jota.info/justica/desembargador-concede-hc-para-devedor-que-teve-cnh-suspensa-e-passaporte-apreendido-09092016>. Acessado em: 10 abr. 2017.

DWORKIN, Ronald. *Levando os direitos a sério*. Trad. de Nelson Boeira. 3. ed. São Paulo: Martins Fontes, 2010.

ESCOLA NACIONAL DE FORMAÇÃO E APERFEIÇOAMENTO DE MAGISTRADOS. Enunciados aprovados. In: SEMINÁRIO O PODER JUDICIÁRIO E O NOVO CÓDIGO DE PROCESSO CIVIL, 2015, Brasília, DF. *Anais*... Brasília, DF, 2015. Disponível em:<http://www.enfam.jus.br/wp-content/uploads/2015/09/ENUNCIADOS-VERS%C3%83O-DEFINITIVA-.pdf##LS>. Acessado em: 10 abr. 2017

FERRAZ JÚNIOR, Tércio Sampaio. Sigilo de dados: o direito à privacidade e os limites à função fiscalizadora do Estado. *Revista da Faculdade de Direito, Universidade de São Paulo*, São Paulo, v. 88, p. 439-459, jan. 1993. DOI: http://dx.doi.org/10.11606/issn.2318-8235.v88i0p439-459. Disponível em: <http://www.revistas.usp.br/rfdusp/article/view/67231/69841>. Acessado em: 9 abr. 2017.

FÓRUM PERMANENTE DE PROCESSUALISTAS CIVIS. [Enunciados]. In: ENCONTRO, 5, 2015, Vitória. *Anais*... Vitória, 2015. Disponível em:<http://portalprocessual.com/wp-content/uploads/2015/06/Carta-de-Vit%C3%B3ria.pdf>. Acessado em: 10 abr. 2017.

GAJARDONI, Fernando da Fonseca. A revolução silenciosa da execução por quantia. *JOTA*, São Paulo, ago. 2015. Disponível em:<http://jota.uol.com.br/a-revolucao-silenciosa-da-execucao-por-quantia>. Acessado em: 1 mar. 2017.

LIMA, Rafael de Oliveira. A atipicidade dos meios executivos no Código de Processo Civil Brasileiro de 2015. *Index Law Journals*, Curitiba, v. 2, n. 2, p. 59-78, jul./dez. 2016. e-ISSN: 2525-9814. Disponível em:<http://indexlaw.org/index.php/revistaprocessojurisdicao/article/view/1611>. Acessado em: 10 abr. 2017.

MAC-GREGOR, Eduardo Ferrer. As garantias constitucionais do processo e o direito constitucional processual. *Revista Panóptica*, ed. 14, p. 25-31, 2008. Disponível em:<http://www.panoptica.org/seer/index.php/op/article/view/160>. Acessado em: 10 abr. 2017.

MARMELSTEIN, George. *Curso de Direitos Fundamentais*. 6. ed. São Paulo: Ed. Atlas, 2014.

MEIRELES, Edilton. Medidas sub-rogatórias, coercitivas, mandamentais e indutivas no Código de Processo Civil de 2015, *Revista de Processo*, Natal, v. 247, p. 231-246, set. 2015.

MITCHELL, John B.; KUNSCH, Kelly. Of driver's licenses and debtor's prison. *Seattle Journal for Social Justice*, Seattle, Washington, v. 4, n. 1, p. 439-494, 2005.

NÓBREGA, Guilherme Pupe da. Reflexões sobre a atipicidade das técnicas executivas e o artigo 139, IV, do CPC de 2015. *Migalhas*, São Paulo, 2016. Processo e procedimento. Disponível em:<http://www.migalhas.com.br/ProcessoeProcedimento/106,MI243746,21048-Reflexoes+sobre+a+atipicidade+das+tecnicas+executivas+e+o+artigo+139>. Acessado em: 10 abr. 2017.

NOVELINO, Marcelo. *Direito Constitucional*. 10. ed. Salvador: Ed. Juspodivm, 2015.

PARA que réu pague dívida, juíza suspende CNH e confisca passaporte. *Revista Consultor Jurídico*, São Paulo, set. 2016. Alternativa à condenação. Disponível em:<http://www.conjur.com.br/2016-set-07/reu-pague-divida-juiza-suspende-cnh-confisca-passaporte>. Acessado em: 10 abr. 2017.

POSNER, Richard A. *Law and Literature*. 3. ed. Cambridge, MA: Harvard University Press, 2009.

RODRIGUES, Marcelo Abelha. *Manual de Execução Civil*. 5. ed. rev. e atual. Rio de Janeiro: Forense, 2015.

SARLET, Ingo Wolfgang. *A eficácia dos direitos fundamentais*: uma teoria geral dos direitos fundamentais na perspectiva constitucional. Porto Alegre: Livraria do Advogado, 2012.

SARLET, Ingo Wolfgang. Os direitos fundamentais sociais na constituição de 1988. *Revista Diálogo Jurídico*, Salvador, v. 1, n. 1, p. 1-46, abr. 2001.

SARMENTO, Daniel. *Ordem constitucional econômica, liberdade e transporte individual de passageiros*: o "caso Uber". Rio de Janeiro, 2015. Parecer. Disponível em:<http://s.conjur.com.br/dl/paracer-legalidade-uber.pdf>. Acessado em: 10 abr. 2017.

SCHMITZ, Leonard Ziesemer. A Teoria geral do processo e a parte geral do Novo Código de Processo Civil. In: MACÊDO, L. B. de.; PEIXOTO, R.; FREIRE, A. (Ors.). *Coleção Novo CPC*: doutrina seleciona. Salvador: Ed. JuspodiVm, 2016.

SILVA, Ovídio Araújo Baptista da. *Curso de processo civil*. 4. ed., rev. e atual. São Paulo: Revista dos Tribunais, 2000. v. 2.

STRECK, Lenio Luiz; NUNES, Dierle. Como interpretar o artigo 139, IV, do CPC? Carta branca para o arbítrio? *Revista Consultor Jurídico*, São Paulo, ago. 2016. Senso Comum. Não paginado. Disponível em:<http://www.conjur.com.br/2016-ago-25/senso-incomum-interpretar-art-139-iv-cpc-carta-branca-arbitrio#author>. Acessado em: 10 abr. 2017.

TARTUCE, Flávio; NEVES, Daniel Amorim Assumpção. *Manual de Direito do Consumidor*. 5. ed. Rio de Janeiro: Forense, 2016.

THEODORO JÚNIOR, Humberto. Tutela específica das obrigações de fazer e não fazer. *Revista Brasileira de Direito Comparado*, Copacabana, n. 20, p. 89-130, 2001. Disponível em:<http://www.smithedantas.com.br/texto/tut_esp.pdf>. Acessado em: 10 abr. 2017.

O QUE AINDA PODEMOS APRENDER COM A LITERATURA SOBRE OS PRINCÍPIOS JURÍDICOS E SUAS CONDIÇÕES DE APLICAÇÃO?

Lenio Streck[1]
Flávio Quinaud Pedron[2]

1. Considerações iniciais

> *There's more to the picture*
> *Than meets the eye.*
> (Hey Hey My My, Neil Young,
> 1979, Álbum *Rust Never Sleeps*)

É mais que divulgado pela doutrina mundial (e até nacional, ainda que um atraso cronológico assustador) de que a partir do paradigma jurídico contemporâneo (chamemos de Estado democrático de direito ou de Estado constitucional), os princípios adquirem relevância e destaque para a práxis jurídica. Mais e mais julgados, principalmente oriundos dos Tribunais Superiores e da segunda instância afirmam respeitar e aplicar princípios em uma situação concreta; e mais e mais encontramos até mesmo doutrinadores dispostos a elaborar catálogos de princípios (temos até no mercado de livros jurídicos como um curioso Dicionário de Princípios[3]).

Contudo, não é nem de longe homogêneo o modo com o qual os juristas discutem sobre princípios, nem o que eles realmente estão fazendo quando alegam aplicar um princípio em um caso concreto. É claro que uma polissemia de vozes se levanta na doutrina (não apenas nacional, mas mundial) quando o assunto é "princípios e sua aplicação".

---

[1] Doutor (UFSC) e Pós-Doutor em Direito (UL-PT). Professor titular da Unisinos e Unesa.

[2] Doutor e Mestre em Direito pela UFMG. Professor Ajunto do Curso de Direito do IBMEC. Professor Adjunto da PUC Minas. Advogado. Agradeço ao professor Rafael (Kendel) Loureiro Navarro pela interlocução e por me apresentar a estrutura do *kishötenketsu*.

[3] TORRES, Ricardo Lobo *et al.* [org.]. *Dicionário de Princípios*. Rio de Janeiro: Elsevier, 2010.

Esse cenário não poderia passar à revelia do Direito Processual Civil, principalmente em tempos de um novo CPC. Nesse sentido, o texto do novo CPC traz dispositivos acerca dos princípios jurídicos, principalmente os princípios jurídico- processuais.

Primeiro, vemos que os artigos iniciais (1º a 12) trazem um catálogo de princípios e uma preocupação em identificar uma linha de convergência entre a nova legislação processual e a Constituição.[4] Ao fazer isso, permite a doutrina afirmar uma recepção de um modelo constitucional já estabelecido em 1988 acerca dos direitos processuais e do devido processo legal.

Ao disciplinar o dever de fundamentação dos magistrados, no art. 489, o CPC/2015, no seu § 2º determina:

> Art. 489. São elementos essenciais da sentença: [...] § 2º No caso de colisão entre normas, o juiz deve justificar o objeto e os critérios gerais da ponderação efetuada, enunciando as razões que autorizam a interferência na norma afastada e as premissas fáticas que fundamentam a conclusão.

Quando o texto da nova legislação empregou a palavra "*ponderação*", uma parcela da dogmática processual civil e constitucional passou a afirmar que havia uma determinação de ordem legislativa para que houvesse o uso da *técnica* de solução de colisão entre princípios desenvolvida por Robert Alexy,[5] conhecida como *balanceamento*.[6]

---

4 Contudo, essa não é a preocupação do presente texto. Em outras oportunidades discutimos tal temática: THEODORO JR, Humberto; NUNES, Dierle; BAHIA, Alexandre; PEDRON, Flávio. *Novo CPC: Fundamentos e Sistematização*. 3. ed. Rio de Janeiro: Forense, 2016.

5 Veja a relevante crítica sobre o instituto da ponderação no CPC/15. Aqui reside um problema: tudo indica que os juristas que participaram da Comissão de elaboração do CPC quiseram estabelecer a ponderação de origem alexiana. Ocorre que o dispositivo foi aprovado com um grave defeito, ao falar em "colisão de normas". Ora, se regras também são normas – e, efetivamente, o são – isso quer dizer que o juiz poderá "ponderar" regras? Mas, se assim proceder, estará retirando uma regra em detrimento de outra. Logo, estará invalidando uma delas. Só que, então, estará violando a jurisdição constitucional e criando Direito, o que lhe é vedado a toda evidência. Portanto, o dispositivo que autoriza o juiz a ponderar normas (e regras são normas) é inconstitucional, porque fere o artigo 2º da Constituição Federal, que estabelece a divisão de Poderes na República. Além do mais, o próprio Robert Alexy se refere à colisão de princípios e não colisão de regras, criação, aliás, tipicamente brasileira, como se pode ver em Ana Paula Barcelos. Cf. STRECK, Lenio Luiz. Ponderação de normas no novo CPC? É o caos. Presidente Dilma, por favor, veta! *Consultor Jurídico*. 8 de janeiro de 2015. Disponível em: http://www.conjur.com.br/2015-jan-08/senso-incomum-ponderacao-normas-cpc-caos-dilma-favor-veta-presiente. Acesso em: 24 fev. de 2015.

6 ALEXY, Robert. *Teoría de los derechos fundamentales*. Trad. Ernesto Garzón Valdés. Madri: Centro de Estudios Constitucionales, 1997.

Contudo, tal conclusão pode ser apressada e, inclusive equivocada. Como lembra Aleinikoff,[7] Dworkin também emprega diversas vezes a expressão "ponderar" ao se referir ao trabalho intelectual a ser desempenhado por uma de suas metáforas mais famosas, o *juiz Hércules*. Contudo, em momento algum, ele o faz no mesmo sentido que o assumido por Alexy. "Ponderar" no sentido da tradição norte-americana, e aqui se insere Dworkin, somente pode ser compreendido como a assunção de uma *postura reflexiva*, na qual aquele que o faz, analisa atentamente uma constelação de variáveis na busca pela melhor solução. Logo, *em momento algum se pode afirmar* que há uma linha de convergência entre as propostas de Dworkin e Alexy; ainda mais no que concerne a noção de que para "ponderar" devemos escolher uma aplicação gradual de princípios diante do que seria uma situação, para Alexy, de colisão.

Interessante é que a noção de que princípios entram em rota de colisão em situações concretas de aplicação acabou se tornando muito popular na doutrina jurídica, quase um senso (in)comum, repetidamente afirmado pelos manuais nacionais. Quais seriam as razões para que tal noção conseguisse atingir tamanha difusão e popularidade?

Essa é a indagação que move parcialmente o presente texto. Ao nos depararmos com leituras acerca da cultura e da percepção estética ocidental, podemos identificar a existência de uma tradição que compõe as narrativas ficcionais que conservam sempre o padrão de apostar em uma história movida por conflitos. Possivelmente, essa mesma tradição estética influencia a tradição jurídica também ocidental, tornando mais facilmente aceita a noção de que princípios/direitos possam entrar em colisão em um caso.

Há uma outra proposta na tradição estética oriental conhecida como *kishötenketsu*, cuja característica principal é fornecer ao leitor uma narrativa *sem conflito*, mas ao mesmo tempo, mantendo uma história coerente e interessante, marcada por uma surpresa em seu desenvolvimento.

Interessa-nos, portanto, identificar se é possível encontrar similitudes no modelo estético oriental e a proposta de teoria hermenêutica elaborada por Dworkin, já que o jurista norte-americano nega a possibilidade de princípios colidirem, mesmo em situações concretas de aplicação. Justifica a leitura que afirma a colisão como um erro de interpretação do caso concreto. Talvez, esse erro de interpretação, quando corrigido, seja capaz de similarmente ao *kishötenketsu*, explicar melhor a noção e o papel da *resposta correta* (*right answer*) na teoria de Dworkin.

[7] ALEINIKOFF, T. Alexander. Constitutional law in the age of balancing. *Yale Law Journal*. v. 96, n. 5, abr., 1987, p. 943-1005.

2. As diferenças quanto à aplicação de princípios nas propostas de Robert Alexy e de Ronald Dworkin

O uso de princípios na aplicação do Direito no Brasil veio se tornando práxis comum desde a Constituição de 1988. Todos os ramos do Direito, lidos a partir do Texto Maior, passaram a ser compreendidos de uma perspectiva que vai além das regras jurídicas, mas que abarca também princípios, tidos igualmente como normas.[8] Sendo assim, ao longo da tradição do positivismo jurídico, a teoria do direito saiu de um estágio no qual se negava completamente a normatividade dos princípios[9] – por entendê-los como expressão de um Direito Natural – para uma fase no qual se usou falar em *princípios gerais do Direito*;[10] até a perspectiva do pós-positivismo quando nos depararmos com a ideia de que princípios são *espécies* do *gênero* norma jurídica, juntamente com as regras (e as *diretrizes políticas*, como afirma Dworkin[11]).

Em Alexy,[12] as regras são diferentes dos princípios porque são aplicáveis na maneira do tudo ou nada (*all or nothing fashion*); isso significa dizer que, se uma regra é válida, ela deve ser aplicada da maneira como preceitua, nem mais nem menos, conforme um procedimento de subsunção *silogístico*. O principal traço distintivo com relação aos princípios, todavia, é observado quando, diante de um conflito entre regras, algumas posturas deverão ser tomadas para que apenas uma delas seja considerada válida. Como consequência, a outra regra não somente não será levada em conta pela decisão, como deverá ser retirada do ordenamento jurídico, por ser considerada inválida, salvo se não for estabelecido que essa regra se coloque em uma situação que excepciona a outra – trata-se do critério da excepcionalidade das regras.

---

8 Para uma explicação mais detalhada acerca do desenvolvimento histórico que culminou com a afirmação da normatividade jurídica dos princípios, haja vista a impossibilidade de espaço para tal reconstrução no presente texto, reportamo-nos para a obra: THEODORO JR, Humberto; NUNES, Dierle; BAHIA, Alexandre; PEDRON, Flávio. *Novo CPC: Fundamentos e Sistematização.* 3. ed. Rio de Janeiro: Forense, 2016, *Cap. 1.* Ainda sobre o novo papel assumido pelos princípios: STRECK, Lenio Luiz. *Verdade e Consenso.* 5ª ed. São Paulo: Saraiva, 2014, em especial o posfácio.

9 BARROSO, Luiz Roberto; BARCELOS, Ana Paula de. O começo da história: a nova interpretação constitucional e o papel dos princípios no Direito brasileiro. In: SAMPAIO, José Adércio (coord.). *Crises e desafios da Constituição.* Belo Horizonte: Del Rey, 2004, p. 474.

10 "(...) princípios gerais de direito são enunciações normativas de valor genérico, que condicionam e orientam a compreensão do ordenamento jurídico, quer para a sua aplicação e integração, quer para elaboração de novas normas" (REALE, Miguel. *Lições preliminares de direito.* 27. ed. São Paulo: Saraiva, 2009, p. 304).

11 DWORKIN, Ronald. *Levando os direitos a sério.* São Paulo: Martins Fontes, 2002, p. 119-120.

12 ALEXY, Robert. *Derecho y razón práctica.* 2. ed. México: Fontamara, 1998, p. 9-10.

Já os princípios não são razões determinantes para uma decisão, de modo que somente apresentariam razões em favor de uma ou de outra posição argumentativa. Logo apresentam obrigações *prima facie*, na medida em que podem ser superadas em função de outro(s) princípio(s);[13] o que difere da natureza de obrigações absolutas das regras. É por isso que Alexy afirma existir uma *dimensão de peso* entre princípios – que permanece inexistente nas regras –, principalmente nos chamados casos de colisão, exigindo para a sua aplicação um mecanismo de "proporcionalidade". Por isso mesmo, os princípios seriam normas que obrigam que algo seja realizado na maior medida do possível, de acordo com as possibilidades fáticas e jurídicas do caso concreto. Alexy, então, afirma que os princípios apresentam a natureza de *mandamentos de otimização*. Destarte, diante de uma *colisão* entre princípios, o valor decisório será dado a um princípio que tenha, naquele caso concreto, maior peso relativo, sem que isso signifique a invalidação do princípio compreendido como de peso menor. Perante outro caso, portanto, o peso dos princípios poderá ser redistribuído de maneira diversa;[14] isso porque nenhum princípio goza antecipadamente de primazia sobre os demais.[15]

---

13 ÁVILA, Humberto. *Teoria dos princípios*, cit., p. 30.

14 "No caso das colisões entre princípios, portanto, não há como falar em um princípio que sempre tenha precedência em relação a outro. (...) É por isso que não se pode falar que um princípio P1 sempre prevalecerá sobre o princípio P2 – (P1 P P2) –, devendo-se sempre falar em prevalência do princípio P1 sobre o princípio P2 diante das condições C – (P1 P P2) C" (AFONSO DA SILVA, Virgílio. *A constitucionalização do direito:* os direitos fundamentais nas relações entre particulares, cit., p. 35).

15 Isso pode ser percebido no julgamento do HC 82.424/RS pelo STF, que identificou um conflito envolvendo os princípios da *dignidade da pessoa humana* e da *liberdade de expressão*. Em momento algum afirmou-se que a dignidade da pessoa humana (ou mais exatamente, não discriminação) seria hierarquicamente superior à liberdade de expressão. Assim, um ou outro princípio pode ser ponderado através de sua aplicação gradual no caso *sub judice*. Assim, como bem reconhece o Min. Marco Aurélio em seu voto, "as colisões entre princípio [sob essa óptica] somente podem ser superadas se algum tipo de restrição ou de sacrifício forem impostos a um ou aos dois lados. Enquanto o conflito entre regras resolve-se na dimensão da validade, (...) o choque de princípios encontra solução na dimensão do valor, a partir do critério da 'ponderação', que possibilita um meio-termo entre a vinculação e a flexibilidade dos direitos". Uma das críticas à decisão é do prof. Lenio Streck que ressalta que no caso não haveria o que ponderar, sendo que a decisão adequada é a que veda a discriminação ou preconceito por meio de publicações. Ainda, enfatiza que a ponderação pode levar a relativismos axiológicos, "o recurso ao relativismo ponderativo obscurece o valor da tradição como guia da interpretação, isto é, a ponderação acaba sendo como uma porta aberta à discricionariedade". STRECK, Lenio Luiz. *Verdade e Consenso*. 5. ed. São Paulo: Saraiva, 2014, p. 600.

Mas como explicar a natureza de mandamentos de otimização atribuída aos princípios? Ou, dito de outra forma: como uma norma pode ter sua aplicação em diferentes graus? Tal condição somente poderia ser explicada por Alexy se passássemos a considerar os princípios algo que pudesse ser equiparado a valores, que indicam razões que podem ser comparadas e medidas reciprocamente. Em sendo assim, princípios passam a não mais ligar-se a um nível deontológico (ligado à fixação de uma conduta de dever, típica das normas, isto é, que trace uma conduta que possa ser avaliada pelo direito como proibida, permitida ou obrigatória), voltando-se para um nível axiológico (ligado a questões de preferências subjetivas sobre determinada situação concreta, o que a filosofia denomina bem). No final, percebe-se que a distinção que toma lugar na teoria de Alexy separa princípio e regra por meio de critérios *morfológico-estruturais*, ou seja, as condições de aplicação se dão de maneira prévia à situação real e concreta de aplicação, de modo que é possível, nessa perspectiva teórica, analisar uma norma em abstrato e ter segurança de que estamos diante de um princípio ou de uma regra.

Para se aplicar princípios, então, Alexy elabora um complexo método a partir de sua teoria da argumentação jurídica. Seguindo-se o método, ter-se-ia a garantia do controle da racionalidade do aplicador dos princípios em um caso concreto (o magistrado).[16] Há aqui um raciocínio baseado na relação custo-benefício da norma avaliada, isto é, o ônus imposto pela norma deve ser inferior ao benefício que pretende gerar. A constatação negativa deve ser tomada, portanto, como um juízo pela inconstitucionalidade do ato.

Dessa forma, se interpretarmos a exigência normativa do art. 489, § 2º, do CPC/2015 como uma ordem para empregarmos o método de Alexy, devemos ficar atentos para fundamentar a decisão parte por parte apresentando uma estrutura que se divide em três sub-regras que devem sempre ser analisadas em sequência: (1) adequação, (2) necessidade e (3) proporcionalidade em sentido estrito.[17]

Mas uma segunda corrente de pensamento pode ser apresentada para pensar a questão de como aplicar os princípios diante de uma situação concreta *sub judice*. Para essa segunda corrente vamos lançar mão do pensamento do norte-americano

---

[16] Nesse prisma, então, temos de acentuar que para Alexy a racionalidade de uma decisão se dá a partir de uma perspectiva *formal*, ou seja, se forem observadas as sub-regras do método de "proporcionalidade", independentemente do conteúdo concreto da decisão, esta deverá ser considerada racional.

[17] Para uma análise mais profunda de cada etapa do raciocínio alexiano nos remetemos ao capítulo 01 da obra: THEODORO JR, Humberto; NUNES, Dierle; BAHIA, Alexandre; PEDRON, Flávio. *Novo CPC: Fundamentos e Sistematização*. 3. ed. Rio de Janeiro: Forense, 2016.

Ronald Dworkin,[18] que é, reconhecidamente, um dos mais importantes e mais lidos autores contemporâneos nos campos do conhecimento jurídico, político e filosófico. Sua produção é abundante, consistindo em diversos livros, artigos, ensaios, palestras, orientações etc.

Mas uma segunda corrente de pensamento pode ser apresentada para pensar a questão de como aplicar os princípios diante de uma situação concreta sub judice. Para essa segunda corrente vamos lançar mão do pensamento do norte-americano Ronald Dworkin, que é, reconhecidamente, um dos mais importantes e mais lidos autores contemporâneos nos campos do conhecimento jurídico, político e filosófico. Sua produção é abundante, consistindo em diversos livros, artigos, ensaios, palestras, orientações, etc. Seu traço fundamental é a defesa da virtude da integridade (um ideal para nortear as práticas jurídico-políticas de uma sociedade, preocupada com o compromisso em dar às práticas do Legislativo e do Judiciário a melhor orientação e leitura possíveis). Também se tornou conhecido pelas duras críticas às tradições do Positivismo Jurídico e do Realismo Jurídico, bem como por desenvolver uma teoria acerca dos princípios, entendidos como espécies de normas jurídicas.

Dworkin entende que teoria positivista é pobre e não reflete as cores do que uma sociedade democrática chama de Direito. Ou seja, que é possível pensar uma outra teoria jurídica mais atraente para os ideais de democracia da sociedade. Imagina, então, que a noção que parece tão clara aos positivistas de que o magistrado tem discricionariedade para decidir os casos difíceis é uma incoerência, quando contraposta ao ideal democrático. Para combater o quadro positivista, Dworkin parte de dois raciocínios paralelos (mas que se complementam ao final):

> (1) de que não pode existir tal discricionariedade, e para fazer tal afirmação, ele necessariamente deverá afirmar que todo aquele responsável por uma decisão jurídica (seja o legislador, seja o magistrado, seja um administrador público) deve se comprometer moralmente para com a sociedade em não poupar esforços para buscar a melhor decisão para aquela situação (isso significa afirmar que ao invés de haver múltiplas possibilidades de decisão, ainda que entre elas haja racionalidade, há apenas "uma única decisão correta" para aquele caso em especial); e

[18] Para mais detalhes ver: PEDRON, Flávio. A proposta de Ronald Dworkin para uma interpretação construtiva do direito. *Revista CEJ*, v. 13, n. 47, out./dez. 2009. Disponível em: Acesso em: 5 jan. 2015; GUEST, Stephen. *Ronald Dworkin*. Tradução de Luís Carlos Borges. Rio de Janeiro: Elsevier, 2010. [Teoria e Filosofia do Direito].

(2) de que além das regras jurídicas, o Ordenamento Jurídico deve apresentar outras espécies de normas, capazes de impedir por completo a existência de uma lacuna e, assim, conseguir definir naquele caso *sub judice* a existência de um direito para alguma das partes envolvidas.

Logo, o objetivo central de Dworkin quando promove seu primeiro estudo sobre os princípios é contrapor a tradição do positivismo jurídico, em especial H. L. A. Hart,[19] com sua redução do sistema jurídico apenas ao universo das regras e, assim, combater a tese da existência de lacunas no Ordenamento Jurídico e a possibilidade de o Judiciário agir discricionariamente para completá-las por meio da criação de normas jurídicas para casos concretos. Assim, separa o ordenamento jurídico em três espécies: regras, princípios e diretrizes políticas, a partir de critérios lógico-argumentativos[20] – e não estruturais como fará Alexy.

Em relação entre princípios e diretrizes políticas em Dworkin se dá na medida em que um princípio prescreve um direito e, por isso, contém uma exigência de justiça, equanimidade ou devido processo legal; ao passo que uma diretriz política estabelece um objetivo ou uma meta a serem alcançados, que, geralmente, consiste na melhoria de algum aspecto econômico, político ou social da comunidade, buscando promover ou assegurar uma situação econômica, política ou social considerada desejável. Dworkin atribui o *status* de trunfos aos princípios, que, em uma discussão, devem se sobrepor a argumentos pautados em diretrizes políticas, excluindo a possibilidade de os juízes tomarem decisões embasadas nessas diretrizes.

Ora, uma vez que Dworkin reconhece a existência de princípios que podem prover soluções para os litígios, ele nega uma das teses básicas do positivismo jurídico, que diz respeito à existência de lacunas normativas que autorizam o magistrado a agir discricionariamente ao criar uma norma, e aplicá-la retroativamente.

---

[19] HART, Herbert Lionel Adolphus. *O conceito de direito*. 2. ed. Trad. A. Ribeiro Mendes. Lisboa: Calouste Gulbenkian, 1996.

[20] Nesse sentido, OLIVEIRA, Rafael Thomaz de. *Decisão judicial e o conceito de princípios*. Porto Alegre: Livraria do Advogado, 2008, p. 177). *Outro equívoco muito comum é buscar equiparar a teorização feita por Dworkin com o pensamento de Alexy* (*Teoría de los derechos fundamentales*. Trad. Ernesto Garzón Valdés. Madri: Centro de Estudios Constitucionales, 1997), pois, distintamente deste, Dworkin afirmará que: (1) não se reduz a questão de distinção entre princípios e regras a uma questão morfológica; (2) nem se atribui a aplicação das regras a um raciocínio de subsunção e a aplicação de princípios a um método de ponderação; e (3) muito menos se procede a uma aplicação gradual dos princípios em um caso concreto. Tanto princípios como regras continuam a gozar de uma natureza deontológica, cuja aplicação procede mediante um juízo de adequabilidade.

A virtude da integridade, defendida pelo jurista norte-americano, deve embasar a aplicação do direito e a fundamentação das decisões judiciais. Ela afirma que todos nós temos um direito (que apresenta uma das subdivisões daquilo que o jurista norte-americano designa por Dignidade Humana[21]) de sermos tratados com igual respeito e consideração. Desse modo, repercutiria um dever de o Judiciário levar o caso a sério e tratá-lo com cuidado.

Para se fazer mais claro, Dworkin usa uma figura de linguagem, um "juiz imaginário" (e não um método de decisão) para exemplificar a postura que uma sociedade democrática espera dos magistrados. Ele batiza essa metáfora de juiz Hércules, de modo que ele é capaz de usar sua sabedoria e paciência para buscar a resposta correta para suas sentenças. Seu magistrado, então, terá que ao decidir levar em conta todos os argumentos trazidos pelas partes no processo, bem como tudo aquilo que foi construído do ponto de vista probatório-fático.

Mas isso não basta, Hércules irá também procurar reconstruir a história institucional para verificar como os outros juízes decidiram no passado casos semelhantes, ampliando o diálogo processual para justificar em sua decisão essa história. Mas diferente dos juízes positivistas, Hércules não está preso no passado e não é obrigado a seguir as decisões se verificar que há erros em algumas delas; contudo, ele se sente obrigado moralmente a seguir os precedentes que se mostrarem coerentes – de forma que, mesmo havendo precedentes, isso não torna o juiz um mero replicador dos mesmos, como se ao tratarmos de precedentes estivéssemos sob uma nova "escola da exegese". Esses precedentes sinalizam a existência de uma história em movimento, uma história do próprio direito que se está sendo discutido no caso que Hércules deve decidir.

Essa obrigação hermenêutica faz com que o magistrado de Dworkin se coloque como um membro de um empreendimento coletivo, uma história (a história daquele direito em especial) que está sendo contada e construída a várias mãos – por isso o uso de outra metáfora: a do "*romance em cadeia*". A responsabilidade de Hércules, portanto, o leva a ler e a levar em conta tudo aquilo que foi escrito e decidido acerca do direito envolvido. A partir disso, Hércules fará sua parte – ou seja, ele

[21] DWORKIN, Ronald. *Justice for Hedgehogs*. Harvard: Harvard University, 2011. A cláusula da qual protection under the law – advinda da 14a Emenda à Constituição dos EUA: "(...) No state shall make or enforce any law which shall abridge the privileges or immunities of citizens of the United States; nor shall any state deprive any person of life, liberty, or property, without due process of law; nor deny to any person within its jurisdiction the equal protection of the laws (...)" e usada em casos tão importantes como "Brown vs. Board of Education" (1954) ou "Roe vs. Wade" (1973) – é fundamental na teoria de Dworkin não apenas para a construção da ideia de integridade, mas também para compreender todo o Direito e particularmente o constitucionalismo. É a partir dela, por exemplo, que ele irá sustentar o direito do cidadão, membro de uma minoria oprimido pela maioria, se opor àquela (DWORKIN, Ronald. *Sovereign Virtue – the theory and practice of equality*. Cambridge: Harvard University Press, 2002, p. 453-454).

será responsável por adicionar um novo capítulo desenvolvendo a discussão, sem ignorá-la ou sem reinventá-la. Para tanto, deve se basear na ideia de que sua decisão (jurídica e moralmente) deve considerar que todas as pessoas da sociedade têm os mesmos direitos e liberdades, sem privilégios e, principalmente, sem discriminações baseadas em preconceito de qualquer espécie (religiosos, filosóficos, econômicos, políticos, etc.). Essa última exigência, faz com que a virtude da integridade seja vista de modo diferente da mera coerência (mera repetição do passado).

O desafio posto para Hércules (e para o processo decisório permeado por todos os sujeitos processuais) é reconhecer o direito como algo criado por meio de leis, mas, igualmente, seguir as decisões que o próprio Judiciário tomou no passado. Isso o levará a construir um sistema baseado em princípios jurídicos capazes de fornecer a melhor justificativa para os precedentes judiciais, e também para as leis e para a Constituição.

Por meio de sua teoria dos princípios, Dworkin nos fornece também as bases para pensar uma teoria dos precedentes ancorada em bases verdadeiramente democráticas. Por isso mesmo, a decisão que ao final Hércules chegará não é dele exclusivamente. A abertura hermenêutica exigiu um diálogo entre todos os participantes do processo e com a História daquela sociedade, além de preservar condições para que os próximos decisores, nos próximos casos, continuem o empenho de melhorar a decisão – e, dessa forma, ao se colocar perante o auditório dos que tomarão aquilo que foi decidido no passado, sua sentença também é uma abertura para o futuro, um capítulo a mais na construção do Direito, e, por isso, sua correção será objeto de análise para confirmação ou refutação em novos casos no futuro.

É isso que Dworkin quer dizer quando fala em *uma resposta correta* ou na melhor decisão judicial. Percebe-se aqui que o espaço de discricionariedade é eliminado para dar lugar a um espaço hermenêutico e argumentativo. Hércules deve tentar convencer a sociedade que confiou aquele caso ao seu julgamento que fez o melhor que podia – sua decisão tem a pretensão contrafática de ser a única resposta adequada ao caso não apenas pelo esforço hermenêutico mencionado, mas também porque o juiz deverá tomar o caso dentro das particularidades do mesmo e não como um "standard", um tema. Isso não tem como ser feito sem que estejamos dispostos a fundamentar adequadamente a decisão.

Além disso, o raciocínio desenvolvido por Dworkin acerca da aplicação dos princípios em momento algum afirma a existência de colisão entre princípios. A colisão é apenas fruto de uma aparente miopia jurídica, uma dificuldade de compreensão do caso em si. No momento que uma postura hermenêutica comprometida com a integridade é assumida, estabelece-se a (re)descoberta do caso concreto e exigindo-se do aplicador a busca pela resposta correta sob a forma da afirmação de um único princípio verdadeiramente adequado para aquele caso.

3. Um pouco de teoria da literatura: a tradição ocidental de narrativa *vs* a proposta japonesa do *kishötenketsu*

Como observa Jericho,[22] a tradição estética ocidental estabeleceu-se a partir da premissa que para se contar uma boa história, tal narrativa deve ser marcada pela existência de um *conflito*; isto é, um confronto entre dois ou mais elementos da trama, de modo a um dele ao final estabelecer uma situação de dominação e controle. Geralmente, tais narrativas – seja na literatura, seja no cinema – são estruturadas por um padrão de três ou cinco atos seguindo uma estruturação básica: O "problema" que marca toda a narrativa é apresentado, geralmente, ao final do primeiro ato; no segundo ato, o conflito ocupa toda a história, criando uma aura que envolve a atenção do leitor/expectador; e vemos no ato final a superação do conflito com a afirmação de supremacia de um dos elementos da trama sobre o(s) outro(s).

Na cultura ocidental parece imperar uma ideia de que uma narrativa sem conflito é uma história boba e monótona. Isso porque, lembra Jericho,[23]baseando-se no pensamento de Nietzsche e de Derrida,[24]a cultura ocidental é eminentemente uma "cultura de violência". Há um roteiro padrão que é esperado pelo público que deve marcar a "jornada do herói" e sua luta até a vitória.[25]

Contudo, na cultura oriental, principalmente em narrativas japonesas ou chinesas, encontramos um outro paradigma de narração, o kishötenketsu, no qual não existe conflito! Ou seja, não há nenhum problema na história, ou nenhum antagonista que ameaça ou tenta impor uma submissão aos personagens. Eles não precisam ir contra nada ou ninguém para triunfar – aliás, não há o que trinfar, nenhuma coroa de louros ao final, nenhuma medalha de honra ou o coração da donzela para ganhar. Não há aqui o clichê maniqueísta do "herói *vs* vilão".[26]

---

[22] JERICHO, Arachne. The significance of Plot Without Conflict. *Still Eating Oranges*. Jun. 2012. Disponível em: http://stilleatingoranges.tumblr.com/post/25153960313/the-significance-of--plot-without-conflict. Acesso em: 28 de jan. 2016.

[23] JERICHO, Arachne. The significance of Plot Without Conflict. *Still Eating Oranges*. Jun. 2012. Disponível em: http://stilleatingoranges.tumblr.com/post/25153960313/the-significance-of--plot-without-conflict. Acesso em: 28 de jan. 2016.

[24] DERRIDA, Jaques. "O Teatro da Crueldade e o Fechamento da Representação". In: DERRIDA, Jaques. *A Escritura e a Diferença*. São Paulo, Perspectiva, 1971.

[25] CAMPBELL, Joseph. *O herói de mil faces*. São Paulo: Pensamento, 2007. Escapa aqui o objetivo de analisar sociologicamente essa "cultura de violência", mas é perceptível que desde o teatro grego (como Hércules e seus doze trabalhos) passando pela narrativa bíblica (Moisés revoltando-se contra o Faraó egípcio) a cultura ocidental é marcada por confrontos, antagonismos e desafios que devem provar o valor do herói.

[26] Até porque as definições de quem seja o herói ou o vilão refletem traços da cultura dominante em determinada sociedade; isto é o herói irá representar um *exemplo* de vida boa para aquela

A ideia central é apresentar uma construção em quatro atos: introdução, desenvolvimento, reviravolta e reconciliação.[27]No primeiro ato, apresentam-se para o leitor/expectador os elementos básicos da história (personagens, contexto, etc.), que serão desenvolvidos no segundo ato. No terceiro ato, temos a principal mudança: um "novo" elemento é adicionado criando uma sensação de surpresa no leitor/expectador. Temos aqui o clímax da história. Todavia, na grande maioria das vezes, tal elemento é apenas destacado na narrativa, chamando a atenção, porém, ele já se encontrava desde o início no pano de fundo; contudo, situou-se como um "ponto cego" para o leitor/expectador.[28]Com o quarto ato, temos o final, a conclusão da história, marcando um contraste com os dois primeiros atos, exatamente porque agora o leitor/expectador passa a levar em conta a informação "nova" descoberta no terceiro ato.[29]O interessante é que o leitor/expectador termina a história *concordando* (validando) com o final, a partir da "revelação" de todos os detalhes da trama.[30]

Para McKenzie,[31] a tradição de narrativa – como parte de nossa cultura – é responsável por moldar o pano de fundo de nossa tradição, acabando por gerar a ideia de que sempre temos que ter "vencedores e perdedores" – como um reforço a uma certa forma de darwinismo social ou uma escolha espiritual;[32] ou de que os maiores desafios são impostos pelo outro, como distinto do herói (ou de sua cultura) que o ameaça.

No caso do *kishötenketsu*, pode-se ver algo bem diferente. A solução da trama vem de elemento que está a nossa frente e que não somos, a princípio, capazes de perceber, mas que estava lá. E por que não o percebemos?

---

sociedade, levantando aqui um elemento ético. Será um modelo a ser seguido, ainda que tenha que enfrentar um sacrifício ao final em prol do "bem comum".

27 JERICHO, Arachne. Writing Dissonance: kishötenketsu, or, plot without conflict. *Spontaneous Derivation*. Set. 2013. Disponível em: <http://spontaneousderivation.com/2013/09/15/writing-dissonance-kishotenketsu- or-plot-without-conflict/>. Acessado em: 28 jan. 2016.

28 MCKENZIE, T.B. Kishötenketsu. *Magickless*. Dez. 2012. Disponível em: <http://magickless.blogspot.com.br/2012/12/kishotenketsh.html>. Acesso em: 28 de jan. 2016.

29 JERICHO, Arachne. The significance of Plot Without Conflict. *Still Eating Oranges*. Jun. 2012. Disponível em: http://stilleatingoranges.tumblr.com/post/2515396031/the-significance-of--plot-without-conflict. Acesso em: 28 de jan. 2016.

30 No texto de JERICHO (The significance of Plot Without Conflict. *Still Eating Oranges*. Jun. 2012. Disponível em: http://stilleatingoranges.tumblr.com/post/2515396031/the-significance--of-plot-without-conflict. Acesso em: 28 de jan. 2016) o autor faz uso de dois *mangás* para destacar as diferenças entre a tradição ocidental e o modelo do kishötenketsu.

31 MCKENZIE, T.B. Kishötenketsu. *Magickless*. Dez. 2012. Disponível em: http://magickless.blogspot.com.br/2012/12/kishotenketsh.html. Acesso em: 28 de jan. 2016.

32 WEBER, Max. *Ética Protestante e o Espírito do Capitalismo*. 14 ed. São Paulo: Pioneira, 1999.

Por que tal informação permanece no pano de fundo que compartilhamos silenciosamente com nossa tradição.[33] E são os nossos preconceitos[34] (no sentido atribuído por Gadamer)[35] que desempenham um importante papel aqui: a nossa tradição estabelece os contornos de um horizonte de sentido,[36] que venha carregada desses preconceitos, que ao mesmo tempo em que nos possibilita, nos limita no processo de atribuição de sentido ao mundo. A partir disso, nosso olhar é condicionado por tal horizonte; tudo aquilo que destoa a nossa antecipação de sentido, ou seja, distorcido, para se adequar ao que já esperamos encontrar,[37] ou será simplesmente ignorado, permanecendo invisível a nossa percepção.

---

[33] PEDRON, Flávio Quinaud. *Mutação Constitucional na Crise do Positivismo Jurídico.* Belo Horizonte, Arraes, 2012.

[34] "Ele [Gadamer] fala, portanto, em uma 'circularidade da compreensão'", isto é, no limite do conhecimento humano, que apenas pode conhecer o que ele já conhece. Tentando dissolver este paradoxo, significa dizer que o conhecimento hermenêutico leva o homem a tomar consciência de que possui preconceitos (sem a carga pejorativa que se pode atribuir à palavra), que antecipam a experiência – o conceito –, de modo que em cada experiência o intérprete se move de maneira circular (mas de maneira expansiva) entre preconceitos e conceitos, revendo-os mutuamente" (PEDRON, Flávio Quinaud; BONFIM, Vinicius Silva. Prolegômenos da Hermenêutica Filosófica. *Revista do mestrado em direito UCB*, v. 6, p. 47-76, 2012. Disponível em: http://portalrevistas.ucb.br/index.php/rvmd/article/ viewFile/3274/2298, p. 55). Por isso, não se pode confundir preconceitos (como precompreensão) com preconceitos no sentido vulgar. Não se pode confundir precompreensão com visão de mundo, preconceitos ou qualquer outro termo que revele uma abertura para o relativismo. A precompreensão, diferentemente de preconconceitos, é uma espécie de totalidade que não pode ser fatiada. Não nos perguntamos por que compreendemos, pela simples razão de que já compreendemos.

[35] GADAMER, Hans-Georg. *Verdade e Método*: Fundamentos de uma hermenêutica filosófica. 7 ed. Tradução de Enio Paulo Giachini. Petrópolis, Vozes, 2005.

[36] "Horizonte é o âmbito de visão que abarca e encerra tudo o que é visível a partir de um determinado ponto. [...] A linguagem filosófica empregou essa palavra, sobretudo desde Nietzsche e Husserl, para caracterizar a vinculação do pensamento à sua determinidade finita e para caracterizar, com isso, a lei do pregresso de ampliação do âmbito visual. Aquele que não tem um horizonte é um homem que não vê suficientemente longe e que, por conseguinte, supervaloriza o que lhe está mais próximo. Pelo contrário, ter horizontes significa não estar limitado ao que há de mais próximo, mas poder ver além disso. Aquele que tem horizontes sabe valorizar corretamente o significado de todas as coisas que caem dentro deles, segundo os padrões de próximo e distante, de grande e pequeno. A elaboração da situação hermenêutica significa então a obtenção do horizonte de questionamento correto para as questões que se colocam frente à tradição". (GADAMER, Hans-Georg. *Verdade e Método*: Fundamentos de uma hermenêutica filosófica. 7. ed. Tradução de Enio Paulo Giachini. Petrópolis, Vozes, 2005, p. 399-400)

[37] É a situação exemplificada por Umberto Eco (em seu *Kant e o Ornitorrinco.* Rio de Janeiro: Record, 1998): Marco Polo, famoso navegador, quando em Java, avistou um animal quadrúpede, peludo e com um cifre na cabeça, acima do nariz. Fazendo uso dos seus preconceitos – fornecidos pela tradição europeia ocidental medieval – logo concluiu que se tratava de um *unicórnio.* Ao observar mais atentamente o animal, pode perceber que a imagem que tinha de um unicórnio não se encaixava completamente; faltava a graça e elegância em seu chifre e no modo de andar; o pelo era mais escuro malcheiroso que as lendas europeias faziam menção. Mas o

4. Considerações finais

Dessa forma, podemos perceber que ocorre um condicionamento cultural que faz com que os nossos preconceitos estéticos sejam também projetados para outras esferas sociais – no caso o Direito.

Sendo um traço da dogmática jurídica contemporânea à simplificação exagerada do conhecimento jurídico,[38] esta tratou de seguir pela via mais cômoda, qual seja, a afirmação de existência de princípios em colisão, gerando um novo papo de fundo silencioso que se traduziu naturalizou como um novo *topoi* (lugar comum) para a comunidade jurídica.[39] Como já estamos acostumados a enxergar conflitos no universo das artes, ficava facilmente possível e aceitável o transporte para o sistema jurídico.

Aliado a isso, já ficou demonstrado que a proposta teórica de Alexy é baseada na atribuição de "pesos" relativos aos princípios (que são estabelecidos pela cultura dominante no interior de uma sociedade pluralista). A consequência direta é a naturalização de um tratamento *discriminatório* - uma que o raciocínio que move a técnica do balanceamento não se dá pela busca de atribuição de iguais liberdades subjetivas a todos, nem pela construção de um raciocínio que busque preservar a virtude da integridade – se sim por motivações de fundo utilitaristas.

Há um fator histórico que também não pode ser deixado de lado: a tradição constitucional alemã do pós-Segunda Guerra Mundial, através do desenvolvimento, sob o modelo da jurisdição constitucional concentrada, de decisões do Tribunal Constitucional Federal (*Bundesverfassungsgericht*) acerca de uma preocupação exagerada em assumir um tratamento conciliatório dos litígios, envolvendo os direitos fundamentais (sob a forma de interesses subjetivos dos litigantes).[40] Isso fez com que passasse a enxergar colisões – principalmente por uma débil elaboração teórica acerca dos direitos fundamentais. Ao invés de buscar

---

que fez Marco Polo? Percebeu que se tratava de uma criatura distinta, no caso, um *rinoceronte*? Não, ele apenas afirmou que as lendas eram muito fantasiosas e que haviam romantizado dos unicórnios.

[38] Não é à toa que se vê nas prateleiras das livrarias jurídicas cada vez mais obras com títulos adjetivados como: Simplificado, Facilitado, "Ao Alcance Todos" ou para colorir.

[39] É também relevante notas que muita dessa adesão silenciosa a tese da colisão entre princípios acabou acontecendo pela reprodução de um discurso de autoridade em razão da aplicação (ainda que equivocada) da metodologia de Alexy pelo Supremo Tribunal Federal (STF). Veja para tanto o interessante de Fausto de Moraes (Premio Capes Teses 2014), que a nossa Suprema Corte, nas quase duzentas vezes que lançou mão da ponderação nos últimos dez anos, *em nenhum dos casos o fez nos moldes propostos por seu criador alemão.*

[40] Tal preocupação em assumir uma postura conciliatória é nitidamente perceptível nos julgamentos dos casos Luth (em 1951 – *BVerfGE* 7, 198-230) e Lebach.(em 1973 – *BVerfGE* 35, 202).

compreender o caso *sub judice* buscando identificar coerentemente (e deonticamente) os comportamentos dentro do código jurídico-sistêmico da licitude/ilicitude, acabou-se o relativizando, o que abriu margem a uma confusão técnica entre o que direito e o que é abuso de direito – portanto, ilícito; e dessa forma, aceitando a aplicação graduação de direitos/princípios.

A opção pela via de Dworkin, certamente, exigiria um esforço hermenêutico por parte da dogmática maior do que ela estava disposta a empreender; afinal, ainda pesa também em nossa cultura o mito do Iluminismo e a crença de que só é científico – logo verdadeiro – aquele conhecimento advindo de um método reproduzível.[41] E é justamente o que o pensamento de Alexy nos fornece: fórmulas argumentativas – que ainda que técnicas – podem ser dominadas e reproduzidas sem maiores esforços mentais, o que apenas mascaram a discricionariedade dos magistrados aplicadores.

Com Dworkin e de modo muito semelhante à proposta traçada pelo *kishötenketsu*, somos conduzidos hermeneuticamente a uma perspectiva na qual se deve fazer um esforço para buscar compreender o ordenamento jurídico como um todo íntegro e coerente de princípios jurídicos – o que impede aqui a ideia de uma colisão normativa, ainda que no caso concreto. Sob as luzes da virtude da integridade, devemos buscar compreender o caso a sua melhor, sendo apenas aparente uma situação de colisão normativa, causada pela má compreensão dos elementos do caso *sub judice*; se é enxergado um conflito é sinal de mal-entendido hermenêutico e, portanto, necessário reestabelecer o diálogo (contraditório, no sentido processual) com todos os sujeitos envolvidos e com a história institucional – aí a grande clareza da metáfora do romance em cadeia trazida por Dworkin. Através de um diálogo, a compreensão correta do caso se faz presente e fica possível atingir a resposta correta afirmando *qual é o princípio adequado* para aquele caso.[42] Assim, como acontece na narrativa oriental, a colisão normativa era um produto de nossa miopia diante do caso. Quando um quadro de informações e de elementos pode ser percebido de modo mais completo (e isso apenas pode acontecer pelo diálogo entre os sujeitos processuais, e nunca pela sapiência ou iluminação de um julgador!), o que a princípio se mostrava como conflituoso desaparece, ficando mais nítida a possibilidade de se chegar a uma *resposta correta*.

---

[41] Ainda que pesa todo o trabalho e a grandeza intelectual do pensamento de Gadamer (*Verdade e Método*: Fundamentos de uma hermenêutica filosófica. 7. ed. Tradução de Enio Paulo Giachini. Petrópolis, Vozes, 2005).

[42] DWORKIN, Ronald. *O império do direito*. São Paulo: Martins Fontes, 2007.

Claro que comparação com o *kishötenketsu* tem aqui apenas o intuito de ilustrar como a tradição pode conduzir nosso olhar, tornando para o senso comum que forma a dogmática jurídica óbvia noção de que princípios entram em colisão e, talvez servindo para auxiliar a explicação das causas da popularidade, principalmente no Brasil, do pensamento desenvolvido por Alexy.

5. Referências

ALEINIKOFF, T. Alexander. Constitutional law in the age of balancing. *Yale Law Journal.* v. 96, n. 5, abr., 1987, p. 943-1005.

ALEXY, Robert. *Derecho y razón práctica.* 2. ed. México: Fontamara, 1998.

ALEXY, Robert. *Teoría de los derechos fundamentales.* Trad. Ernesto Garzón Valdés. Madri: Centro de Estudios Constitucionales, 1997.

ÁVILA, Humberto. *Teoria dos princípios: da definição à aplicação dos princípios jurídicos.* 4. ed. São Paulo: Malheiros, 2005.

BARROSO, Luiz Roberto; BARCELOS, Ana Paula de. O começo da história: a nova inter-pretação constitucional e o papel dos princípios no Direito brasileiro. In: SAMPAIO, José Adércio (Coord.). *Crises e desafios da Constituição.* Belo Horizonte: Del Rey, 2004.

CAMPBELL, Joseph. *O herói de mil faces.* São Paulo: Pensamento, 2007.

DERRIDA, Jaques. "O Teatro da Crueldade e o Fechamento da Representação". In: DERRIDA, Jaques. *A Escritura e a Diferença.* São Paulo, Perspectiva, 1971.

DWORKIN, Ronald. *Justice for Hedgehogs.* Harvard: Harvard University, 2011

DWORKIN, Ronald. *Sovereign Virtue – the theory and practice of equality.* Cambridge: Harvard University Press, 2002

DWORKIN, Ronald. *O império do direito.* São Paulo: Martins Fontes, 2007.

DWORKIN, Ronald. Levando os direitos a sério. São Paulo: Martins Fontes, 2002.

ECO, Umberto. *Kant e o Ornitorrinco.* Rio de Janeiro: Record, 1998.

GADAMER, Hans-Georg. *Verdade e Método*: Fundamentos de uma hermenêutica filosófica. 7. ed. Tradução de Enio Paulo Giachini. Petrópolis, Vozes, 2005.

GUEST, Stephen. *Ronald Dworkin*. Tradução de Luís Carlos Borges. Rio de Janeiro: Elsevier, 2010. [Teoria e Filosofia do Direito].

HART, Herbert Adolphus Lionel. *O conceito de direito*. 2. ed. Trad. A. Ribeiro Mendes. Lisboa: Calouste Gulbenkian, 1996.

JERICHO, Arachne. The significance of Plot Without Conflict. *Still Eating Oranges*. Jun. 2012. Disponível em: <http://stilleatingoranges.tumblr.com/post/25153960311/the-significance-of-plot-without-conflict>|. Acessado em: 28 de jan. 2016.

JERICHO, Arachne. Writing Dissonance: kishötenketsu, or, plot without conflict. *Spontaneous Derivation*. Set. 2013. Disponível em: <http://spontaneousderivation.com/2013/09/15/writing-dissonance-kishotenketsu- or-plot-without-conflict/>. Acessado em: 28 de jan. 2016.

MCKENZIE, T.B. Kishötenketsu. *Magickless*. Dez. 2012. Disponível em: <http://magickless.blogspot.com.br/2012/12/kishotenketsh.html>. Acessado em: 28 de jan. 2016.

OLIVEIRA, Rafael Thomaz de. *Decisão judicial e o conceito de princípios*. Porto Alegre: Livraria do Advogado, 2008.

PEDRON, Flávio Quinaud. *Mutação Constitucional na Crise do Positivismo Jurídico*. Belo Horizonte: Arraes, 2012.

QUINAUD PEDRON, Flávio; BONFIM, Vinicius Silva. Prolegômenos da Hermenêutica Filosófica. *Revista do mestrado em direito UCB*, v. 6, p. 47-76, 2012. Disponível em: <http://portalrevistas.ucb.br/index.php/rvmd/article/viewFile/3274/2298E>.

PEDRON, Flávio. A proposta de Ronald Dworkin para uma interpretação construtiva do direito. *Revista CEJ*, v. 13, n. 47, out./dez. 2009

REALE, Miguel. *Lições preliminares de direito*. 27. ed. São Paulo: Saraiva, 2009.

STRECK, Lenio Luiz. *Verdade e Consenso*. 5ª ed. São Paulo: Saraiva, 2014.

STRECK, Lenio Luiz. Ponderação de normas no novo CPC? É o caos. Presidente Dilma, por favor, veta! *Consultor Jurídico*. 8 de jan. de 2015. Disponível em: <http://www.conjur.com.br/2015-jan-08/senso-incomum-ponderacao-normas--cpc-caos-dilma-favor-veta>. Acessado em: 24 fev. 2015.

THEODORO JR, Humberto; NUNES, Dierle; BAHIA, Alexandre; PEDRON, Flávio. *Novo CPC: Fundamentos e Sistematização*. 3. ed. Rio de Janeiro: Forense, 2016.

TORRES, Ricardo Lobo *et al.* [org.] *Dicionário de Princípios*. Rio de Janeiro: Elsevier, 2010.

WEBER, Max. *Ética Protestante e o Espírito do Capitalismo*. 14. ed. São Paulo: Pioneira, 1999.

O NARRADOR-PERSONAGEM E A DEDICATÓRIA EM *A HORA DA ESTRELA*: DESLOCAMENTOS POSSÍVEIS PARA A DECISÃO JURÍDICA

Luciana Pereira Queiroz Pimenta Ferreira[1]

> *Esta história acontece em estado de emergência e de calamidade pública. Trata-se de um livro inacabado porque lhe falta a resposta. Resposta esta que espero que alguém no mundo me dê. Vós?* (LISPECTOR, *A hora da estrela*, dedicatória do Autor).

1. Uma pré-introdução, porque antes da introdução havia a pré-introdução

É domingo. Toda vida precisa, algum dia, de um domingo. Um dia de morte, para renascer. Será a Criação habitando em mim? É Clarice quem abre a janela do quarto para que eu assista à travessia da noite ao dia – ela que também escrevia com as manhãs, ainda escuras? É esta *A hora da estrela*[2]? Ou apenas um

[1] Doutora em Direito Processual, pela PUC Minas. Mestre em Filosofia Social e Política pela UFMG. Coordenadora do Projeto Direito e Literatura, desenvolvido na PUC Minas, vinculado ao Grupo de Pesquisa registrado junto ao CNPq, Direito e Literatura: um olhar para as questões humanas e sociais a partir da Literatura. Professora das disciplinas de Filosofia do Direito e Hermenêutica e Argumentação Jurídica no curso de Direito da PUC Minas, desde fevereiro de 2001.

[2] Os termos em itálico, nesta pré-introdução, afora as expressões em outro idioma, explicadas em nota própria, constituem os 13 títulos da obra *A hora da estrela* (LISPECTOR, 1998). Registra-se, aqui, a possibilidade de se fazer uma interpretação desse número de títulos, 13, associada aos 13 tiros (as 13 balas) desferidos contra *Mineirinho*, personagem da crônica de mesmo nome que Clarice menciona em entrevista concedida a Júlio Lerner, na TV Cultura, pouco antes de morrer, como sendo um dos escritos que mais a marcou, em sua vida literária. (LISPECTOR,

Registro dos fatos antecedentes?, "eis que antes da pré-história havia a pré-história da pré-história e havia o nunca e havia o sim"[3]. Dedico-me a escrever ao som dos clássicos, que evidenciam o contraste entre os sons de dentro e de fora, o alto e o baixo do que pode ser dito, subjetividades e objetividades, palavras e silêncio. Ressuscito-os para que me transfigurem. Penso na Dedicatória do Autor. Vivaldi[4] não está lá. Mas como fugir d'*As Quatro estações*, se sinto que é primavera?... esse tempo de renascimento... *A culpa é minha* ou tem mesmo um *Assovio no vento escuro?* Esse *Allegro*[5] de abertura é um sim. "Tudo no mundo começou com um sim. [...] Pensar é um ato. Sentir é um fato. Os dois juntos – sou eu que escrevo o que estou escrevendo"[6]. Clarice ou eu? Eu, a partir de Clarice, ou Clarice a partir de mim? "Enquanto eu tiver perguntas e não houver resposta continuarei a escrever"[7]. O que pergunto? Sou eu quem pergunto? De onde vêm as perguntas? Adentra o *Largo e pianíssimo sempre*[8]. *Uma sensação de perda.* Cenário para Macabéa. O céu, agora, está blue. O piano soa como *Lamento de um blue. I'm so blue today*[9]! Seriam as perguntas chegando pela boca de Macabéa, ela que não dispõe de palavras para expressar o que sente e deseja? *Ela não sabe gritar.* Não sabe ou não tem *O direito ao grito? Danza pastorale allegro*[10]. Recebo Rodrigo S.M. e sua pastoral sobre a vida de Macabéa. *Eu não posso fazer nada*, "experimentarei contra os meus hábitos uma história com começo, meio e *gran finale* seguido de silêncio e de chuva caindo"[11]. Uma *História lacrimogênica de cordel.* Macabéa é vida para Folheto. *Ela que se arranje.* O que se busca, afinal, ao escrever, seria uma *Saída discreta pela porta dos fundos*, no drama da existência, o drama da vida, o drama da justiça? *Quanto ao futuro...*, decido ouvir Schumann. Preciso introduzir.

2015). Essa interpretação se conecta ao fato de o título *A hora da estrela* ser a hora da morte da personagem Macabéa. "Pois na hora da morte a pessoa se torna brilhante estrela de cinema, é o instante de glória de cada um e é quando como no canto coral se ouvem agudos sibilantes". O outro escrito mencionado por Clarice, na mesma entrevista, como sendo o outro texto de sua predileção, é o conto "O ovo e a galinha", no qual se lê "O ovo não existe mais. *Como a luz da estrela já morta*, o ovo propriamente dito não existe mais" (g.n., LISPECTOR, 1977, p. 81).

3 LISPECTOR, 1998, p. 11.

4 Compositor e músico italiano do barroco tardio, Antônio Lúcio Vivaldi (1678 a 1741), autor da composição musical mencionada em seguida, a saber, *As quatro estações.*

5 Primeira parte da composição *As quatro estações*, de Vivaldi.

6 LISPECTOR, 1998, p. 11.

7 LISPECTOR, 1998, p. 11.

8 Segunda parte da composição *As quatro estações*, de Vivaldi.

9 Esta expressão, no idioma inglês, é utilizada por nós para explicar o significado do termo *blue* no título *Lamento de um blue*, no qual entendemos estar presente a noção de tristeza.

10 Terceira parte da composição *As quatro estações*, de Vivaldi.

11 LISPECTOR, 1998, p. 13.

2. Introdução

A hora da estrela é o último livro de Clarice Lispector, publicado em 1977 e chancelado pela crítica literária como a obra-prima da escritora. Em que pese já ter despertado grande interesse dos círculos intelectuais, no Brasil e no exterior, o fato de ser o ápice da trajetória de uma escritora da densidade de Clarice sugere a multiplicidade de leituras que este pequeno, mas dilacerante, livro pode ensejar.

O fato de se fazer a leitura da obra em questão sob o pano de fundo da aproximação entre direito e literatura define o marco inaugural da abordagem do presente artigo na exposição daquilo que se entende por literatura, a saber, uma instituição que permite tudo dizer, conceito este buscado na filosofia de Jacques Derrida, como parte integrante do movimento da desconstrução. Este se mostra, no presente artigo, como uma via de acesso à obra de Clarice Lispector, uma vez que esta também mostra uma recusa à concepção do *logos* e do sujeito tradicionais.

O ingresso no mundo literário de Clarice Lispector, a partir da aproximação com o campo teórico-filosófico da desconstrução, é feito, então, à luz dos contributos de um grande estudioso de toda a obra de Clarice, a saber, Benedito Nunes, dada a sua compreensão da escrita de Clarice como a fundação de uma subjetividade pautada na sensação.

A abordagem da obra *A hora da estrela*, naquilo a que se propõe o presente artigo – uma vez que são muitas as possibilidades hermenêuticas de se trabalhar esta que é a última e, talvez, a mais completa obra de Clarice –, tem início com a apresentação de Rodrigo S.M., narrador-personagem da obra. Este é uma irônica criação de Clarice para demonstrar, na mesma perspectiva do movimento da desconstrução, que não se trata de inverter a hierarquia tradicional do masculino sobre o feminino, mas de fazer com que o masculino se sensibilize perante e com o feminino.

O ponto seguinte do artigo passa a mostrar como a Dedicatória de Clarice, em *A hora da estrela*, ao ser endereçada, por um lado, a figuras ilustres da tradição musical como Schumann, Beethoven, Bach, Chopin, Stravinsky, Strauss, entre outros, e, por outro, aos gnomos, anões, sílfides e ninfas que lhe habitam a vida, estabelece a importância que a linguagem musical assumirá na obra. Tal recurso é uma forma de denunciar a insuficiência do signo, enquanto palavra, em uma construção que pretenda, a partir de uma racionalidade e subjetividade que extrapolam o sujeito, acolher "o outro" no discurso, "o outro" do narrador-personagem Rodrigo S. M., o outro que é, na obra, Macabéa.

Pretende-se, por fim, endereçar toda a leitura realizada em torno da criação do narrador-personagem Rodrigo S.M., bem como o sentido da dedicatória, n'*A hora da estrela,* à teoria da decisão jurídica, a partir da compreensão de que o processo, sobretudo a teoria da decisão jurídica, carece de um alargamento do seu olhar sobre a teoria e a *praxis* discursiva que implementa, em torno da histórica figura do narrador-protagonista, o juiz.

3. A literatura como parte do movimento da desconstrução: uma via de acesso para a obra de Clarice Lispector

Antes de adentrar à obra de Clarice Lispector, bem como qualquer aproximação entre direito e literatura, cumpre estabelecer uma breve reflexão sobre o que entendemos por literatura, no que nos colocamos, aqui, como herdeiros de Jacques Derrida. *Essa estranha instituição chamada literatura* é o título dado ao texto da entrevista realizada por Derek Attridge com Jacques Derrida, em abril de 1989, no qual ele estabelece o significado da literatura como a instituição que permite tudo dizer. Dizer tudo é, sem dúvida, reunir por meio da tradução, todas as figuras umas nas outras, totalizar formalizando; mas dizer tudo é também transpor [*franchir*] os interditos. É *liberar-se* [*s'affranchir*] – em todos os campos nos quais a lei pode se impor como lei. A lei da literatura tende, em princípio, a desafiar ou a suspender a lei. Desse modo, ela permite pensar a essência da lei na experiência do 'tudo por dizer'. É uma instituição que tende a extrapolar [*déborder*] a instituição.[12]

A literatura como instituição que tudo permite dizer conduz à reflexão sobre o sentido da própria lei, na medida em que sua lei – a lei da literatura – tende a desafiar ou suspender a própria lei[13]. Ela se apresenta, então, ao mesmo tempo, como instituição histórica – com suas regras e convenções – e como instituição da ficção, quando procura liberar-se das regras, "deslocando-as, e, desse modo, instituindo, inventando e também suspeitando da diferença tradicional entre natureza e instituição, natureza e lei convencional, natureza e história"[14].

Esse deslocamento de que fala Derrida se refere ao movimento da desconstrução, núcleo de sua filosofia, que tem, na *Gramatologia*, a sede inaugural dos movimentos da inversão e do deslocamento, a partir do reconhecimento da prevalência estabelecida, pela tradição, da fala em detrimento da palavra escrita. Na obra, Derrida aponta e problematiza a função secundária que, historicamente, foi dada à escritura, como se ela fosse apenas porta-voz ou intérprete de uma fala originária, plenamente presente (filosofia metafísica), fala essa que estaria fechada à sua própria interpretação. A escrita seria, sob essa perspectiva, uma técnica a serviço da linguagem, sendo que a palavra falada é que guardaria relação natural com a verdade – o *logos*[15]. Essa primazia da fala (voz) e da presença do *logos*

---

[12] DERRIDA, 2014, p. 49.

[13] A definição da literatura como a instituição que permite tudo dizer é, pois, de suma importância para a relação entre direito e literatura, na medida em que, para além do aspecto da tradução, o poder de tudo dizer estabelece a capacidade de transposição de todos os campos nos quais a lei pode se impor como lei.

[14] DERRIDA, 2014, p. 51.

[15] DERRIDA, 2013.

(razão que é "fala plenamente presente") sobre a escrita é o que Derrida denomina de falogocentrismo (junção de falocentrismo (fala) e logocentrismo (razão)), que pode ser entendido como o centramento da metafísica tradicional na unidade entre voz e *logos*.

A definição da literatura como instituição que tudo permite dizer, sem a exigência de uma fundamentação última, característica do discurso metafísico, possibilita que se perceba a dimensão feminina assumida por ela, no cenário da tradição falogocentrista. Perguntado por Derek Attridge em que medida o termo "literatura" nomeia a possibilidade de se ler textos de forma a colocar tanto o falocentrismo quanto o logocentrismo em questão, Derrida afirma que a crítica literária "feminista", enquanto fenômeno institucional identificável é contemporânea ao aparecimento do que se chama desconstrução, no sentido moderno.

> Ela desconstrói, primeiro, e essencialmente, o que se anuncia na figura do que propus chamar de falogocentrismo, para indicar, de fato, certa indissociabilidade entre falocentrismo e logocentrismo. [...] Aparecer ao mesmo tempo em que o tema da desconstrução, como desconstrução do falogocentrismo, não necessariamente e nem sempre significa depender dela, mas pelo menos pertencer à mesma configuração e participar do mesmo movimento, da mesma motivação.[16]

A estratégia do movimento da desconstrução de Derrida aponta para uma radical valorização do ato de escrever, no sentido de denunciar a inexistência do sentido "original" em nome do qual a escrita sempre foi rebaixada, sentido esse que sustentou a metafísica (teológica ou não) do ocidente e todos os seus muitos sedimentos ocultos. A proposta de Derrida é, pois, a de pensar uma racionalidade, que talvez já não se depreenda do signo "racionalidade", não mais nascida de um *logos* metafísico, mas de uma desconstrução de todas as significações que brotam da significação do *logos*.

> A 'racionalidade' – mas talvez fosse preciso abandonar esta palavra, pela razão que aparecerá no final desta frase –, que comanda a escritura assim ampliada e radicalizada, não é mais nascida de um *logos* e inaugura a destruição, não a demolição, mas a de-sedimentação, a desconstrução de todas as significações que brotam da significação de *logos*. Em especial a significação de *verdade*.[17]

Essa dessedimentação – deslocamento – de significações que brotam da significação do logos, permitindo que tudo o que foi reprimido pelo logos filosófico seja colocado em evidência, aparece, para nós, como um ponto de encontro entre a concepção derridiana de literatura e a escrita literária de Clarice Lispector, como passamos a expor.

---

[16] DERRIDA, 2014, p. 88.
[17] DERRIDA, 2013, p. 13.

4. A escrita literária de Clarice Lispector e sua posição face ao logos tradicional

Benedito Nunes, em seu livro *O drama da linguagem: uma leitura de Clarice Lispector*, afirma que há um centro mimético entre os muitos episódios das obras de Clarice Lispector. A *mimesis*[18] de que fala o estudioso de Clarice não é, todavia, a *mimesis* de Platão, que faz referência ao mundo metafísico de ideias que aparecem como formas puras a serem copiadas e transpostas para o mundo sensível; tampouco a *mimesis* de Aristóteles, que definia que o ser segundo a sua natureza[19]. O centro mimético que atravessa a obra de Clarice[20] é, segundo Nunes, o da consciência individual a partir de estados de vivências, de modo que haveria uma constante digressão e um constante desespero interior, que refletiria o mundo exterior.

Esse desespero interior, presente na obra de Clarice, marca uma encruzilhada entre a herança moderna do conceito de sujeito (cartesiana) e a definição desse indivíduo como ser de linguagem (filosofia da linguagem), uma vez que o sujeito que se reconhece a partir da linguagem não teria, a partir da linguagem, o seu reconhecimento, o que sugere que a escrita de Clarice é a procura de uma subjetividade que não se conforma com a subjetividade e a linguagem herdadas. A narrativa pode ser lida, então, como desconstrução da linguagem e da subjetividade, o que, em termos derridianos, se caracteriza como desconstrução do *falogocentrismo*.

Aquilo que constitui a subjetividade na obra de Lispector é a sensação; mas a sensação que, dado o seu caráter imediato, tomamos como o autêntico em nós – aquilo que não passou pelo sempre suspeito e suspeitável filtro da linguagem –, é, ao mesmo tempo, o que constitui historicamente – num sentido patriarcal da palavra história – o 'eu' feminino. A sensação é afecção passiva e também se articula pobremente em linguagem. A sensação é inefável, intransmissível, 'incomunicável'. Desse modo, a constituição de um 'eu feminino', entendido como um 'eu' fundado na sensibilidade, é a constituição de um "eu" que, por natureza, não

---

18 *Mimesis* é palavra grega que significa imitação; *miméomai* 'eu imito'. Deu origem à palavra mimese, em português, que consiste no uso do discurso direto e, sobretudo, na imitação do gesto, voz e palavra de outrem (Cunha, 1986, verbete *mimese*).

19 NUNES, 2015.

20 Não serão objeto de nossa abordagem as muitas obras de Clarice estudadas por Benedito Nunes para falar dos deslocamentos desse centro mimético, que vão desde a passagem da narrativa em terceira pessoa, nos primeiros romances da autora (*A cidade sitiada e A maçã no escuro*) para a escrita na primeira pessoa em *A paixão segundo GH* até o aparecimento dos diálogos entre os personagens, para sair do isolamento da consciência solitária e perplexa.

pode falar de si mesmo. Um eu fundado na sensibilidade é inefável e nos lança para duas opções que serão vividas como dramáticas: o silêncio ou a verborragia incontrolável.[21]

A recusa da linguagem herdada, bem como a busca de reconstrução da linguagem e da subjetividade a partir da sensação, é, pois, o ponto de contato entre os conceitos derridianos de literatura e de desconstrução e o fazer literário de Clarice. A afirmação de que a literatura assuma, no movimento da desconstrução, uma face feminina não pode/deve, pois, transformar Clarice em uma "escritora feminina", no sentido de continuar perpetuando a institucionalizada discriminação que coroa os grandes escritores da literatura universal. Lado outro, a inefabilidade de um eu fundado na sensibilidade e as dramáticas experiências do silêncio e da verborragia incontrolável parecem justificar a estratégia clariciana de construção do narrador Rodrigo S. M., bem como as características da personagem Macabéa, em *A hora da estrela.*

5. Rodrigo S.M.: o desdobramento do sujeito entre a autora e o narrador-personagem em A Hora da Estrela

A literatura como instituição da ficção, marcada pelo poder de tudo dizer, aliada do movimento da desconstrução, bem como a recusa clariciana da herança da linguagem e da subjetividade tradicionais, permite interpretar a figura do narrador Rodrigo S.M., em *A hora da estrela*, como parte de uma desconstrução que admite a cisão do sujeito, o desdobramento da consciência – entre autora e narrador – e a identidade fictícia deste último.

Ao contrário de Flaubert, que permaneceu sempre por trás de seus personagens, Clarice Lispector expõe-se, quase sem disfarce, exibindo-se ao lado deles. Também ela persona, na condição patética do escritor culposo (relativamente a Macabéa), que finge ou mente para alcançar uma certa verdade da condição humana, mas sabendo que mente, como que parodia o dito cartesiano, 'Eu que penso, sou' – o cogito do filósofo francês René Descartes – com outra interrogação: Eu que narro, quem sou?[22]

A ideia de uma paródia do *cogito* cartersiano que substitui a fórmula afirmativa *cogito ergo sum* (penso, logo existo) pela manifestação indagativa "Eu que narro, quem sou?", repleta de sensibilidade, a partir de um "eu" cindido – a cisão entre autor e narrador –, revela a insuficiência da racionalidade rigidamente coesa, do

---

21 MARTÍNEZ, 2015, p. 274.

22 NUNES, 2015, p. 299.

sujeito da modernidade. Esta cisão do sujeito se dá entre o eu de Clarice e o eu de Rodrigo S.M., um eu masculino[23] que assume a autoria da narrativa literária, sendo ele mesmo uma personagem dela, ao lado da personagem por ele construída, Macabéa.

Não há, contudo, outra forma de se ler a construção da personagem feminina Macabéa por um narrador masculino a não ser como uma atitude irônica frente à cultura patriarcal, masculina. A representação do feminino esteve, por muitos e muitos séculos, nas mãos de autores (masculinos), o que abre espaço para que se reflita sobre o papel que a escritura e a representação literária podem assumir como formas de dominação.

Assim, ao mesmo tempo em que Clarice toca no esquema binário do masculino (razão) sobre o feminino (sensibilidade), proveniente da tradição falogocentrista, ela mantém, ironicamente, a figura do narrador masculino, Rodrigo S. M., fazendo-o dizer que se sensibilizará com a história de Macabéa. A criação do narrador, Rodrigo S.M., faz parte, pois, do movimento da inversão, que é apenas um passo para o deslocamento a ser operado, na estratégia derridiana da desconstrução. Sim, Clarice é derridiana quando assume não inverter a hierarquia tradicional do masculino sobre o feminino para fazer de si mesma a narradora, mas, estrategicamente, constrói um narrador masculino que escreve com o corpo e, como tal, comove-se com a condição de Macabéa.

Com esta história eu vou me sensibilizar, e bem sei que cada dia é um dia roubado da morte. Eu não sou um intelectual, escrevo com o corpo. E o que escrevo é uma névoa úmida. As palavras são sons transfundidos de sombras que se entrecruzam desiguais, estalactites, renda, música de transfiguração e órgão[24].

A criação de Rodrigo S.M., por parte de Clarice, é, ainda, uma estratégia de retirar do campo estático o local ocupado pela representação dos personagens, deslocando-os para a trama, para o movimento (duplo), já que também Rodrigo S.M. carrega suas misérias, não conseguindo escapar da ideologia e de seus elos à classe social que pertence, o que torna difícil, também por isso, compreender Macabéa. A escrita clariciana explicita, pois, na figura do narrador e naquilo que ele faz, o ato mesmo de escrever, a dificuldade que tem a palavra de abarcar a complexidade

[23] Uma possível significação para o termo S.M. seria exatamente a abreviatura s. m. utilizada nos dicionários como redução de substantivo masculino, corresponde à classificação morfológica da palavra pesquisada (a par de muitas classificações como s. f., substantivo feminino, ou adj., adjetivo, por exemplo).

[24] LISPECTOR, 1998, p. 16.

do tecido social com o qual se alinhava *A hora da estrela*. "Por que escrevo? Antes de tudo porque captei o espírito da língua e assim às vezes a forma é que faz conteúdo. Escrevo portanto não por causa da nordestina, mas por motivo grave de 'força maior', como se diz nos requerimentos oficiais, por 'força de lei'"[25].

Curiosamente, *Força de lei* é o título da obra de Derrida, em quem buscamos a compreensão do significado da literatura e da estratégia da desconstrução, na qual ele trata do direito à justiça, expondo a dificuldade de distinguir a força da lei, "força de lei", da violência, que é sempre injusta. Que diferença existe entre, por um lado, a força que pode ser justa, julgada legítima (a força do direito, que é a sua própria essência) e, de outro lado, a violência que se julga injusta[26]?

A questão da violência assume sentido, no contexto da relação entre direito e literatura, também porque a própria literatura caracteriza uma violência, o que se manifesta como a *trapaça* à língua[27], como *extrapolação*, ou o poder de tudo dizer[28], e como o *desobrar*[29], que exige, em todos os casos, o abandono das certezas que constituem nossa cultura e dos princípios que regem nossa história. "Escrever, nesse sentido, supõe uma mudança radical de época – a própria morte, a interrupção [...] Escrever, desse ponto de vista, é a maior violência, pois transgride a Lei, toda lei e sua própria lei"[30].

6. A dedicatória do autor, a sobreposição melódica de vozes e "o outro" do sujeito e do mundo

Há n'*A hora da estrela* uma dedicatória intitulada "Dedicatória do Autor (Na verdade Clarice Lispector)", a qual dedica o texto, denominado por ela "esta coisa aí", a figuras ilustres da tradição musical como Schumann, Beethoven, Bach, Chopin, Stravinsky e Strauss, entre outros, e aos gnomos, anões, sílfides e ninfas que lhe habitam a vida.

Qual o sentido desta dedicatória? A resposta a esta pergunta parece-nos dever partir do reconhecimento de que a escrita de *A hora da estrela* pode ser compreendida sob pelo menos três fios narrativos principais, indissociáveis, em alguma medida, a saber, a história de Macabéa, a história do narrador-personagem

---

25 LISPECTOR, 1998, p. 1.
26 DERRIDA, 2010.
27 BARTHES, 1996.
28 DERRIDA, 2014.
29 BLANCHOT, 1969.
30 BLANCHOT, 1969, p. vii-viii.

Rodrigo S.M., que deu vida à personagem Macabéa, e a história do próprio escrever, ou seja, do ato da criação artístico-literária. É no contexto desta última – o ato da criação artístico-literária – que se colocam as perguntas registradas na própria obra: "o que escrevo"[31], "por que escrevo?"[32], e "como escrevo?"[33].

Esta última pergunta, "como escrevo?", recebe diversas respostas ao longo da própria narrativa, tais como: "eu canto alto agudo uma melodia sincopada e estridente"[34]; "É que a esta história falta melodia cantábile. O ritmo é às vezes descompassado"[35]; "As palavras são sons transfundidos de sombras que se entrecruzam desiguais, estalactites, renda, música transfigurada de órgão"[36]; "Mal ouso clamar palavras a essa rede vibrante e rica, mórbida e obscura tendo como contraponto o baixo grosso da dor. Alegro com brio"[37]; "cantarei loas que não as dificuldades da nordestina"[38]; "Ao mesmo tempo em que quero também alcançar o trombone mais grosso e baixo, grave e terra [...]"[39]; "talvez eu alcance a flauta doce em que eu me enovelarei em macio cipó"[40]; "tudo o que estou agora escrevendo é acompanhado pelo rufar de um tambor batido por um soldado. No instante mesmo em que eu começar a história – de súbito cessará o tambor"[41]; "Apareceu um homem magro de paletó puído tocando violino na esquina"[42]; "Ouço a música antiga de palavras e palavras, sim, é assim"[43].

O registro não exaustivo das muitas presenças do elemento musical pretende mostrar como a música assume importância na obra *A hora da estrela*, a começar pelo reconhecimento de que o sujeito da enunciação, ao longo do texto, se manifesta por duas vozes sobrepostas, a saber, a voz do narrador e a voz do discurso, numa nítida alusão ao que, em música, é chamado de contraponto[44]. Essas duas linhas musicais são pontos cruciais para a função emotiva da linguagem impressa

---

31 LISPECTOR, 1998, p. 16.
32 LISPECTOR, 1998, p. 18.
33 LISPECTOR, 1998, p. 18.
34 LISPECTOR, 1998, p. 11.
35 LISPECTOR, 1998, p. 16.
36 LISPECTOR, 1998, p. 16.
37 LISPECTOR, 1998, p. 17
38 LISPECTOR, 1998, p. 19.
39 LISPECTOR, 1998, p. 20.
40 LISPECTOR, 1998, p. 20.
41 LISPECTOR, 1998, p. 22.
42 LISPECTOR, 1998, p. 82.
43 LISPECTOR, 1998, p. 85.
44 O contraponto musical é uma técnica polifônica de sobreposição e entrecruzamento de linhas melódicas em progressão simultânea. A linha do baixo é um dos contrapontos mais facilmente perceptíveis, denominada contrabaixo (contraponto baixo), que guarda presença no texto com o neologismo "contratom", no momento em que Rodrigo S.M. diz "Mal ouso clamar palavras

por Clarice na estratégia de fazer com que o narrador masculino se sensibilize, vale dizer, comova-se, diante da personagem Macabéa (o alvo da narrativa).

A função emotiva da linguagem não escapa, todavia, da natureza paradoxal da relação entre sujeito e objeto, que se confirma, ao longo do texto, pela alternância, na narrativa, das posturas e desejos do narrador: "é verdade que também eu não tenho piedade do meu personagem principal, a nordestina: é um relato que desejo frio. Mas tenho o direito de ser dolorosamente frio, e não vós"[45] e "Com esta história eu vou me sensibilizar, e bem sei que cada dia é um dia roubado da morte"[46].

No entanto, a importância da música não se esgota na sobreposição melódica de vozes na narrativa. A música aparece também como forma de evidenciar a limitação dos signos, enquanto palavras, para a significação no discurso. "Mal ouso clamar palavras a essa rede vibrante e rica, mórbida e obscura tendo como contratom o baixo grosso da dor. Alegro com brio"[47]. *Alegro com brio* é uma menção expressa a uma forma de andamento musical, a performance da música, sendo *alegro* um andamento rápido e *com brio* a música tocada com vigor. Há, ainda, além dos signos musicais e poéticos, uma conjugação entre música e pintura como componentes da escritura de *A hora da estrela*, já que o termo tom, na pintura, refere-se à cor, do ponto de vista da intensidade, tornando-a mais clara ou mais escura. "Escrevo em traços vivos e ríspidos de pintura"[48].

Todas essas dimensões da linguagem, para além do signo enquanto palavra, mostram como a palavra literária só encontra o seu ser quando reflete o não ser do mundo, de modo que a negação, assim como a morte, faz parte da palavra literária, o que distancia a linguagem literária da linguagem comum. Esse talvez seja o grande paradoxo da arte, em geral, e da literatura: o fato de sua realização residir na irrealização ou, conforme Blanchot, na negação, de maneira que a literatura funda uma "outra coisa", uma outra realidade que é sempre, em relação ao real, o irreal. O mundo é, pois, realizado pela negação de realidades particulares que o vê e o nomeia a partir do todo, a partir de uma ausência de tudo, isto é, nada[49]. Esse todo ou nada é tido pela literatura como um acontecimento, um fato e não como uma ideia, uma vez que é a própria realização literária, como também registrou

a essa rede vibrante e rica, mórbida e obscura tendo como contraponto o baixo grosso da dor. Alegro com brio". (LISPECTOR, 1998, p. 17)

45 LISPECTOR, 1998, p. 13.

46 LISPECTOR, 1998, p. 16.

47 LISPECTOR, 1998, p. 17.

48 LISPECTOR, 1998, p. 17

49 BLANCHOT, 1997

Clarice, na voz do narrador Rodrigo S.M.: "Pensar é um ato. Sentir é um fato. Os dois juntos sou eu que escrevo o que estou escrevendo"[50].

A negação, assim como a morte, faz parte da palavra literária. Se a linguagem comum recusa a morte do real, a linguagem literária, ao contrário, aproxima-se dela. O próprio ato de nomear é, na literatura, como lembra Blanchot, um assassinato diferido, um gesto de negação, o que converge, também, com o desfecho da narração em *A hora da estrela,* lida sob a perspectiva metalinguística da própria criação literária: a morte de Macabéa.

> Ela estava enfim livre de si e de nós. Não vos assusteis, morrer é um instante, passa logo, eu sei porque acabo de morrer com a moça. Desculpai-me esta morte. É que não pude evitá-la, a gente aceita tudo porque já beijou a parede. Mas eis que de repente sinto o meu último esgar de revolta e uivo: o morticídio dos pombos!!! Viver é luxo. Pronto, passou. Morta, os sinos badalavam, mas sem que seus bronzes lhes dessem som. Agora entendo esta história. Ela é a iminência que já nos sinos que quase-quase badalam. A grandeza de cada um.[51]

Se for certo, pois, que a literatura se conecta discursivamente com a linguagem, fala da realidade, ela não o faz em relação a uma realidade familiar, dada pelo já acontecido, pelo mundo cotidiano. A ficção literária, as narrativas literárias fazem com que o leitor adentre um mundo de estranhamento. A ficção aparece como o inabitual e, ao mesmo tempo em que nos retira do mundo, a ele nos devolve, permitindo que o vejamos com outro olhar, um novo olhar, um olhar expandido, um olhar que extrapola, um olhar que deseja o porvir.

7. O protagonismo do juiz na decisão jurídica: deslocamentos possíveis a partir da dedicatória e do narrador Rodrigo S.M., em A Hora da Estrela

A história da decisão jurídica pode ser resumida, quanto às teorias sobre a natureza jurídica do processo – que, no geral, sequer problematizaram o significado do termo *natureza*[52] –, no seguinte percurso: processo como contrato[53]; quase

---

[50] LISPECTOR, 1998, p. 11.

[51] LISPECTOR, 1998, p. 86.

[52] Sobre esta ausência de problematização, bem como sobre os muitos significados que o termo natureza pode assumir, a partir da filosofia e, ainda, sobre cada uma destas teorias em particular, conferir nossa tese de doutorado intitulada *Natureza jurídica do processo: uma desconstrução* (PIMENTA, 2008).

[53] POTHIER, 1800.

contrato[54]; relação jurídica[55]; situação jurídica[56]; instituição sociológica[57]; procedimento em contraditório[58]; instituição constitucionalizada[59]; instituição egressa do povo[60].

Em todos os tempos, sob a égide de quaisquer destas teorias, mesmo aquelas que, mais recentemente, a partir de Fazzalari, passaram a falar do contraditório como princípio fundamental do processo[61] e da imprescindível participação das partes na construção da decisão, no modelo do Estado Democrático de Direito, sempre houve, no processo, aquilo que se pode chamar de *protagonismo* do papel do juiz.

O termo protagonista pertence, originalmente, à esfera dos estudos literários e designa a personagem principal de uma narrativa ou drama – que, embora se apresente, em geral, como o herói da história, pode, também, ser um anti-herói –, ao redor da qual se constrói toda a trama e de cuja ação depende, direta ou indiretamente, dos acontecimentos narrados ou encenados. Na transposição para o campo jurídico, pode-se dizer que o termo *protagonista* não perde seu significado de origem, mas é sob a forma de uma derivação – mediante o acréscimo que remete tanto à intoxicação de um agente quanto a movimentos sociais ou ideológicos – e associada a um adjetivo que surge a expressão *protagonismo judicial*, empregada para designar o juiz como personagem que ocupa posição central no cenário do Estado Constitucional de Direito.[62]

Sabe-se que já há quem esteja atento ao fato de que a compreensão da teoria do processo carece de ser tomada como um estudo reconstrutivo (que requer, por isso, uma desconstrução), e não como uma análise continuada, empírico-histórico-descritiva, dos termos e proposições tal como essencialmente considerados, não raras vezes sem a mínima percepção do anacronismo e da incompatibilidade de determinadas significações repetida e continuamente propaladas, sem qualquer consistência.

A percepção de que uma proposta reconstrutiva da teoria do processo exige que se passe pela filosofia, uma vez que essa se ocupa de um Todo, não no sentido do somatório das partes, mas enquanto referência à superação da especificidade

---

54 SAVIGNY, 1850.

55 BÜLOW, 1868.

56 GOLDSCHMIDT, 1925.

57 GUASP, 1940.

58 FAZZALARI, 1975.

59 BARACHO, 1980.

60 Teoria neo-institucionalista do processo – LEAL, 1990.

61 FAZZALARI, 1996.

62 TRINDADE, 2015, p. 3.

do conhecimento científico e da obscuridade do contexto de aparição do objeto de cada ciência. A busca da filosofia, sob este critério, está a descartar todas as definições da filosofia como fundamentação última e absoluta, pautada em critérios apriorísticos, bem como aquelas sustentadas em uma suposta independência do conhecimento filosófico das demais formas de conhecimento e, ainda, todas as concepções responsáveis pela afirmação da Filosofia como teoria meramente contemplativa.

Afasta-se, assim, por exemplo, de uma teoria do conhecimento nos moldes kantianos, criada sob as bases de fundamentações transcendentais, movida pela pretensão de se definir como um conhecimento das condições do conhecimento científico, em termos apriorísticos, estabelecendo uma relação de dominação das ciências (servas) em relação à Filosofia (Senhora da Razão). Não bastasse, ao pretender analisar os fundamentos do conhecimento, na *Crítica da razão pura*, separando o conhecimento teórico das faculdades da razão prática e do julgar, Kant (1980) atribuiu à Filosofia o papel de um juiz supremo perante a cultura como um todo, posição da qual também o distanciamento se faz necessário. Rechaça-se, ainda, a ideia da filosofia como mera contemplação que indica, do alto pedestal da razão, o lugar de todo o conhecimento, apartando teoria e *praxis*, que se mostra inadequada para o mundo contemporâneo, herdeiro das mazelas deixadas pela lógica do cartesianismo e kantismo modernos.

A despeito de alguns progressos, ainda se tem uma compreensão da teoria do processo, mais especificamente da teoria da decisão jurídica, marcada pelo *protagonismo* do juiz – um protagonismo intoxicado, como bem ressaltou Trindade – embora este seja um dos grandes esforços que vêm sendo empreendidos pelo debate em torno da relação entre direito e literatura.

Esse sentido da literatura como formadora de personalidade entra em contato, pois, no presente estudo, por um lado, com a estratégia clariciana de cisão do sujeito, nitidamente marcada por uma paródia à suficiência do *cogito* cartersiano, que levou à criação do narrador-personagem Rodrigo S. M. e, por outro, à utilização do recurso musical – presente desde a dedicatória até o desenvolvimento de todo o texto – para mostrar que o sujeito da enunciação pode se manifestar por vozes sobrepostas, a saber, a voz do narrador e a voz do discurso, numa nítida alusão do que, em música, é chamado de *contraponto*.

A transposição deste aprendizado, a partir do entrecruzamento entre literatura e música para o campo da decisão jurídica, implica que se tenha que repensar – deslocando-o – o *protagonismo* do juiz, na elaboração da decisão jurídica. Se, por um lado, tal exigência já esteja formalmente estabelecida, ao menos no âmbito dos Estados Democráticos de Direito e pelas teorias democráticas do processo, a concretização ainda não se faz sentir, talvez porque, ou exatamente porque, não se tenha compreendido que o *contraponto* a que nos remete a música e o reconhecimento da possibilidade de uma melodiosa sobreposição de vozes do discurso seja o que pode sensibilizar o discurso jurídico da decisão.

Essa sensibilização do discurso pode ser pensada na dedicatória de *A hora da estrela*, a partir da presença do contraste entre, por um lado, as figuras ilustres da tradição musical como Schumann, Beethoven, Bach, Chopin, Stravinsky e Strauss, entre outros, e, por outro, aos gnomos, anões, sílfides e ninfas mencionados como habitantes da vida do Autor (na verdade, Clarice Lispector). Os grandes e os pequenos seres, o alto e o baixo do som da música, o sangue ritmado que corre no corpo, na pulsão ritmada da vida, contrastes que se evidenciam no ser mesmo da literatura, aquilo que ela é enquanto formadora de personalidade.

> A literatura confirma e nega, propõe e denuncia, apoia e combate, fornecendo a possibilidade de vivermos dialeticamente os problemas. [...] Isto significa que ela tem um papel formador de personalidade, mas não segundo as convenções; seria antes segundo a força indiscriminada e poderosa da própria realidade.[63]

Essa dimensão da literatura, enquanto formadora de personalidade, se conecta com a criação de Rodrigo S. M. que é, além dos aspectos já mencionados, uma estratégia de retirar do campo estático o local ocupado pela representação dos personagens, deslocando-os para a trama do movimento, já que Rodrigo S. M., o personagem-narrador, também carrega suas misérias, o que torna difícil a compreensão da personagem Macabéa.

Essa formação de personalidade sugere, por fim, a importância da leitura, a leitura literária, a leitura ficcional que, aliás, é sempre formadora de cidadania, por parte, sobretudo, do juiz, que precisa captar tanto as nuanças da narrativa processual quanto da elaboração da síntese que vem a respaldar a decisão, quanto à vida de cada um dos personagens e narradores envolvidos nessa construção. "E não esquecer que a estrutura do átomo não é vista, mas sabe-se dela. Sei de muita coisa que não vi. E também vós."[64]

Não bastasse, a música aparece em *A hora da estrela* também como forma de evidenciar a limitação dos signos, enquanto palavras, para a significação no discurso, quando Rodrigo S. M. diz não poder clamar palavras à rede vibrante e rica, mórbida e obscura que tem a narrar, propondo, para tanto, um narrativa construída sob os moldes do *Alegro com brio*.

---

[63] CANDIDO, 2004, p. 176.

[64] LISPECTOR, 1998, dedicatória.

Não seria ajustado, então, em mais um deslocamento proveniente da narrativa literária, trazer, para a decisão jurídica, a forma (performance) deste andamento musical, a agilidade do *alegro* com o vigor presente no termo *com brio*? E não seria esse vigor, esse brio o reconhecimento das vidas que vibram em cada decisão judicial, vidas estas de personagens-autores da narrativa processual? Não seria este brio o brilho de vidas, que se devem traduzir, no processo, a partir do sentimento de amor-próprio, da honra e da dignidade do seu existir, que não podem ficar perdidos nas amarras de discursos jurídicos aprisionados a formas discursivas excessivamente silogísticas e/ou superficialmente generalizadoras? E não é esse o sentido do amor e da dignidade, o sentido mais profundo do que se deva entender por brio?

Se toda essa dimensão da linguagem musical, para além do signo enquanto palavra, reforça como a palavra literária só encontra o seu ser quando reflete o não ser do mundo, de modo que a negação, assim como a morte, faça parte da palavra literária, não seria o caso, também, de se pensar a morte na decisão jurídica? A morte da lei, enquanto letra, para alguma vida da justiça?, ela que, na concepção de que somos herdeiros, extrapola o direito. Não seria o caso de o direito, sobretudo o campo teorético e prático da decisão jurídica, no âmbito da reflexão que faz de sua enunciação e de sua prática, chamar para si um domingo, um dia de morte, para renascer?

8. Conclusão

Toda vida precisa, algum dia, de um domingo. Um dia de morte, para renascer. Esse foi o ponto de partida do presente artigo, a pré-introdução da introdução. Esse desejo de renascimento, uma reconstrução do direito é, em primeiro plano, o sentido mesmo desta aproximação entre direito e literatura, o que deu vida a esta escritura. O desejo de renascer foi o que nos levou, também, à concepção derridiana da literatura, da qual se extraiu, a partir do poder de tudo dizer, a possibilidade (necessidade) de um deslocamento proveniente do movimento da desconstrução, uma desconstrução de todas as significações que brotam da significação do *logos*.

Adentramos na obra literária de Clarice à luz dos contributos da leitura especializada e minuciosa de Benedito Nunes, como a procura de uma subjetividade que não se conforma com a subjetividade e a linguagem herdadas, o que nos levou a aproximar Clarice e Derrida, uma vez que uma desconstrução da linguagem e da subjetividade herdadas, a partir da cisão do "eu", que aparece na obra de Clarice, participaria daquilo que se define, em termos derridianos, como a desconstrução do *falogocentrismo*.

A paródia ao *cogito* cartersiano, substituindo-se a fórmula do *cogito ergo sum* (penso, logo existo) pela manifestação indagativa, "Eu que narro, quem sou?", a partir de um "eu" cindido – autor e narrador –, revelou a insuficiência da racionalidade rigidamente coesa do sujeito da modernidade, e materializou-se, em *A hora da estrela,* na criação do narrador-personagem Rodrigo S. M., um eu masculino que assumiu a narrativa literária em torno da personagem feminina, Macabéa.

Percebemos, pois, que Clarice tocou no esquema binário do masculino (razão) sobre o feminino (sensibilidade), proveniente da tradição falogocentrista, mas manteve, ironicamente, a figura do narrador masculino, Rodrigo S. M., o que foi interpretado como a inversão, que é apenas um passo para o deslocamento, na estratégia derridiana da desconstrução. Tal situação nos levou a identificar a face derridiana de Clarice, que não inverteu a hierarquia tradicional do masculino sobre o feminino para fazer de si mesma a narradora, mas, estrategicamente, construiu um narrador e o fez se comover com a condição de Macabéa.

A dedicatória da obra, por sua vez, alvo de nossa investigação, foi interpretada a partir do viés, para a narrativa, da história do próprio escrever, ou seja, do ato da criação artístico-literária, a metalinguagem, de modo que o registro, não exaustivo, das muitas presenças do elemento musical, ao longo de toda obra, evidenciou como a música assumiu importância na construção da narrativa, seja pelo reconhecimento de que o sujeito da enunciação se manifestou, ao longo do texto, por duas vozes sobrepostas, o que, em música, é chamado de contraponto, seja como forma de acusar a limitação dos signos, enquanto palavras, para a significação no discurso, como quando Rodrigo S. M. afirmou que escreveria a partir do modo *Alegro com brio*. Esta dimensão musical da linguagem, para além do signo enquanto palavra mostrou, por fim, como a palavra literária só encontra o seu ser quando reflete o não ser do mundo, de modo que a negação, assim como a morte, faz parte da palavra literária.

Encaminhamos, enfim, nossa pesquisa e reflexão acerca da literatura clariciana, para a seara da decisão jurídica, sustentando, a princípio, como em todas as teorias do processo sempre houve um *protagonismo* do juiz. Identificada essa situação, mostramos como o entrecruzamento entre música e literatura, estabelecido a partir da Dedicatória e projetado em toda a obra *d'A hora da estrela,* bem como a cisão sujeito, possibilitam pensar deslocamentos para o protagonismo do julgador. Nossas principais conclusões foram as seguintes.

Precisamos de um estudo reconstrutivo da teoria da decisão jurídica, que requer, por isso, uma desconstrução. Uma proposta desconstrutiva da teoria do processo exige que se passe pela filosofia, enquanto referência à superação da especificidade do conhecimento científico e da obscuridade do contexto de aparição do objeto de cada ciência, mas não a filosofia como fundamentação última e absoluta, pautada em critérios apriorísticos, tampouco aquela sustentada em uma suposta independência do conhecimento filosófico das demais formas de conhecimento ou, ainda, a filosofia como teoria meramente contemplativa.

O *protagonismo* do juiz pode ser posto em xeque com o debate em torno da relação entre direito e literatura. A literatura tem um papel formador de personalidade e retira do campo estático o local ocupado pela representação das personagens, deslocando-as para a trama do movimento, o que pode ser aproveitado no espaço-tempo do processo.

A figura do contraponto na música nos remete ao reconhecimento da possibilidade de uma melodiosa sobreposição de vozes no discurso jurídico, que o pode promover a uma sensibilização e compartilhamento da autoria da decisão.

A leitura, seja ela literária, poética e ficcional, pode e deve auxiliar o juiz na captação tanto das nuanças da narrativa processual, quando da elaboração da síntese que respalda a decisão, quanto da vida de cada um dos personagens e narradores envolvidos nessa construção.

O andamento musical *alegro com brio* de que fala *A hora da estrela* deve ser acolhido como o movimento para a elaboração da decisão jurídica: a agilidade do *alegro* com o vigor do termo *com brio*. Um vigor que possa levar ao reconhecimento das vidas que vibram em cada decisão judicial, vidas estas de personagens-autores da narrativa processual, que se devem traduzir, no processo, a partir do sentimento de amor-próprio, da honra e da dignidade do seu existir, que não podem ficar perdidos nas amarras de discursos jurídicos aprisionados a formas discursivas excessivamente silogísticas e/ou superficialmente generalizadoras.

Assim como há uma morte como parte da palavra literária, também se deve pensar uma morte na decisão jurídica, de maneira que a decisão, a concretude do direito, implique em alguma morte da lei, enquanto momento abstrato, para que se dê alguma vida à justiça, esta que, na concepção de que somos herdeiros, extrapola (excede) o direito.

Concluímos, por fim, que o direito carece de um domingo, muitos domingos, dias de morte, para renascer.

Façamos domingos.

9. Referências

BARTHES, Roland. *Aula*. São Paulo: Cultrix, 1996. Disponível em: <http://copyfight.me/ Acervo/livros/BARTHES,%20Roland.%20Aula.pdf>. Acesso em: 24 mar. 2015.

BLANCHOT, Maurice. *L'entretetien infini*. Paris: Édicitions Gallimard, 1969. 640p.

BLANCHOT, Maurice. *A parte do fogo*. Rio de Janeiro: Rocco, 1997. 330p.

CANDIDO, Antônio. O direito à literatura. *In*: CANDIDO, Antônio. *Vários escritos*. São Paulo: Duas Cidades, 2004, p. 169-191.

CUNHA, Antônio Geraldo da. Mimese. *In*: CUNHA, Antônio Geraldo da. *Dicionário etimológico Nova Fronteira da língua portuguesa*. Rio de Janeiro: Nova Fronteira, 1986.

DERRIDA, Jacques. *Força de lei*: o fundamento místico da autoridade. São Paulo: WMF Martins Fontes, 2010, 145p.

DERRIDA, Jacques. *Gramatologia*. São Paulo: Perspectiva, 2013. 386p.

DERRIDA, Jacques. *Essa estranha instituição chamada literatura*: uma entrevista com Jacques Derrida. Belo Horizonte: Ed. da UFMG, 2014. 118p.

FAZZALARI, Elio. *Istituzioni di diritto processuale*. Padova: CEDAM, 1996. 739p.

KANT, Immanuel. *Crítica da razão pura*. São Paulo: Abril Cultural, 1980. 397p.

LISPECTOR, Clarice. O ovo e a galinha. In: LISPECTOR, Clarice. *A legião estrangeira*. São Paulo: Ática, 1977, p. 81-84.

LISPECTOR, Clarice. *A hora da estrela*. Rio de Janeiro: Rocco, 1998. 87p.

LISPECTOR, Clarice. *Panorama com Clarice Lispector*: entrevista concedida a Júlio Lerner. Disponível em: <https://www.youtube.com/watch?v=ohHP1l2EVnU>. Acessado em: 18 out. 2015.

MARTÍNEZ, Horacio Luján. *Benedito Nunes, leitor de Clarice Lispector, ou o drama de habitar uma linguagem sitiada*. Disponível em <file:///F:/Escritos/Artigos/A%20Hora%20da% 20estrela/Textos%20sobre%20A%20Hora%20da%20Estrela/Estudo_sobre_leitura_de_Benedito_Nunus.pdf>. Acessado em: 18 out. 2015.

NUNES, Benedito. *O drama da linguagem*: uma leitura de Clarice Lispector. São Paulo: Ática, 1989. 176p.

NUNES, Benedito. *A narração desarvorada*. Disponível em: <file:///D:/Nova%20 pasta/ Downloads/Ensaio+de+Benedito+Nunes+Clarice+Lispector.pdf>. Acessado em: 18 out. 2015.

PIMENTA, Luciana Pereira Queiroz. *Natureza jurídica do processo*: uma desconstrução. Tese (Doutorado em Direito) – Pontifícia Universidade Católica de Minas Gerais, Belo Horizonte, 2008. 217 f.

TRINDADE, André Karan. O protagonismo judicial sob a perspectiva da literatura. In: STRECK, Lênio Luiz; TRINDADE, André Karan (Orgs.). *Os modelos de juiz*. São Paulo: Atlas, 2015, p. 3-5. 245p.

VIVALDI, Antônio Lúcio. *As quatro estações*. Disponível em: <https://www.youtube.com/ watch?v=3xfAL9T_g5U>. Acessado em: 18 out. 2015.

AS HERESIAS DO PROCESSO PENAL: O DIREITO ENTRE O QUEIJO E OS VERMES

Mateus de Moura Ferreira[1]
Mayra Lazzarini Silveira Ribeiro[2]

1. Introdução

O presente trabalho visa estudar e compreender como a Inquisição promovida pela Igreja Católica Romana (Santo Ofício) agia em seus procedimentos inquisitoriais e de que forma seus elementos constituem, na atualidade, uma tradição inquisitorial presente no processo penal brasileiro, precipuamente na atuação dos agentes públicos, membros do Ministério Público e magistratura.

Para tanto, realiza-se a análise literária da obra de Carlo Ginzburg, *O Queijo e os Vermes,* a fim de demonstrar como a literatura pode nos auxiliar a superar as obviedades da dogmática jurídica, o mero tecnicismo, além de trazer uma profunda interpretação, crítica e dinâmica, para o estudo dos problemas processuais penais.

Posteriormente, analisa-se a atuação dos agentes públicos, em especial dos juízes no processo penal. Eleva-se aqui, um ponto de relevância no presente trabalho: a oficialização do discurso pelos agentes públicos e a suposta legitimação de suas condutas pela apropriação de uma mentalidade inquisitória, pautada pela ideia de hierarquia e poder, fortalecendo assim as características de um procedimento inquisitório.

---

1 Doutorando e Mestre em Teoria do Direito (PUC Minas). Professor da Faculdade de Direito de Conselheiro Lafaiete (FDCL) e do Instituto Presidente Tancredo Neves (IPTAN).

2 Especialista em Ciências Penais (IEC-PUC Minas). Graduada em Direito pela PUC Minas. Advogada.

Por fim, demostra-se a importância de reconhecermos a mentalidade inquisitória como uma tradição, e essa como linguagem que para ser superada, deve ser constantemente levada à discussão. Compreendermos, o modelo constitucional de processo e a necessidade de sua consolidação para efetivação de um Estado Democrático de Direito.

2. O Nascimento da Inquisição do Santo Ofício e seus Legados nos Procedimentos Inquisitórios Atuais

Muito se estuda e várias são as teses que cronologicamente tentam estabelecer o surgimento da Inquisição[3]. A humanidade já vivenciou vários momentos históricos pautados por perseguições e dominação. Em muitos deles, a religião possuiu papel fundamental no seio social, moral e político, talvez esse seja o ponto que desencadeie tamanha obsessão por uma homogeneidade religiosa. Didaticamente podemos conceber dois marcos principais na consolidação da Inquisição: a Medieval, nos séculos XIII e XIV, e a Inquisição Moderna, centralizada na Espanha e em Portugal, que durou do século XV ao século XIX.

Historicamente, os primeiros sistemas processuais surgiram vinculados à questão política e o procedimento inquisitório sempre surgiu nos regimes políticos autoritários. Estabeleceu-se o controle pleno da justiça criminal, propagando a ideologia do combate à criminalidade. Esses regimes comumente ofereciam à população uma segurança ilusória, sob o signo da tutela dos direitos sociais.[4]

Leonardo Marinho Marques assevera ainda a menção feita por muitos autores, do procedimento inquisitório vinculado sempre com a Inquisição Medieval, vez que analisa a época como sendo "o momento em que o método inquisitório atingiu o nível de excelência"[5]. Foi na Idade Média, com a assunção do cristianismo, que o procedimento inquisitório se desenvolveu, ganhou forças e estabeleceu seu marco. Certo é que a Igreja Católica durante a Idade Média, na sede de tornar-se a religião oficial (o que necessariamente implicaria em mais poder, dominação, riqueza e expansão), cria, amparada pela detenção de um discurso oficial, as chamadas "doutrinas heréticas", das quais a todo custo deveria se defender. Inicia-se então, uma das mais, senão a mais perversa ideologia de dominação que o mundo já vivenciou.

---

3 Restringimos aqui, o objeto da pesquisa acerca da inquisição da Igreja Católica Romana.

4 MARQUES, Leonardo Augusto Marinho. "A hiper-racionalidade inquisitória". In: BONATO, Gilson (org.). *Processo Penal, Constituição e Crítica – Estudos em Homenagem ao Dr. Jacinto Nelson de Miranda*, 2011, p. 475-486.

5 Idem.

Leonardo Boff, no prefácio da obra *Manual dos Inquisidores* de Nicolau Eymerich[6], registra que, quando o cristianismo se transformou em religião oficial do Império, a questão dos chamados hereges[7] se transformou numa política. O cristianismo era considerado o fator principal de coesão e união política e qualquer doutrina divergente colocava em risco essa unidade.

Posteriormente, a Inquisição ultrapassou os limites religiosos. Com a consolidação das monarquias absolutistas na Europa, iniciada no século XIII e consolidada no século XV, o Direito Canônico influiu de forma decisiva no modelo de persecução penal adotado pelos reis da Europa, originando o modelo inquisitório, o qual mais uma vez cria bases nesta unidade de poder.

No contexto da Europa absolutista, a persecução penal possuía relação direta com aquela utilizada pela Igreja Católica em seus tempos de dominação. Igualmente, permite-se associar tais características ao procedimento inquisitório que exploraremos no presente trabalho, demonstrando, assim, como algumas dessas características ainda são encontradas em nosso sistema processual penal e como devemos conhecê-las a fim de afastá-las da práxis jurídica.

Durante o regime absolutista, o acusado era considerado mero objeto do processo, pouco ou nada influindo em sua instrução, a qual por sua vez se dava igualmente regida sob a ótica do segredo e vedação de informações. A ação penal bifásica (momento investigatório e processual) era instaurada de ofício, sem a necessidade de provocação do ofendido ou outro qualquer, e instruída e conduzida por um juiz. Dessa forma, os debates orais perderam a importância, a decisão do juiz pautava-se basicamente nos procedimentos escritos e depoimentos das partes e testemunhas, as quais não possuíam acesso aos autos (sigilo). O acusado era obrigado a responder todas as indagações que lhe formulavam e a tortura era amplamente utilizada para se alcançar a confissão como rainha das provas, estabelecendo a chamada verdade real.

---

6 BOFF, Leonardo. Prefácio In: *Manual dos inquisidores*. Revisado e ampliado por Francisco de La Peña, 1993.

7 Leonardo Boff explica, em síntese, sem ainda explorar os diversos "tipos" de hereges e heresias criados pela Igreja Católica, que herege é aquele que se recusa a repetir o discurso da consciência coletiva, criando novos discursos a partir de novas visões da realidade religiosa.

3. *O Queijo e os Vermes*: a história de um moleiro perseguido pela Inquisição

Com a finalidade de se demonstrar como ainda estão presentes as características de procedimentos inquisitoriais em nosso atual modelo processual penal, nos propusemos a dialogar com a obra *O Queijo e os Vermes* do historiador italiano Carlo Ginzburg (2006). A mentalidade inquisitória em nossos agentes públicos é tão viva, que a compreendemos como uma tradição a qual precisa ser constantemente descoberta e discutida, caso queiramos superá-la.

O livro de Carlo Ginzburg[8] pretende ser uma narrativa literária, bem como um escrito histórico. A obra nasce da pesquisa feita nos Arquivo da Cúria Episcopal em Undine, sobre os processos inquisitoriais do Santo Ofício. O autor investigou uma seita na região do Friuli na Itália, cujos juízes a identificaram como uma comunidade de bruxas e curandeiros. Ocorre que Carlo Ginzburg deparou-se com uma sentença extremamente longa, a qual chamou muito a sua atenção, pois uma das acusações feitas a um dos réus no processo era que ele sustentava a seguinte ideia, o mundo tinha sua origem na putrefação.

Ginzburg inicia a partir de então, uma análise detalhada do julgamento de Domenico Scandella, dito Menocchio, um moleiro nascido em 1532, em Montereale, pequena aldeia na região do Friuli, norte da Itália – local no qual ele pouco havia se distanciado ao longo de sua vida.

O autor nos informa que Menocchio, no ano de 1581, havia sido magistrado da aldeia e de vilas ao redor, e ainda administrador da paróquia de Montereale, em data não precisada. Os cargos, possivelmente, haviam sido ocupados por ele, pois ele sabia ler, escrever e somar, condições relevantes na época. Mas, afinal, qual a relação de Menocchio com a Igreja Católica Romana, no século XVI? Por que seu nome passou a ocupar páginas dos autos inquisitoriais do Santo Ofício?

A história de Menocchio começa a se cruzar com a Inquisição quando, em 28 de setembro de 1583, foi denunciado pela primeira vez aos inquisidores do Santo Ofício, sob a acusação de ter pronunciado palavras "heréticas e totalmente ímpias" sobre Cristo. Foi interrogado, julgado e, por fim, condenado pelo Santo Ofício, que o manteve preso por quase dois anos. Depois de pedido formulado por Menocchio e seu filho, inquisidores responsáveis por sua prisão consideraram

---

8 Carlo Ginzburg é um historiador italiano, nascido em Turim em 1939. Formou em História e passou a lecionar na Universidade de Bolonha, na Itália. Posteriormente, lecionou nas universidades de Harvard, Yale, Princeton e da Califórnia. Atualmente, leciona na *Scuola Normale Superiore* de Pisa. É considerado um dos pioneiros e principais estudiosos da Microhistória, tendo como marco fundante sua obra "O Queijo e os Vermes".

que havia nele sinais de autêntica conversão, razão pela qual teve sua pena abrandada e foi solto sob condições.

Menocchio não esperava que após quinze anos, lapso temporal entre o primeiro e o segundo processo inquisitorial que sofrera, novas denúncias moveriam a chama inquisitiva do Santo Ofício, com a desconfiança sobre sua postura herética, ocasião em que, novamente, foi investigado, interrogado sob tortura, foi condenado e executado.

Mas, o que realmente Menocchio dizia?

Para se ter uma ideia, Menocchio não só blasfemava, como sustentava a todos que blasfemar não era pecado, dizendo "cada um faz o seu dever; tem quem ara, quem cava e eu faço o meu, blasfemar"[9]. Em verdade, defendia que o pecado somente se configurava quando havia prejuízo ao próximo, mas ao blasfemar só fazia mal a si. Menocchio negava categoricamente os sacramentos da Igreja, do batismo à extrema-unção (hoje "unção dos enfermos"). Ele negava a santidade do Papa, bispos, padres e demais membros; criticava abertamente a riqueza da Igreja, suas propriedades e a exploração dos pobres; pregava a tolerância religiosa, mais que isso, reconhecia a equivalência de todas as fés, em nome de uma religião simplificada (o cristianismo se resumiria na prática do amor ao próximo), sem caracterizações dogmáticas ou confessionais. Dentre tais dizeres de Menocchio, havia um que se destacava, sua singularíssima cosmogonia, da qual o Santo Ofício já ouvira comentários confusos.

Apresentadas as principais ideias de Menocchio, necessário se faz que retornemos ao primeiro processo, quando da denúncia anônima feita ao Santo Ofício.

Conforme se verifica no *Manual dos Inquisidores*, de Nicolau Eymerich[10], existiam três formas de abertura de um processo inquisitorial: por acusação, denúncia ou investigação. A abertura de um processo por denúncia era caracterizada pela afirmação de heresia ou protecionismo a hereges. O depoimento do delator era registado nos mesmos termos da denúncia, na presença do escrivão e duas testemunhas, sendo indagado no final se teria motivações para a denúncia.

Foi esse o caso de Menocchio. Sua blasfêmia havia sido denunciada anonimamente ao Santo Ofício e, desde logo, considerada grave, vez que não só blasfemava, mas difundia suas ideias a todos aqueles com quem discutia.

---

[9] Idem, p. 35.

[10] EYMERICH, Nicolau. *Manual dos inquisidores*. Revisado e ampliado por Francisco de La Peña, 1993, p. 107-108.

No dia 4 de fevereiro de 1584, Menocchio, ao atender ao chamado do Tribunal Eclesiástico, foi preso, algemado, e levado aos cárceres do Santo Ofício em Concórdia. Dia 7 de fevereiro Menocchio foi submetido ao seu primeiro interrogatório.

Permite-se aqui, fazermos uma referência, *primeiro* à importância do interrogatório nos processos inquisitivos do Santo Ofício; *segundo* ao significado do interrogatório para Menocchio, ou melhor, o que representava para ele ser ouvido pelos inquisidores.

Nota-se no *Manual dos Inquisidores* de Eymerich que o interrogatório era considerado o grande momento do processo e, para realizá-lo da maneira correta, o Santo Ofício estabeleceu suas formas e condições. A finalidade era afastar qualquer irregularidade e, realmente, se restabelecer a verdade. Os interrogatórios requeriam a presença de cinco pessoas: o inquisidor, que formula as perguntas, com a função de afastar as mentiras do acusado; o acusado ou testemunha; o escrivão, responsável pelo registro nos autos; duas testemunhas inquisitoriais.[11]

Contudo, para Menocchio, percebe-se ao longo do processo que o interrogatório era uma armadilha na qual ele desejava estar (ao menos, quando preso pela primeira vez).

O desejo nascia de uma incontrolável necessidade de falar, expor seus pensamentos, sentimentos e angústias. Mas sua fala era por vezes reprimida pela simples falta de interlocução, pois, em seu círculo, sua aldeia, ninguém a compartilhava. Ao contrário, nota-se dos testemunhos obtidos no processo que Menocchio, vez ou outra, era alertado por algum companheiro a calar-se e abandonar tais ideias, pois não passava de um moleiro discutindo as coisas de(a) fé.

O testemunho de um sapateiro, Domenico Melchiori, sobre Menocchio, deixa clara tal percepção: "costuma discutir com todo mundo, mas, quando quis discutir comigo eu lhe disse: 'Eu sou sapateiro; você, moleiro, e você não é culto. Sobre o que é que nós vamos discutir?". As coisas da fé são grandes e difíceis, fora do alcance dos moleiros e sapateiros. Para obter é preciso doutrina, e os depositários da doutrina são, sobretudo, os clérigos.[12]

Retomando ao momento da prisão de Menocchio, precisamente ao seu primeiro interrogatório (7 de fevereiro de 1584), vemos como Menocchio cumpriu

[11] EYMERICH, Nicolau. *Manual dos inquisidores*. Revisado e ampliado por Francisco de La Peña, 1993, p. 117.

[12] GINZBURG, Carlo. *O queijo e os vermes: o cotidiano e as idéias de um moleiro perseguido pela Inquisição*, 2006, p. 32.

sua promessa, ignorando todos os conselhos que havia recebido para ser cauteloso e falar apenas o que lhe era perguntado.

Durante o inquérito preliminar, tamanho era o espanto dos inquisidores com as palavras ditas por Menocchio que o vigário-geral perguntara primeiramente se Menocchio estava falando "sério" ou "brincando"; em seguida, se era são de mente. Em ambos os casos, a resposta era clara, Menocchio falava "sério" e não era louco. Foi assim durante os próximos três interrogatórios que sofrera em 16, 22 de fevereiro e 8 de março 1584: Menocchio se manteve firme diante dos questionamentos do vigário, negou, fez comentários, rebateu, ora se contradisse.

Posteriormente, por questões internas do Santo Ofício, Menocchio foi conduzido a outra cidade para confirmar seus depoimentos até então prestados, desta vez perante juízes inquisidores e na presença de magistrado secular. Movido pelo desejo de manifestar suas convicções e, ao mesmo tempo, confiante em suas críticas, Menocchio confirma seu testemunho dizendo:

> É verdade, eu disse que, se não tivesse medo da justiça, falaria tanto que iria surpreender; e disse que, se me fosse permitida a graça de falar diante do papa, de um rei ou príncipe que me ouvisse, diria muitas coisas e, se depois me matassem, não me incomodaria. Era dia 28 de abril.[13]

Em seguida, incentivado a falar, Menocchio abandonou qualquer reticência.

1. Iniciou tecendo críticas sobre a opressão dos ricos contra os pobres através do uso de uma língua incompreensível como latim nos tribunais: "Na minha opinião, falar latim é uma traição aos pobres. Nas discussões os homens pobres não sabem o que está se dizendo e são engados. Se quiserem dizer quatro palavras, têm que ter um advogado";
2. Continuou: "E me parece que na nossa lei o papa, os cardeais, os padres são tão grandes e ricos, que tudo pertence à Igreja e aos padres. Eles arruínam os pobres". Menocchio acreditava que a Igreja deveria abandonar privilégios e se fazer pobre com os pobres;
3. Admitia a equivalência das fés, "a majestade de Deus distribuiu o Espírito Santo para todos: cristãos, heréticos, turcos, judeus tem a mesma consideração por todos, e de algum modo todos se salvarão";
4. Por fim, exaltado pela situação, Menocchio iniciou o que Ginzburg chamou de "explosão violenta contra os juízes e sua soberba doutrinal", "e vocês, padres e frades, querem saber mais do que Deus; são como o demônio [...]" e finalizou declarando ser contra todos os sacramentos da Igreja, Batismo, Eucaristia (não

13 Idem, p. 40.

via Deus nas hóstias, mas apenas um pedaço de massa), Crisma e Casamento, negava a necessidade dizendo que eram apenas invenções humanas: "mercadorias, instrumentos de exploração e opressão por parte do clero". Sobre as Sagradas Escrituras afirmou que originalmente elas foram dadas por Deus, mas que posteriormente foram adaptadas pelos homens e transformadas em mercadoria para "engordar" os padres. Para Menocchio, a renovação moral e a modificação profunda da doutrina andavam juntas.[14]

Assim, Menocchio continuou ao longo do processo com suas afirmações. Tentava definir Deus comparando-o a um pai, uma autoridade, ou um patrão, pois este apenas emanava ordens àqueles que lhe deviam obediência. Aos olhos atentos de Ginzburg, Menocchio utilizava recorrentemente de metáforas "para responder à necessidade de tornar mais próximas e compreensíveis as figuras centrais da religião, traduzindo-as em termos da experiência cotidiana [...], da efervescência das metáforas emerge um conteúdo mais profundo". Para o autor, em sua cosmogonia, "Menocchio falava de um queijo bem real, nada mítico, o queijo que vira ser feito (ou que talvez ele próprio tivesse feito) inúmeras vezes".[15]

Os incansáveis e intermináveis interrogatórios, a partir de então, traziam a ansiedade dos juízes para conhecer melhor a cosmogonia do moleiro, por isso foi submetido a diversos questionamentos sobre a origem de seus pensamentos, suas fontes e com quem ele compartilhava suas ideias. Os inquisidores não acreditavam (ou não queriam acreditar) que fosse capaz, por conta própria, de elaborar teorias e críticas tão distantes da vida de um moleiro. Mas Menocchio afirmou durante todo o primeiro processo que "as minhas opiniões saíram da minha própria cabeça"[16], mesmo já estando cansado e caindo em contradições – intenso o ritmo que lhe foi imposto.

Os interrogatórios tiveram fim em 12 de maio de 1584. Três dias depois, Menocchio entregou uma longa carta aos juízes, na qual pedia perdão pelos erros do passado. Dizia sempre ter vivido como um bom cristão, embora tenha violado os mandamentos da Igreja; declarava que a origem de tal contradição se encontrava no "falso espírito" que o levou a crer e a falar no "falso"; declarava ter feito penitência na prisão escura durante 104 dias [...].

Dia 17 de maio de 1584, mesma data em que o moleiro Menocchio entregou a carta suplicando por perdão, os juízes se reuniram e proferiram a sentença.

---

14 Idem, p. 41-46 e 131.

15 Idem, p. 110.

16 Idem, p. 65.

Ginzburg[17] declara lhe impressionar o tamanho da sentença – quatro ou cinco vezes maior que as sentenças comuns. Aduz ser um sintoma não só da importância do caso, mas, principalmente, um sintoma da dificuldade em inserir as inauditas afirmações de Menocchio nas formas estereotipadas de documentos do gênero. O que restou demonstrado na seca linguagem judicial: "invenimus te [...] in mutiplici *et fere inexquisita* herética privatite deprehensum", (podemos constatar que te deixaste envolver numa perversão herética múltipla e quase inaudita). Ginzburg demonstra, ainda, como a atitude dos juízes se modificou ao transcorrer do processo. Num primeiro momento fizeram Menocchio notar as contradições que caia; depois, tentaram reconduzi-lo ao caminho correto; por fim, desistiram de tal façanha, tamanha a irredutibilidade do acusado, fazendo apenas perguntas exploratórias, como se desejassem alcançar o ápice de suas aberrações.

Menocchio, enfim foi condenado, declarado não só um *herético formal*, mas também um *heresiarca.*

Segundo Eymerich, os heresiarcas eram considerados como os "príncipes dos hereges", que não apenas se limitavam em enganar e se apegar a seus erros, como também criavam, ressuscitavam e difundiam fé contrária à Igreja Católica.[18]

A *perversão herética múltipla* transcrita pelos juízes trazia denominações de Menocchio como herege, blasfemo, humanista, anabatista, luteranista, guiado por maus espíritos (ou pelo diabo) e mesmo ateu. Aos olhos dos inquisidores, tais heresias "deviam se configurar como um verdadeiro vértice infernal".[19]

Ainda em sentença, Menocchio foi condenado a *abjurar* publicamente de todas suas heresias, a cumprir várias *penitências* salutares, a vestir para sempre um hábito marcado com a cruz do Santo Ofício, e a passar no cárcere, à custa dos filhos, o resto da sua vida.

Após quase dois anos no cárcere, Menocchio escreveu uma súplica, a qual foi apresentada por seu filho, em nome de seus irmãos e mãe, ao bispo Matteo Sanudo e ao inquisidor de Aquiléia e Concórdia. Nela, Menocchio implorava por perdão, dizia-se arrependido, suplicava por liberdade e oferecia em troca garantias

---

17 Idem, p. 145.

18 EYMERICH, Nicolau. *Manual dos inquisidores.* Revisado e ampliado por Francisco de La Peña, 1993, p. 46.

19 GINZBURG, Carlo. *O queijo e os vermes: o cotidiano e as idéias de um moleiro perseguido pela Inquisição,* 2006, p. 145-148.

idôneas de viver sob os preceitos da Igreja e cumprir penitências. Para surpresa, os inquisidores, consideraram que havia nele sinais de autêntica conversão, razão pela qual abrandaram sua pena e concederam sua liberdade, claro, estipulando condições. A aldeia de Montereale ficou estipulada como cárcere perpétuo, não podendo o moleiro ausentar-se de lá; ficava proibido falar ou mencionar suas ideias perigosas; deveria se confessar e usar sobre a roupa o hábito com a cruz, em sinal de sua infâmia; um amigo, Danielle de Biasio responsabilizou-se por ele, devendo pagar duzentos ducados em caso de violação da sentença.[20]

Externamente, Menocchio retomou sua vida. Apesar dos problemas que tivera com o Santo Ofício, em 1590 foi novamente nomeado *cameraro* (administrador) da igreja de Santa Maria em Montereale, talvez por influência de seu amigo, o novo pároco Danielle Melchiori. Anos se passaram e Menocchio cuidou de seus negócios, até que com a morte de seu filho começou a passar por dificuldades. Diante disso, Menocchio chega a elaborar um pedido ao Santo Ofício solicitando a permissão para se afastar de Montereale (a fim de buscar trabalho) e também para deixar de usar o hábito penitencial. O primeiro pedido lhe fora concedido, o segundo não.

Entretanto, com o passar dos tempos, Menocchio recomeçou a defender suas opiniões e ideias. Segundo Ginzburg[21], não podia sufocar a apaixonada curiosidade sobre os assuntos da fé. E, assim deixava-se ficar ali, esperando pelos seus perseguidores. Mas, o moleiro não esperava que após quinze anos – lapso temporal entre o primeiro e o segundo processo inquisitorial que sofrera – novas denúncias e investigações teriam início. No fim de junho de 1599 Menocchio foi novamente preso.

Em 2 de agosto de 1599, após passar por vários interrogatórios, Menocchio foi declarado por unanimidade um relapso[22], um reincidente. Seu segundo processo chega ao final, mas ainda foi submetido à tortura para que confessasse o nome de seus cúmplices.

Pediram-lhe para que confessasse o nome de seus cúmplices, se não quisesse ser torturado. Respondeu: "Senhor, não me lembro de ter discutido com ninguém." Tiraram sua roupa e observaram – como era prescrito pelos regulamentos

---

[20] Idem, p. 151.

[21] Idem, p. 159.

[22] "Relapso em heresia é quem for flagrado em plena atuação ou cujos atos denunciam com muita clareza sua recaída. Pode-se falar com toda propriedade em "evidência", se o relapso confessar o crime ou se for regularmente denunciado", consoante explicam EYMERICH, Nicolau. *Manual dos inquisidores*. Revisado e ampliado por Francisco de La Peña, 1993.

do Santo Ofício – se era apto para tortura. Enquanto isso, continuavam a interrogá-lo. Respondeu: "Discuti com tantos que agora não me lembro". Então foi amarrado e novamente lhe perguntaram a verdade sobre seus cúmplices. Mais uma vez respondeu: "Não me lembro". Levaram-no para câmara de tortura, repetindo sempre a mesma pergunta. "Pensei muito", disse, "tentando me lembrar com quem eu tinha discutido, mas nunca consegui me lembrar". Foi preparado para a tortura com cordas: "Ó Senhor Jesus Cristo, misericórdia [...] eu poderia morrer por ter seguidores ou companheiros, mas eu li por conta própria [...]". Deram-lhe o primeiro puxão: "Ó Jesus, coitado de mim [...]". "Com quem você discutiu?" – Perguntaram-lhe. Respondeu: "Jesus, Jesus, eu não sei de nada". [...] O escrivão observou que a tortura fora aplicada "com moderação". Durante meia hora.[23]

Após quase uma vida inteira de perseguição, tendo seus bens confiscados – principalmente seus livros –, sendo espiado e questionado, Menocchio, extremamente fragilizado, velho, descrente, fora considerado um ateu, um caso gravíssimo. E, enfim, condenado à morte.

Naqueles mesmos meses, em Roma, estava-se concluindo o processo contra o ex-frade Giordano Bruno. A hierarquia Católica fazia de tudo para impor as doutrinas aprovadas pelo Concílio de Trento. O Santo Ofício intensificava a condenação dos hereges. Parte, provavelmente, daí a fúria contra o velho moleiro que, por fim, foi executado.[24]

Ginzburg destaca, por fim, dois acontecimentos que considera essenciais para que Menocchio tivesse uma cultura tão diversa: a difusão da imprensa e a Reforma. A primeira possibilitou que Menocchio, por meio dos livros que leu (todos em língua vulgar, em grande parte proibidos pelo Santo Ofício), encontrou instrumentos para formular e defender suas próprias ideias durante anos, primeiro com seus conterrâneos, depois contra os juízes armados de doutrina e poder. Já a Reforma possibilitou que um simples moleiro pôde pensar em *tomar a palavra* e expor suas próprias opiniões sobre a Igreja e sobre o mundo.[25]

---

[23] GINZBURG, Carlo. *O queijo e os vermes:* o cotidiano e as idéias de um moleiro perseguido pela Inquisição, 2006, p. 169-170.

[24] Idem, p. 191-192.

[25] Idem, p. 104.

4. A Atuação dos Agentes Públicos no Âmbito Processual Penal Brasileiro, a fala Autorizada e a Oficialização do Discurso: Blindagem do Argumento pelo Poder

Após a análise da obra *O Queijo e os Vermes*, demonstra-se nesta seção de que forma o processo penal brasileiro e seus agentes públicos (destaca-se o papel do juiz) encontram-se inseridos numa tradição inquisitória, a qual insiste em valer-se da ideia de hierarquia e poder, incompatíveis com o modelo constitucional de processo no marco do Estado Democrático de Direito.

Permite-se aqui fazermos uma observação quanto à utilização da expressão "tradição inquisitória", vez que adotamos o posicionamento de que a tradição como uma forma de linguagem[26], precisa ser associada à razão e não vista como crenças não racionais ou irracionais. De mais, Sérgio Paulo Rouanet[27] aponta o problema da *hiper-racionalidade,* como sendo uma patologia da razão. Em sua definição, a hiper-racionalidade é a razão narcísica que se julga soberana com relação ao seu Outro, em qualquer de suas figuras. O *Outro* da razão que ora nos interessa analisar, também indicado por Rouanet, é a *história*, a qual é ignorada pelo hiper-racionalismo.

Nesta concepção, acredita-se que, o processo penal brasileiro encontra-se afetado pela atuação hiper-racional de seus sujeitos processuais (especialmente juízes) que se creem independes da história e por ela não influenciada; não imaginam sequer que suas opiniões sejam condicionadas por seu próprio presente e assim o passado é julgado à luz das categorias atuais.

Retomando aos apontamentos processuais, é basilar numa concepção de Estado Democrático de Direito compreender processo como garantia constitutiva de direitos fundamentais e, com isso, alcançar-se um modelo constitucional de processo, ou seja, definir-se uma base principiológica uníssona, com uma interpretação dos princípios que o integram de maneira codependente. Dentre tais princípios cita-se, o contraditório, a ampla argumentação, a existência de um terceiro imparcial, a fundamentação das decisões. Nas palavras de Flaviane Barros:

[26] Ver mais em GADAMER, H. G. *Verdade e Método*, 1989.

[27] ROUANET, Sergio Paulo. "A Deusa Razão". In: NOVAES, Adauto (org.). *A Crise da Razão,* 1996, p. 291-292.

> Tais princípios são vistos como co-dependentes no sentido que, apesar de cada um possuir seu espectro de atuação visto isoladamente, os referidos princípios formam uma base uníssona indissociável, na qual a observância a um princípio é condição para o respeito ao demais.[28]

No modelo constitucional de processo deve ser assegurado às partes a participação na construção do provimento, exigindo que sejam colocadas em posição de isonomia, atuando de forma conjunta, coparticipativa, na construção da decisão. Para tanto, é necessário que o juiz assuma o papel de terceiro imparcial, possibilitando a gestão da prova às partes. Somente assim, estaremos indo de encontro ao sistema acusatório validado como único capaz de ser/tornar-se constitucional.

Não se pode confundir imparcialidade com neutralidade (condição humanamente impossível de ser alcançada, vez que não somos sujeitos passivos ao conhecimento).[29] A imparcialidade do juiz é possível quando esse assume um papel técnico e de garantidor das formas e direitos fundamentais e demarca o tempo e o espaço processual para que as partes atuem em contraditório e ampla argumentação. Dessa forma, a fundamentação de sua decisão, automaticamente, limita-se ao que fora proposto e discutido entre as partes, principais interessadas na decisão, evitando, ainda, que essas tenham uma decisão "surpresa", ou seja, que ultrapasse aquilo que se limitou a discutir e construir processualmente.

Contudo, ainda é difícil conceber um sistema efetivamente acusatório e constitucional no processo penal brasileiro, visto que este possui raízes autoritárias, fundadas na mentalidade de um Estado intervencionista e promotor do "bem comum". De mais, resta saber se os próprios sujeitos processuais, leia-se membros do Ministério Público e magistrados, possuem interesse em romper com suas

---

[28] BARROS, Flaviane de Magalhães. "O Princípio da Imparcialidade a partir da Compreensão do Modelo Constitucional de Processo". In: *Processo e Constituição: os dilemas do processo constitucional e dos princípios processuais constitucionais. Org. Alexandre Bahia ...[et al.].* 2010, p. 359.

[29] Sobre o assunto explicitam GIACOMOLLI, José Nereu; DUARTE, Liza Bastos. *O mito da neutralidade na motivação das decisões judiciais:* aspectos epistemológicos, 2006, p. 288. A imparcialidade diz respeito ao atributo indispensável ao ato de julgar, tendo em vista que o juiz, embora gravite no interior do processo, deve adotar uma postura equidistante a dos demais sujeitos processuais, sendo totalmente inadmissível sua atuação como parte. O distanciamento do juiz é o que garante sua imparcialidade, cuidando-se de uma exigência fundamental a realização do devido processo legal [...]. Aduzem os autores que, a imparcialidade do juiz "não suprime sua neutralidade subjetiva no processo, aquela projetada sobre o processo que diz das vivências pessoais do juiz, seus gostos e desgostos, suas paixões, seu eu, seu *modo de ser* no mundo, pois o sentido da compreensão não acontece sem a sobreposição sobre o objeto a ser analisado, sem a vivência do ser como o seu entendimento singular, pousando sobre a realidade".

heranças inquisitoriais de legitimação do poder pelo discurso oficial, conforme se pôde notar ocorrer no processo narrado em "*O Queijo e os Vermes*".

Levantam-se tais indagações tendo em vista o cenário processual penal que se encontra hoje no Brasil, onde garantias constitucionais, direitos fundamentais, na prática, continuam sendo afastados por agentes públicos quando não os julgam convenientes à aplicação. Registra-se que, por grande parte das vezes, justifica-se a violação de direitos fundamentais, recorrendo-se a afirmações, há muito já (in) superadas, como *in dubio pro societate* (na Inquisição: *in dubio pro Ecclesia*), garantia de ordem e segurança pública, ou, simplesmente, por serem eles, agentes públicos, detentores da ação penal, da verdade única, absoluta e incontestável – assim como se dava na inquisição com os juízes inquisidores.

Corroborando tal crítica, Marques e Barros demonstram como a acusação pública encontra-se monopolizada no Estado de modo a expropriar a palavra da vítima e a limitar sua participação na construção da decisão judicial no processo penal. Para tanto, esmiúçam três premissas teóricas sobre o órgão público acusador: Ministério Público como "representante da sociedade"; Ministério Público como "parte imparcial"; Ministério Público como *dominus litis* (senhor/dono da lide/ação penal), demonstra-se:

> A primeira delas perpassa a qualificação do Ministério Público como '*representante da sociedade*', a figurar no chamado polo ativo dos procedimentos penais públicos (ações penais públicas), em exercício da pretensão punitiva do Estado, resistida pelo réu com seu *status libertatis*. A segunda diz respeito à qualificação do mesmo Ministério Público como '*parte imparcial*', expressão que, por si só, já configura rebarbativo paradoxo linguístico e, como se verá, contribui, em descompasso com a Constituição, para o recrudescimento de características inquisitoriais nos procedimentos penais processualizados. Finalmente, a terceira premissa teórica, atrelada às anteriores, cuja inconsistência se aponta é a colocação do Ministério Público na condição de *dominus litis (senhor/dono da lide/ação penal)*, ostentando características de exclusivismo a partir de conceito inadequado de lide penal. *Unidas, essas perspectivas fortalecem a apropriação do conflito (ou caso) penalmente relevante pelo Estado e, por conseguinte, desencorajam a participação da vítima e dos demais interessados, potenciais afetados pelo provimento (povo), no processo penal. Assim, ganha relevo a proposta de releitura do art. 5.º, LIX, da CRFB como norma garantidora da participação dos interessados na reconstrução do caso penal, para além de um monopólio estatal de exercício da acusação.* (Grifos nossos)[30]

[30] MARQUES, Leonardo Augusto Marinho; BARROS, Vinícius Diniz Monteiro de. "Acusação pública no marco do processo democrático e da jurisdição compartilhada" In: *XIX Encontro Nacional do CONPEDI, Fortaleza/CE*, 2010, p. 7600.

Por óbvio, percebe-se que as qualificações supracitadas do Ministério Público, não se encontram agasalhadas com o modelo constitucional no marco do Estado Democrático de Direito.

Ressalta-se, contudo, que não se trata apenas de meras qualificações, mas sim da representação da atuação e da mentalidade (inquisitória) que está inserida no Ministério Público e seus agentes. Tais premissas demonstram a confusão existente entre a função da acusação pública com o órgão público que a exerce; inibem a participação daqueles que serão afetados pelo provimento penal no procedimento que o antecede, pois valoram e exaltam o conhecimento dos membros do Ministério Público, os quais sob tal ótica não devem e, tampouco, precisam ser questionados, pois são exclusivamente detentores do saber, dos direitos e valores fundamentais da ação penal. Clara fica a percepção de que a lógica estatal no processo penal brasileiro, nada mais faz a não ser fortalecer-se e fechar-se diante do indivíduo que a ele recorre.

Logo se percebe como as premissas conjugadas geram completo afastamento de um modelo processual democrático e direta relação com o procedimento inquisitório, inclusive com aquele tratado na obra *"O Queijo e os Vermes"*, no qual a acusação detinha a palavra oficial e a gestão das provas se fazia e confundia com a função de julgar.

A situação se agrava ainda mais, quando consideramos as consequências dessas prerrogativas ministeriais, vez que o juiz a esta altura já se encontra submerso na mesma postura. O magistrado, mesmo que de forma inconsciente, tenderá sempre a preferir a hipótese acusatória, vez que a mesma nasceu da "parte imparcial" e "representante da sociedade". Assim, deixa de estabelecer o espaço/tempo para se instalar o debate mediante o contraditório e a ampla argumentação pelas partes. E, como consequência, a fala do acusado é vista desde o princípio como inverdade e tentativa de livrar-se da potencial sanção estatal (violação ao princípio do Estado de Inocência – art. 5º, inciso LVII, da Constituição da República/88).

Nessa perspectiva, o magistrado no processo penal brasileiro, (in)consciente de sua hiper-racionalidade, assume o papel de inquisidor quando elege como verdade a hipótese acusatória (nem sempre bem definida pelo órgão acusador) e contenta-se em assistir a busca ou mesmo buscar, a comprovação. É o que Cordero[31] chamou de *primado das hipóteses sobre os fatos*, gerador de *quadros mentais paranoicos*, em que primeiro se decide e depois se busca a prova, a fim de justificar a decisão.

---

[31] CORDERO, Franco. *Procedimiento Penal*, Tomo I, 2000, p. 19.

Nas palavras de Miranda Coutinho[32] o procedimento inquisitório

> *privilegia o mecanismo 'natural' do pensamento da civilização ocidental* (e aí seu grande valor estratégico e, talvez, o motivo da sua manutenção até hoje), ou seja, a *lógica dedutiva*, que deixa ao inquisidor a escolha da *premissa maior*, razão pela qual *pode decidir antes e, depois, buscar, quiçá obsessivamente, a prova necessária para justificar a decisão.*

Corroborando a análise feita acerca da atuação dos juízes, bem como da forma e dos procedimentos inquisitoriais penais brasileiros, Marques explica que,

> na suprema razão inquisitória, a escrita é utilizada como meio de transmissão do conhecimento. O que não está nas atas não está no mundo, diz o provérbio. O protocolo escrito promove a descontinuidade entre a instrução e o julgamento, revelando-se fundamental para a conservação do segredo.[33]

Prado associa à escrita à superioridade da razão e mostra como ela se transformou em importante fator de controle social:

> O mesmo poder de dominação que a Justiça Eclesiástica exercia por meio da Inquisição, em um mundo de poucos letrados e multidões de analfabetos, passou a ser exercido pelos órgãos do Estado, que manejavam (manejam) a linguagem técnica do Direito (e ainda mais técnica dos autos) para impor o poder do Estado ao ditar decisões penais.[34]

Ao tratar da atuação dos agentes públicos, percebe-se como, ainda hoje, há a institucionalização do discurso e sua elevação hierárquica dentro do processo penal brasileiro, o que permite arbitrariedades e exclusão processual, por tanto, torna-se mortal ao constitucionalismo. "No procedimento inquisitório, a razão absoluta institucionaliza o discurso, transformando-o em fala autorizada do Poder. A institucionalização do discurso tem como reflexo imediato a erradicação da argumentação jurídica".[35]

---

32 MIRANDA COUTINHO, Jacinto Nelson de. "O papel do novo juiz no processo penal". *Crítica à Teoria Geral do Direito Processual Penal*. Jacinto Nelson de Miranda Coutinho (coord.), 2001, p. 25.

33 MARQUES, Leonardo Augusto Marinho. "A hiper-racionalidade inquisitória". In: BONATO, Gilson (org.). *Processo Penal, Constituição e Crítica – Estudos em Homenagem ao Dr. Jacinto Nelson de Miranda*, 2011, p. 475-486.

34 PRADO, Geraldo Luiz Mascarenhas. *Sistema acusatório: a conformidade constitucional das leis processuais penais*, 2006, p.156-157.

35 MARQUES, Leonardo Augusto Marinho. "A hiper-racionalidade inquisitória". In: BONATO, Gilson (org.).*Processo Penal, Constituição e Crítica – Estudos em Homenagem ao Dr. Jacinto Nelson de Miranda*, 2011, p. 475-486.

Igualmente, a fim de demonstrar como a lógica inquisitorial, inclusive a da Igreja Católica, encontra-se presente na atuação dos agentes públicos no processo penal brasileiro, buscam-se as lições de Leonardo Boff:

> [...] os clérigos criaram um discurso de legitimação. Dogmatizaram-no. Atribuíram origem divina ao seu poder. Elaboraram uma visão do mundo, da revelação de Deus, em que eles constituem o pivô de todas as questões. Eles são decisivos para a salvação da humanidade, [...] trata-se de um discurso ideológico, porque todo discurso ideológico é um discurso do interesse real ou escuso do autor à custa do interesse dos outros. Este discurso é apresentado como intocável e inquestionável porque de origem divina. Todos os professantes da fé cristã devem aceitá-lo humildemente e jamais colocá-lo sob qualquer dúvida.[36]

Continua o referido autor asseverando que a inquisição é um discurso demasiado humano, legitimador de direitos, privilégios e interesses históricos dos detentores de poder da Igreja; trazendo tais críticas ao presente trabalho, substitui-se a figura da Igreja pelo Estado. Têm-se, igualmente, características de um sistema autoritário, no qual os portadores do poder já não necessitam do reconhecimento livre e espontâneo dos membros da comunidade para se constituir e exercer.

Através da oficialização do discurso, a autoridade passa a ter a exclusividade de proferir a verdade e promover justiça, tornando-se fonte natural de todo o conhecimento, pois traz em si "a verdade", a qual pelos demais é inalcançável. O reducionismo argumentativo torna-se gritante, vez que o procedimento em si se converte simplesmente no instrumento de validação da fala autorizada, pelo qual a Instituição (no caso Ministério Público, assim como a Magistratura) declara o direito. Abandona-se o caráter discursivo do processo acusatório, violam-se os direitos individuais.

Desta feita, conclui-se que, se de fato busca-se a consolidação democrática do processo, se faz necessário abandonar posições hierárquicas dentro do processo penal, principalmente se estas se revelam de forma pouco expostas e aparentemente insignificantes (banalização da tradição inquisitorial ou da história), pois são elas que contaminam o processo penal constitucional de forma velada: aquilo que não é visto não é questionado. Todos os possíveis afetados pelo provimento são legitimados a contribuir argumentativamente para sua consolidação.

Retoma-se a análise do sistema acusatório para ora se ressaltar a característica que acreditamos ser essencial ao modelo constitucional do processo penal:

---

[36] BOFF, Leonardo. Prefácio In: *Manual dos inquisidores*. Revisado e ampliado por Francisco de La Peña, 1993, p. 22-23.

a oralidade. Binder[37] aduz que a oralidade sempre remete a preservação do princípio da imediação, da personificação judicial e da publicidade do julgamento, representando meio de comunicação entre as partes, o juiz e, ainda, como meio de expressão dos diferentes tipos de prova.

Ressalta-se que, dentro do processo constitucional e do sistema processual acusatório, a oralidade implica na imediatidade, na continuidade do debate, o qual firma-se em contraditório pleno, promovendo a ampla argumentação entre todos os sujeitos processuais e o juiz. A redução dos argumentos a elementos escritos presentes somente em "ata" é característica presente no procedimento inquisitório em que prevalece a escrita e o sigilo.

Desse modo, não há que se permitir a limitação da argumentação num processo penal que vise ser democrático e, tampouco, conceber que agentes estatais sejam os detentores do discurso oficial e da fala autorizada, ou que continuem blindando o argumento pelo poder. É necessário estabelecer diálogo direto com a tradição, caso se queira superá-la.

5. Considerações Finais

Através da análise da obra de Carlo Ginzburg, *O Queijo e os Vermes*, pudemos verificar de que forma a Inquisição manteve-se implacável na perseguição àqueles que de alguma forma representavam ameaça ao seu poder e sua unidade. Criou-se o inimigo e qualquer fosse a situação esse implacavelmente deveria ser punido.

Viu-se como a lógica inquisitorial deu poderes instrutórios à figura do juiz que, notoriamente, atua com a finalidade de manter a unidade do discurso, blindar a argumentação pelo respaldo da hierarquia e poder e, assim, estabelecer e alcançar a única verdade possível.

Dessa forma, buscou-se evidenciar como a atuação dos agentes públicos no processo penal brasileiro encontra-se enraizada numa tradição inquisitorial que não permite a consolidação de princípios constitucionais. Verifica-se a forma prática como são afastados direitos e garantias fundamentais pela oficialização do discurso. Como juízes encontram-se imersos no *hiper-racionalidade inquisitória* que não os permite perceber a tradição como elemento da razão. Há muito, os juízes ocuparam espaço de destaque no processo penal; eram juízes instrutores e julgadores, o que aniquilava qualquer pretensão de uma decisão democrática, compartilhada. Igualmente, verificam-se a mentalidade e a tradição inquisitória,

---

[37] BINDER, Alberto. *Introdução ao Direito Processual Penal*, 2003, p. 63-64.

em que os agentes públicos encontram-se submersos, agindo diuturnamente sob o falso discurso de protetores da sociedade e, por isso, legitimados a agir consoante suas próprias convicções. Assim, qualquer argumento trazido pelo acusado ou mesmo pela vítima não se faz importante, não é relevante, e quase sempre será reduzido e ridicularizado, sendo apenas reduzido à ata e, o mais preocupante, sempre interpretado como afronta ao poder.

Compreendemos o Modelo Constitucional de Processo como consolidador do marco do Estado Democrático de Direito, o qual não mais autoriza que permaneçam presentes práticas inquisitoriais no processo. O qual se distancia dos modelos anteriores justamente por trazer premissas basilares de direitos e garantias fundamentais, além de se nortear em princípios constitucionais.

O Modelo Constitucional de Processo tem como exigência a participação daqueles que serão atingidos pelo provimento jurisdicional em sua construção. Contudo, é necessário que esta participação se dê de forma efetiva, democrática, pautada no contraditório, no pluralismo argumentativo.

O processo penal compreendido como garantia, deve oportunizar o tempo para a participação isonômica das partes na construção do provimento; não deve e não pode se render a agentes estatais que acreditam serem os detentores da verdade, do espaço e tempo processual.

Dessa forma, conclui-se que o tão almejado processo penal democrático somente se coaduna com um modelo que seja acusatório. É certo que somente pela efetiva participação de todos aqueles que serão atingidos pelo provimento jurisdicional é que nos aproximaremos de um modelo acusatório e democrático, em que as partes possuam isonomia e não mais prevaleça a tradição inquisitória da hierarquia, da fala autorizada e a oficialização do discurso, da busca pela verdade real. É preciso compreender que no marco do Estado Democrático de Direito, processo é garantia constitutiva de direitos fundamentais e, com isso, se alcança um modelo constitucional de processo.

Finalmente, faz-se importante ressaltar que não se fala aqui de algo puramente teórico ou histórico. Trata-se de problema prático, que diuturnamente viola direitos fundamentais. É preciso descortinar as heranças, encarar e compreender de que forma elas se constituem e prosperam, pois somente por meio da compreensão de que a tradição não é irrefutável e estagnada no passado, mas sim uma forma de linguagem, atuante e com a qual se precisa empreender constante diálogo, é que se alcançará a superação desta e consequente readequação das instituições democráticas na perspectiva máxima de constitucionalização do processo penal. Assim como Menocchio, precisamos retirar o hábito com sinal da cruz.

Referências

BINDER, Alberto. *Introdução ao Direito Processual Penal.* Trad. Fernando Zani. Rio de Janeiro: Lumen Juris, 2003.

BOFF, Leonardo. Prefácio *In: Manual dos inquisidores.* Escrito em 1376, revisado e ampliado por Francisco de La Peña em 1578. Rio de Janeiro: Rosa dos Tempos, 1993.

BRASIL. *Constituição da República Federativa do Brasil – promulgada em 5 de Outubro de 1988.* São Paulo: Saraiva, 2011.

CORDERO, Franco. *Procedimento Penal.* Tomo I. Trad. Jorge Guerrero. Santa Fé de Bogotá – Colômbia: Editorial Temis, 2000.

MIRANDA COUTINHO, Jacinto Nelson de. "O papel do novo juiz no processo penal". Crítica à Teoria Geral do Direito Processual Penal. Jacinto Nelson de Miranda Coutinho (coord.). Rio de Janeiro: Renovar, 2001.

EYMERICH, Nicolau. *Manual dos inquisidores.* Escrito em 1376, revisado e ampliado por Francisco de La Peña em 1578. Rio de Janeiro: Rosa dos Tempos, 1993.

BARROS, Flaviane de Magalhães. O Princípio da Imparcialidade a partir da Compreensão do Modelo Constitucional de Processo. In: BAHIA, Alexandre (org.) *et al. Processo e Constituição*: os dilemas do processo constitucional e dos princípios processuais constitucionais. Rio de Janeiro: GZ Ed, p. 355-368, 2010.

GIACOMOLLI, Nereu José; DUARTE, Lisa Bastos. O mito da neutralidade na motivação das decisões judiciais: aspectos epistemológicos. *Revista da Ajuris.* Ano XXXIII, nº 102, jun. 2006.

GINZBURG, Carlo. *O queijo e os vermes: o cotidiano e as idéias de um moleiro perseguido pela Inquisição.* Tradução de Maria Betânia Amoroso. Tradução dos poemas José Paulo Paes. São Paulo: Companhia das Letras, 2006.

MARQUES, Leonardo Augusto Marinho. **A** hiper-racionalidade inquisitória. In: BONATO, Gilson (Org.). *Processo Penal, Constituição e Crítica – Estudos em Homenagem ao Dr. Jacinto Nelson de Miranda.* Rio de Janeiro: Lumen Juris, p. 475-486, 2011.

MARQUES, Leonardo Augusto Marinho; BARROS, Vinícius Diniz Monteiro de. *Acusação pública no marco do processo democrático e da jurisdição compartilhada.* In: XIX Encontro Nacional do CONPEDI, 2010, Fortaleza/CE. Anais do XIX

Encontro Nacional do CONPEDI Fortaleza. Florianópolis/SC: Fundação Boiteux, 2010.

PRADO, Geraldo Luiz Mascarenhas. *Sistema acusatório: a conformidade constitucional das leis processuais penais*. 4. ed. Rio de Janeiro: Lumen Juris, 2006.

ROUANET, Sergio Paulo. A Deusa Razão. In: NOVAES, Adauto (org.). *A Crise da Razão*. São Paulo: Companhia das Letras; Brasília, DF: Ministério da Cultura; Rio de Janeiro: Fundação Nacional de Arte, 1996, p. 298-299.

DEMOCRACIA E IMAGINAÇÃO

Paulo Enderson Oliveira Teixeira[1]

1. Considerações Iniciais

Na História da democracia as humanidades e as artes são baluartes de uma sociedade marcada pelo cosmopolismo e pelo pluralismo. Tais matérias possibilitam às pessoas o desenvolvimento da autocrítica; da resistência à força irracional da autoridade e da opressão homogeneizadora de grupos polarizadores; da assimilação empática do outro que possibilita a percepção do indivíduo como um "cidadão do mundo".

O vigor da participação democrática, dos valores das liberdades civis, dos direitos iguais, de tolerância e cooperação pressupõe o exercício da imaginação como atividade central de uma educação democrática. As artes e a literatura incutem nos indivíduos a experiência de situações assimétricas vividas por outras pessoas, os desafiando a aprenderem a se colocar na posição dos outros.

O olhar interno possibilita o reconhecimento por meio da identificação com as dificuldades comuns do ser humano. A empatia possibilita ao indivíduo o reconhecimento dos outros como pessoas reais e iguais a si. Se colocar na posição dos outros explicita as vulnerabilidades inerente ao ser humano e acentua a interdependência em uma democracia. Em sociedades que não se cultiva a empatia corre-se o risco de acentuar a dinâmica da marginalização e da estigmatização social.

Este ensaio procura mostrar (i) que para a saúde da democracia moderna, marcada pelo "fato do pluralismo", é fundamental o cultivo das humanidades e, consequentemente, da imaginação. Também busca demostrar (ii) que um sujeito que não se empenha em exercer a imaginação é um sujeito que não está preparado para a democracia, tal demonstração será feita por meio de uma discussão sobre o conto "Funes, o memorioso" de Jorge Luis Borges.

---

[1] Especialista, Mestre e Doutorando pela PUC Minas. Professor da UEMG Diamantina e da Faculdade Arquidiocesana de Curvelo – MG.

2. Pluralismo, Democracia Moderna e Imaginação

A discussão na filosofia política sobre uma fundamentação última em torno da política e da ética, e à medida que contextos históricos e culturais diferentes impediriam uma fundamentação ético e política universalista, é muito bem explorada por Kant e Hegel como também por autores contemporâneos[2].

Para Kant[3], tanto a lei natural quanto à lei moral seriam universais, ou seja, envolvem todos os fenômenos de um tipo específico. Aqui, uma proposição que enuncia uma lei não faz referência a uma determinada pessoa, coisa ou lugar. Assim, em se tratando de uma lei moral, qualquer ser racional, em qualquer lugar histórico e em qualquer tempo, internalizaria a obrigatoriedade de tal juízo. E se uma determinada obrigação moral é devida por uma pessoa, então está certo que é devida para qualquer outra pessoa nas mesmas condições.

A eticidade para Hegel[4] não aceita a pretensão de uma fundamentação universalista kantiana. Ou seja, a ética de Hegel não é baseada em leis ou ideais abstratos de dever-ser que orienta a consciência moral pela ideia de um bem. A crítica ao universalismo, entretanto, não coloca este autor como um particularista moral, de viés aristotélico, tal posição argumenta que o indivíduo frente a um fato circunstancial deve ser prudente na decisão do que deve ser feito.

A ética hegeliana se encontra no "bem vivente"[5] criticando a ideia de "bem abstrato" da moralidade, presente no universalismo e no formalismo de Kant. Segundo Hegel, a consciência moral precisa transpor os limites deste universalismo abstrato e deste formalismo para penetrar-se nas instituições éticas objetivas (família, sociedade civil e Estados modernos). Assim, a fundamentação poderia ser abstraída do *ethos* no qual essas questões emergiam e encontravam seu sentido, a eticidade seria a realização objetiva da vontade livre.

Segundo Hegel, na vida ética, verifica-se instituições que reúnem uma pluralidade de membros em grupos organizados sob normas gerais compartilhadas. Os indivíduos se colocam em constante reflexão de sua consciência moral subjetiva com as instituições. Este exercício confere legitimação e valor às mesmas. Ou seja, existe o reconhecimento por parte dos indivíduos de uma mesma unidade espiritual. Ela constituiu o retorno a si do espírito objetivo[6].

---

2 Ver Habermas, Rawls, Charles Taylor, Alasdayr MacIntyre, Amartya Sen, Nussbaum, Walzer.

3 KANT, 2005. Ver MERLE; TRAVESSONI GOMES, 2005.

4 HEGEL, §§ 142 a 157, 1997. Ver também: MARMASSE, Gilles, 2011; KERVÉGAN, 2008; ROSENFIELD, 1995.

5 HEGEL, § 142, 1997.

6 MARMASSE, Gilles, 2011.

Atualmente, o pensamento político se depara com a necessidade de princípios ético-políticos mínimos que consigam lidar com a questão da singularidade de cada povo e Estado.

A marca primordial de uma sociedade democrática moderna, para Rawls, é o "fato do pluralismo" ou do multiculturalismo. A pluralidade de doutrinas abrangentes, religiosas, filosóficas e morais[1] culminam em uma sociedade em que o sentido e os objetivos fundamentais da vida humana são temas de razoável discordância. Tal pluralidade não deve ser lamentada, pois é resultado do efetivo exercício da razão humana em uma instituição democrática liberal[7].

O domínio de uma doutrina abrangente em uma sociedade moderna seria uma afronta aos direitos fundamentais tão caros a democracia moderna. Apenas a opressão do Estado seria capaz de estabelecer o vigor de uma doutrina abrangente, mas ao custo da supressão de princípios e direitos fundamentais que marcaram o Estado moderno.

Democracias modernas representam sociedades que colocam os seus cidadãos a discutir uns com os outros e sobre diversos temas, tais temas amiúde são passivos de profundas divergências. Na "discordância razoável"[8] para a construção de um acordo tem-se pessoas que compartilham da razão humana comum e semelhantes capacidades de pensamento e julgamento para ponderar fatos e equilibrar opiniões conflitantes. Acontece que o desacordo razoável é justamente causado pela diversidade de visões das fontes. Pontos de partidas diferentes oferecem possíveis conclusões diferentes, mesmo após uma ponderação razoável. Nesse momento, se ressalta a importância do ideal democrático de tolerância.

Ora, é de suma importância para cidadãos que participam de uma democracia se informarem acerca dos temas decisivos dos quais vão lidar, seja como eleitor, seja como funcionário público, e que o ideal da tolerância seja pautado em suas deliberações. Isso, pois, os indivíduos se diferenciam e discordam uns dos outros em vários parâmetros, no entanto suas escolhas têm impacto significativo na vida das outras pessoas que discordam deles. Portanto, a estabilidade das democracias está ligada ao cultivo de uma educação humanística, capaz de possibilitar a reflexão crítica e da empatia por meio do reconhecimento do outro. Tais virtudes são fundamentais para manter vigilantes as instituições democráticas de possíveis opressões de grupos homogeneizadores.

---

7 RAWLS, J. 1997; 2000; 2003.

8 RAWLS, 2000.

E, justamente, em um contexto de interdependência entre os cidadãos do mundo que se faz mister a capacidade adequada de criticar e de ter um olhar empático para com o outro. A democracia moderna, em um mundo cada vez mais globalizado, coloca o indivíduo frente a uma ampla gama de Nações ou mesmo de grupos e culturas dentro de uma mesma nação. O desenvolvimento de um olhar interno e, consequentemente de imaginar a experiência do outro, atua como uma virtude fundamental para o cultivo de igual respeito e consideração entre os indivíduos, superando assim possíveis divisões na sociedade e fortalecendo as instituições[9].

As democracias modernas reclamam por um Estado Democrático de Direito, baseado em uma comunidade de princípios, guiados pelo motor da igualdade. Esta igualdade pode ser definhada como um modo de tratar os cidadãos, considerar alguém como igual é trata-lo com igual respeito e consideração[10]. Compreender a igualdade dessa forma é compreendê-la como alicerce dos direitos individuais, e com um peso maior sobre o bem estar geral.

A igualdade, entendida como igual respeito e consideração de todos para com todos, forma a base das ações políticas e de projetos governamentais, influenciando tanto a ação do governo quanto dos cidadãos.

A ideia de igualdade se relaciona com a ideia de integridade[11], tanto o direito quanto a constituição devem ser vistos como um projeto coletivo comum, o qual, homens livres e iguais podem se dar normas para regulamentar suas vidas em comunidade.

Neste ponto existe uma relação entre ética e moral[12], a responsabilidade moral para com os outros implica, ainda que parcialmente, uma responsabilidade ética. Dessa forma, em uma Democracia moderna que incorpora tal igualdade e integridade, mesmo diante do fato do pluralismo, o indivíduo é responsável não apenas por seu próprio projeto de vida boa, mas pelo projeto de vida boa de cada vida humana. Disso decorre que, para cada indivíduo consiga ter uma vida boa, é necessário levar em consideração e se envolver com os demais indivíduos da comunidade[13].

---

9 NUSSBAUM, 2015.

10 DWORKIN, 2005; 2007.

11 DWORKIN, 2011.

12 DWORKIN, 2014.

13 "Essa relação se dá justamente porque não vivemos isoladamente, vivemos em comunidade, de modo que não é possível buscar a felicidade sem se relacionar com os outros membros da comunidade." OMMATI, 2015, p. 41.

Adotar a perspectiva do direito como integridade importa tratar a dignidade do ser humano, com vistas a garantir um viver bem para uma vida boa, através dos princípios do respeito próprio e da autenticidade[14]. O primeiro princípio defende que cada indivíduo deve levar sua vida a sério, ou seja, aceitar que é importante que sua vida seja bem-sucedida, e não uma oportunidade perdida. Por sua vez, o segundo princípio se caracteriza pelo fato que "Cada um tem a responsabilidade pessoal e especial de criar essa vida por meio de uma narrativa ou de um estilo coerente com os quais ele mesmo concorde."[15]

Aceitar o princípio do respeito próprio é sustentar a importância objetiva do bem viver, não basta apenas viver, mas deve-se buscar viver bem, o indivíduo deve considerar que sua vida tem um valor intrínseco e fazer de tudo para vivê-la da melhor forma possível, a única barreira a isso se encontra limites no outro, não é concebível que se prejudique a vida de outras pessoas. "Uma pessoa vive bem quando pressente e procura uma boa vida para si e o faz com dignidade; respeito pela importância das outras pessoas e pela responsabilidade ética não só destas, mas também dela própria."[16]

Ora, essa dimensão do respeito próprio, exigido pela dignidade, importa em reconhecimento de si.

> (...) é somente em virtude do respeito de reconhecimento que temos por nós mesmos – a noção de que nosso caráter e nossas realizações têm importância – que nossa infelicidade diante de quem somos e do que fizemos adquire sentido.[17]

O princípio da autenticidade dita que todo ser humano é responsável por suas ações, e também, quando possível, por tornar a vida de seus concidadãos tão importante quanto a sua. O indivíduo quando assume que sua vida é importante ele deve acolher a ideia de que ele não é especial ou diferente dos demais indivíduos, isso possibilita ao sujeito aceitar que todas as demais vidas também são importantes[18]. É possível estabelecer uma relação entre a empatia e o princípio da autenticidade. A empatia está vinculada com a competência ética, as relações e as emoções dos indivíduos influenciam na deliberação ético-política. O Estado Democrático de Direito é um arranjo institucional que deve servir, também, para

---

[14] DWORKIN, 2014.

[15] DWORKIN, 2014, p. 641.

[16] DWORKIN, 2014, p. 314.

[17] DWORKIN, 2014, p. 314.

[18] OMMATI, 2015, p. 33.

cultivo de uma educação voltada para a empatia. O sucesso ético e moral de todos os seus indivíduos, colocados pelos princípios do respeito próprio e da autenticidade, dependem de sentimentos morais de compreensão e solidariedade. A defesa da diversidade, o reconhecimento de grupos tão heterogêneos e o impacto da decisão política de um indivíduo na vida dos outros é dependente da empatia, do indivíduo permitir-se colocar na perspectiva do outro e compartilhar experiências, necessidades e objetivos.

Um Estado que se diz democrático deveria consolidar um projeto de educação voltada, não só para o crescimento econômico, mas, também, para a empatia e o reconhecimento. Uma sociedade que acredita apenas no crescimento econômico está fadada ao fracasso. O aumento do PIB não é sinônimo de aumento de liberdades políticas ou de reconhecimento.

É preciso as artes e a literatura para criar uma educação propicia para o desenvolvimento da capacidade de raciocinar sobre temas políticos, combatendo assim a tradição e a autoridade, além do desenvolvimento de capacidades para o reconhecimento de pessoas com opiniões diferentes. Do contrário, corre-se o risco de cair em uma estupidez moral na qual as pessoas são tratadas apenas como meio, sem empatia alguma, como se fossem meros objetos[19].

É preciso, também, a consciência de que os muros que separavam os diferentes grupos raciais ruíram, e os cidadãos de um grupo estão face a face com os de outros grupos. O fenômeno da globalização, desde seus primórdios, vem encurtando distancias, disponibilizando informações sobre economia, ciência e cultura; mas também colocando novos desafios: como os indivíduos de um grupo vão se comportar com o problema mundial do meio ambiente ou de imigrações em massa?

O imperativo do direito e da democracia quando universalmente valido não deve dizer respeito apenas às coletividades singulares, mas também deve abarcar as relações globais[20]. Adotar esse ideal ao extremo poderia implicar na concordância com a criação de uma "República Mundial", que atuaria como um supra-Estado. Ainda que não se concorde com a criação de uma "República mundial" se faz necessário concordar que a dinâmica social do mundo globalizado exige uma crescente conscientização humana pela solidariedade global, muito dos problemas de hoje se tornam problemas globais.

---

[19] NUSSBAUM, 2015.

[20] HÖFFE, 2002.

Faz-se necessário então, até mesmo antes de mecanismos de controle transnacionais, uma educação voltada para a conscientização de que todos os humanos são "Cidadãos do mundo", e consequentemente, uma educação que forneça uma base útil para os debates públicos sobre cooperação na solução de conflitos globais da humanidade.

Um Tsunami na Ásia, um terremoto nos Estados Unidos, imigrações em massa para a Europa, aquecimento global, blocos econômicos, conflitos religiosos, mais do que qualquer outra época do passado o mundo se encontra abarrotado de problemas econômicos, ambientais, sociais, religiosos e políticos que possuem um alcance global. Possíveis soluções só podem ser construídas através da aproximação entre pessoas que, possivelmente, nunca cooperaram antes. Esse é o laço que une a todos, até mesmo aqueles que estão aparentemente tão longe, geograficamente, de nós.

Assim, mais do que nunca, é vital a formação de uma educação que forneça uma identidade heterogênea, tanto para com sua nação quanto para o mundo, e competências para a cooperação internacional. A competências para cooperar em conflitos, quer seja no âmbito interno de um Estado ou no âmbito interestatal, gira em torno de qualidade proporcionadas pelo conhecimento factual e logico, mas também pela imaginação narrativa[21].

O conhecimento factual possibilita uma melhor compreensão da situação do outro. Quanto maior o conhecimento sobre os subgrupos de uma sociedade ou da tradição e modo de vida de outros países, maior a possibilidade de empatia e menor a construção de estereótipos.

Estereótipos são um grande móbil de preconceito e discriminação no mundo atual. A imagem preconcebida de determinada pessoa, coisa ou situação são passíveis de gerar ódio, opressão e estigmatização. Quando se atribui um conceito infundado sobre um subgrupo, seja étnico, religioso ou de gênero, pode-se esquecer de suas conquistas, lutas e contribuições. Compreender as diferenças que tornam difícil a compreensão do outro é fundamental para resolver os problemas compartilhados. Nesse sentido, se faz necessário o estudo das humanidades. Entretanto, um estudo sobre história, economia global, história das religiões, história do direito, estudos culturais e de idiomas, por si só, sem a capacidade de crítica e de si projetar no outro, é incompleto.

---

21 NUSSBAUM, Martha, 1997.

Fora mencionada, algumas vezes, a importância da imaginação para a democracia no mundo atual e sua relação com as artes e a literatura, no entanto faz necessário mais esclarecimentos. Intimamente relacionada com o conhecimento factual e com a lógica está a qualidade da imaginação narrativa. Por imaginação narrativa tem-se segundo Nussbaum[22], "a capacidade de pensar como deve ser se encontrar no lugar de uma pessoa diferente de nós, de ser um interprete inteligente dessa pessoa e de compreender as emoções, os anseios que alguém naquela situação pode ter".

Uma sociedade que almeja uma educação democrática deve desenvolver a imaginação narrativa tanto no seio da família como também nas escolas e Universidades. Por meio do ensino das artes e das humanidades é possível uma educação participativa que exercita a imaginação narrativa, o que por sua vez aguça a capacidade dos indivíduos de perceber o mundo por meio dos olhos de outra pessoa.

Entretanto a percepção do outro não é espontânea. Crianças nascem com uma capacidade rudimentar para a compaixão. Essa falta de desenvolvimento, de profundidade, é causada pelo egoísmo, pela preocupação da alimentação e bem-estar[23].

O desenvolvimento do olhar interior, e consequentemente, o desenvolvimento da preocupação com os outros só acontece quando se percebe o outro enquanto um ser completo e diferente de si. Essa percepção só é possível quando os sentimentos narcisistas das crianças são superados. Daí, então, o outro passa a ser mais do que um mero instrumento dos caprichos da criança.

Jean-Jacques Rousseau, em seu livro "Discurso sobre a origem e os fundamentos da desigualdade entre os homens", busca as mais simples realizações da alma humana, seu desejo é compreender o homem natural. Nessa empreitada, conclui que, mesmo antes da razão, dois princípios básicos regem a alma humana: o sentimento de autopreservação e o sentimento de comiseração[24].

Em Rousseau[25], o sentimento de autopreservação, do amor-de-si, é natural e resulta no zelo pela própria conservação, o outro lhe seria indiferente. Entretanto, o indivíduo enquanto voltado apenas para si, em sua condição primitiva de isolamento, ao não se relacionar com seus semelhantes é um "animal estúpido e limitado".

---

22 NUSSBAUM, Martha, 2015, p. 95-96.

23 NUSSBAUM, Martha, 2004.

24 ROUSSEAU, 2008.

25 ROUSSEAU, 2004.

No entanto, juntamente com o sentimento de amor-de-si, encontramos outro sentimento natural: a comiseração. Para o autor este sentimento seria pré-social e pré-racional, possível de ser encontrado resquícios até mesmo nos animais. A comiseração seria um sentimento de dor que o sofrimento do outro desperta nos indivíduos, fazendo com que o indivíduo imagine a sensação do que o outro enfrenta. Ao conceber esta ideia, o indivíduo reconhece que tal mal pode vir a abater-se sobre si mesmo e, ao reconhecer o outro como semelhante, cria uma repugnância sobre a desgraça e agonia alheia.

A comiseração em Rousseau se torna fundamental no processo de socialização na medida em que produz um sentimento natural de empatia com o sofrimento do outro, ela exige que o ser humano não fique indiferente perante o padecimento de seu igual. Desenvolve-se nos homens alguma ideia de moralidade ao se relacionar com outro homem. No momento em que o homem reconhece a si no sofrimento do seu semelhante, e este passa a ser um igual, o outro deixa de ser tratado como indiferente, abre-se uma via para o reconhecimento e solidariedade entre os seres humanos.

Segundo Rousseau existem precondições para se exercitar a visão sobre o outro. O primeiro seria o grau de competência prática da criança, quanto mais coisas ela sabe fazer sozinha menos ela precisa transformar os outros em seus escravos. A segunda precondição é reconhecer que o controle total não é possível nem desejável e que o mundo é um lugar em que todos nós temos fragilidades e precisamos nos apoiar um no outro. "Esse reconhecimento implica a capacidade de reconhecer o mundo como um lugar em que não se está sozinho" um lugar em que outras pessoas têm suas próprias vidas e necessidades, e o direito de se preocupar com elas."[26]

O não exercício do reconhecimento do outro gera uma deficiência grave nas relações sociais entre o ser humano. Alguém que sempre olha de uma posição superior, de gloria, os sofrimentos dos desafortunados e miseráveis é alguém que considera o outro como estranho e não desenvolve o sentimento de comiseração. Justamente quando o ser humano não se considera isento de um mal que ele se abre para o reconhecimento do outro. Os reis são impiedosos para com os súditos justamente porque acreditam ser superior aos homens. Os nobres desprezam o povo porque jamais serão plebeus. Os ricos são inclementes e intransigentes para com os pobres pela ausência de medo de um dia empobrecer[27].

---

26 NUSSBAUM, 2015, p. 97.

27 ROUSSEAU, 2008.

Assim, percebe-se que o reconhecimento do outro é dado parte pela bagagem inata, uma disposição de reconhecer a humanidade no outro – como o prazer gerado na troca sorrisos entre o bebe e seu genitor, bem como pela atividade lúdica que possibilita a capacidade de imaginar como pode ser a experiência do outro.

No processo de desenvolvimento do ser humano, se cultivado o olhar interior que reconhece o outro como semelhante e digno, o resultado seria a preocupação ética com vistas a uma democracia saudável. A vida política exige que cada um reconheça a si mesmo e aos demais enquanto um igual membro de um corpo político.

Para Winnicott, pediatra e psicanalista infantil, atividade lúdica é crucial durante toda a fase de desenvolvimento de uma pessoa saudável. Na medida em que brincar é um tipo de atividade que acontece no "espaço potencial", um espaço entre as pessoas que possibilita a noção de alteridade de forma menos ameaçadora que um encontro direto. Ao se colocar no lugar do outro se desenvolve atitudes saudáveis de amizade, amor e participação política.

Assim, é importante destacar a principal função da arte e da literatura em todas as culturas humanas: preservar e intensificar o desenvolvimento do "espaço lúdico". As artes e a literatura poderiam ampliar a capacidade de empatia ao favorecer a compreensão, tanto de si, quanto de outros. Uma educação apenas instrumental, repetitiva e passiva, entorpeceria a personalidade dos indivíduos, e suas relações com os outros. Por outro lado, conciliar conhecimento factual com imaginação narrativa, por meio de atividades práticas, enriquecia as relações morais e políticas na sociedade.

Ao desenvolver a imaginação narrativa, possibilitando maior reconhecimento do outro por meio do olhar interior, as artes e a literatura favorecem uma democracia melhor preparada para com o fato do pluralismo. O ensino das humanidades, por meio das artes e da literatura, põe em contato indivíduos de um grupo com questões de gênero, raça e experiência possivelmente estranhas. Dessa forma, possibilita indivíduos se colocarem na posição dos outros, e assim conhecer as conquistas e os sofrimentos de grupos diferentes, abrindo vias para a cooperação transcultural ao reconhecer todas as pessoas como iguais e dignas:

> Não consideramos automaticamente outro ser humano como alguém pleno e profundo, que tem ideias, aspirações espirituais e sentimentos. É extremamente fácil considerar que o outro não passa de um corpo – o qual, então, podemos usar para nossos objetivos, sejam eles prejudiciais ou benéficos. Enxergar uma alma naquele corpo representa uma conquista, essa conquista é sustentada pela poesia e pelas artes, que pedem que nos maravilhemos com o mundo interior daquela forma percebida por nós – e também, que nos maravilhemos com nós mesmos e com nossas próprias profundezas.[28]

[28] NUSSBAUM, 2015, p. 102.

O ensino da literatura e das artes pode estimular a compreensão e o maravilhamento com o outro. Ao optar por textos de acordo com os pontos cegos culturais do indivíduo pode-se minimizar os efeitos do tratamento estupido que o não conhecimento desses grupos propicia. A literatura revela um olhar interior da pessoa com vistas a alteridade uma vez que a pessoa se coloca na posição estigmatizada, e consequentemente uma cooperação democrática.

A capacidade de gerar empatia, bem como a possibilidade de tratar os "pontos cegos", são as principais conquistas para uma sociedade que adota as artes nas escolas e faculdades. Tal capacidade pode edificar valores democráticos, uma vez que exige uma visão pela qual os seres humanos devam se relacionar entre si como pessoas iguais, dignas e possuidoras de valores e importância pessoal.

Sem a edificação desses valores democráticos, da igualdade e dignidade, as artes e a literatura poderiam ser utilizadas de forma desequilibrada para reforçar sentimentos de compaixão unilaterais. Como é o caso de obras racistas ou que retratem coisificação da mulher. "É muito fácil sentir compaixão seletiva por aqueles que estão próximos de nós em termos geográficos, de classe ou raça, e recusa-las às pessoas que se encontram distantes ou aos membros de grupos minoritários, tratando-os como meros objetos."[29]

Corroborando os argumentos anteriores, segundo uma pesquisa empírica de Comer Kidd e Castano[30], a compreensão dos estados mentais dos outros seria fundamental para a efetivação das complexas relações sociais que caracterizam as sociedades. Essa Habilidade é denominada por eles como teoria da mente.

Por meio da pesquisa empírica foi demostrado o quão importante se faz a teoria da mente. O primor na capacidade de identificar e compreender o estado subjetivo dos outros possibilita o sucesso nas relações sociais cada vez mais heterogêneas e complexas que são colocadas pelas atuais sociedades modernas. A míngua de empatia ou das habilidades referidas podem propiciar psicopatologias associadas a dificuldade nas relações interpessoais e intergrupais[31].

Desde a mais tenra idade é comum pais estimularem seus filhos a empatia, a capacidade de projetar e compreender emoção dos outros, por meio de testes: "Você acha que ele está feliz ou triste como consequência de sua ação?" Tais testes visam a compreensão por parte da criança de estados emocionais dos outros e, geralmente, tendem a auxiliar no sucesso de relações interpessoais futuras.

---

29 NUSSBAUM, 2015, p. 109.

30 Ver o artigo Reading Literary Fiction Improves Theory of Mind, David Comer Kidd e Emanuele Castano.

31 CASTANO; COMER, 2013.

Neste processo de refinar a sensibilidade entre os indivíduos a literatura se faz uma importante prática cultural.

Tanto a vida real quanto a vida na literatura estão repletos de indivíduos complexos, cuja vida não é facilmente de discernida. A literatura obrigar os leitores a preencher lacunas e a procurar significados entre um espectro de significados possíveis, induz a pressuposições e subjetivações, o leitor é levado a se colocar no lugar dos protagonistas da história. Tentar explorar a vida encontrada na literatura e se colocar nas experiências dos outros é potencialmente menos ameaçador do que realizar esta atividade na vida real. Experiências mundanas de se colocar no outro são mais frequentemente influenciadas por estereótipos e convenções do que aquelas na literatura.

A literatura permite expandir o conhecimento de uma pessoa sobre a vida de outras pessoas, frequentemente de grupos não familiarizados. Quanto mais se lê, maior a chance do leitor de se familiarizar com o diferente, reduzindo assim a estranheza de valores culturais alheios a sua compreensão. Ao exercitar a imaginação, a literatura se torna vital para a estabilidade e saúde de democracias modernas que são marcadas pelo pluralismo.

3. Funes, o sujeito não democrático

A segunda parte desse trabalho busca demostrar que um sujeito que é incapaz de exercer a imaginação narrativa é um sujeito que não é desejável nas democracias modernas. Isso pois, este sujeito não conseguiria se colocar no lugar do outro, e assim, não estaria preparado para lidar com a heterogeneidade que marca nossas sociedades. Um conhecimento meramente factual não faz esse cidadão estar preparado para a democracia. É necessário juntamente com o conhecimento factual a imaginação narrativa. A demonstração de tal hipótese será realizada por meio de uma discussão sobre o conto "Funes, o memorioso" de Jorge Luis Borges[32].

Antes da análise proposta se faz necessário uma breve elucidação do texto de Borges. O conto de Jorge Luís Borges nos transporta até para uma pequena cidade no interior do Uruguai, Fray Bentos, entre os anos de 1884 até 1887. Nesta cidade reside um excêntrico personagem, Ireneo Funes, "cara de Índio taciturna e singularmente remota, atrás do cigarro. Recordo (creio) suas mãos afiladas de trançador, próximo dessa mão um mate". Funes, conta Borges, era uma pessoa conhecida por algumas peculiaridades como a de não se dar com ninguém e sempre

---

[32] BORGES, Jorge Luis. *FUNES, o memorioso*. In: ______. Ficções. 3.ed. São Paulo: Globo, 2001, p. 99-108.

saber as horas, como um relógio. Certo dia ocorre uma tragédia. Um cavalo recém-domado, ainda não muito manso, derruba Ireneo, tornando-o paralítico.

Algum tempo depois do acidente, Funes solicita ao narrador da estória alguns livros para a leitura. O autor empresta-lhe duas obras em latim, com o propósito de desmotiva-lo perante a densidade das obras. Eis que acontece um funesto evento que obriga o narrador do conto a voltar para a cidade do pai. Entretanto ao fazer as malas viu que lhe faltava os livros de latim emprestados a Funes. Foi ao encontro de Funes o narrador.

> No Rancho bem arrumado, a mãe de Funes recebeu-me. Disse-me que Irineu estava no cômodo do fundo e que não me surpreendesse de encontrá-lo às escuras, porque Irineu costumava passar as horas mortas sem acender a vela. Atravessei o pateo de lajotas, o corredorzinho, cheguei ao segundo pateo. Havia uma parreira; a obscuridade chegou a me parecer completa. Ouvi de repente a voz alta e zombeteira de Irineu. Aquela voz falava em latim; aquela voz (que vinha do escuro) articulava com moroso deleite um discurso ou prece ou encantação. Ressoaram as sílabas romanas no pátio de terra; meu temor julgava-as indecifráveis, intermináveis; depois no enorme diálogo daquela noite, soube que formava o primeiro parágrafo do capítulo XXIV do livro sétimo da 'Naturalis historia'. O assunto desse capítulo é a memória, as últimas palavras foram *ut nihil non iisdem verbis redderetur auditum*. (Grifos nossos)[33]

A frase latina em questão elucida o conteúdo principal do conto e simultaneamente apresenta um paradoxo. Ao afirmar que "nada que tenhamos ouvido, não pode repetir-se com as mesmas palavras" está se fazendo uma afirmação impossível. Ao longo do conto, através da habilidade de Funes, discute-se a memória e como ela funciona. O autor mesmo reconhece o paradoxo e propõe

> Não vou tratar de reproduzir as palavras dele, irrecuperáveis agora. Prefiro resumir com veracidade as muitas coisas que Irineo me disse. O estilo indireto é remoto, fraco; eu sei que sacrifico a eficácia da minha narração, que os meus leitores imaginem os períodos entre-cortados que me acrabunharam naquela noite.[34]

Após o encontro de Funes e do autor, o conto prolonga-se no diálogo dos dois. Descobre-se que após o acidente a memória de Funes ficou tão aguçada que sobrepôs a todas as outras faculdades do mesmo. Sua memória era tão sensível que ele se recordava de tudo, sem exceção.

---

[33] BORGES, 2001, p. 102.

[34] BORGES, 2001, p. 106.

Sua habilidade era tão excepcional que Ireneo cria um vocabulário mental próprio e infinito, ele passa a designar cada particularidade por um signo próprio. Ele já não podia entender o conceito de um conjunto. Todas as coisas que presenciava eram únicas.

O que para muitos seria uma dádiva, para Funes se mostra também como um sofrimento. Tudo era previsível, ele sabia como as coisas funcionavam e era incapaz de esquecer algo. Se ele se empenhasse em recordar um dia da sua vida ele gastaria um dia inteiro nessa atividade, ele se lembraria de tudo, de cada detalhe do dia passado. Tal habilidade gerava dificuldades para dormir e, talvez, para racionalizar os acontecimentos que presenciava ou recordava.

A conversa dos dois perpassa a madrugada, Funes e o autor se despedem. Este sai angustiado, pois tem certeza que tudo que aconteceu nos momentos que passaram juntos, sua fala, seus gestos, o modo como se encontrava o ambiente ao redor, perduraria exatamente como foi, dentro da memória de Funes. A vida de seu amigo eram os detalhes. "No mundo entulhado de Funes não havia senão detalhes, quase imediatos."

Após a leitura do conto de Borges é provável uma grande inquietação na relação entre memória e imaginação. Paul Ricoeur[35] identifica um estreito vínculo entre memória e imaginação. Segundo o autor uma fenomenologia da memória se sujeita aos perigos de armadilhas do imaginário. Na medida em que a memória se põe em imagens, e esta acompanha a função alucinatória da imaginação. Poderia constitui uma espécie de perda de confiabilidade para a memória. Paul Ricoeur realiza um deslocamento da análise fenomenológica da memória, assim incorpora dimensões como os traumas e a manipulação.

Aqui se faz necessário a distinção entre os conceitos de memorização e rememoração. Há uma modalidade do ato de fazer memória ligada às formas de aprendizagem do que já é por outros conhecida, ligando-se à prática e definida como memorização. Já a rememoração é ligada à retomada de consciência de um acontecimento reconhecido como tendo ocorrido antes do momento em que se declara tê-lo sentido[36].

A memorização exige um esforço – *ars memoriae* – um desejo de nada esquecer, que faz com que se busque um conhecimento obtido anteriormente que está agora guardado na memória. Na memorização se busca maneiras de aprender que encerram saberes e habilidades, esse exercício é marcado pela facilidade, economia, de um reaprender tal coisa novamente. Mas também exigiria um

[35] RICOEUR, 2007.

[36] RICOEUR, 2007.

treinamento de sua memorização, para que não caia em esquecimento. Ou seja, um sujeito memorioso ao treinar sua memória nada esquece, e tem facilidade em efetuar uma tarefa adequada em circunstâncias definidas.

A rememoração resultaria a uma possível reconfiguração dos dados guardados na memória. A imaginação auxiliaria na representação das coisas já apresentadas anteriormente para si mesmo. Neste sentido, a imaginação relacionada com a rememoração faz da memória não somente um instrumento de guardar dados mnemônicos, sobretudo, uma capacidade de ressignificação das coisas e de si mesmo.

Como seria uma análise do personagem Ireneo Funes tendo por base essa relação entre memorização e rememoração? Parece-nos que Funes concretiza de forma extrema o desejo de nada esquecer – *ars memorie*. Ele é aquele memoriza tudo aos mínimos detalhes, sem se esquecer de nada. É a personificação da memorização. Funes é capaz de decorar com exatidão livros de latim sem ao menos compreender o idioma, Funes:

> Sabia as formas das nuvens austrais do amanhecer de trinta de abril de 1882 e podia compará-los na lembrança às dobras de um livro em pasta espanhola que só havia olhado uma vez e às linhas da espuma que um remo levantou no Rio Negrona véspera da ação de Quebrado. Essas lembranças não eram simples; cada imagem visual estava ligada a sensações musculares, térmicas, etc. Podia reconstruir todos os sonhos, todos os entre sonhos. Duas ou três vezes havia reconstruído um dia inteiro, não havia jamais duvidado, mas cada reconstrução havia requerido um dia inteiro. Disse-me: Mais lembranças tenho eu do que todos os homens tiveram desde que o mundo é mundo. E também: Meus sonhos são como a vossa vigília. E também, até a aurora; minha memória, senhor, é como depósito de lixo.[37]

Ao decorar com exatidão todos os detalhes de todas as suas experiências Funes se torna prisioneiro de sua capacidade. Ele está fadado a se prender nos detalhes, está condenado a nada esquecer. A própria compreensão de tempo para o pobre Funes poderia ser questionada. Poder-se ia dizer que a compreensão de tempo para ele era uma realidade que se projetava em uníssono. As experiências vividas para Irineo era tão real e detalhada quanto o presente. Certamente isso condicionava sua forma de olhar o mundo, de compreender a si mesmo, e de compreender o outro. Era incapaz de conceber a ideia de um conjunto de coisas semelhantes. Em sua mente tudo era único, formando um caleidoscópio de imagens memoriais que apresentam combinações sempre individualizadas.

---

[37] BORGES, 2001.

O memorioso de Borges seria o memorizador de Ricoeur, uma pessoa que tinha tamanha capacidade de guardar lembranças que "havia diferença entre o cão de perfil das três e quatorze e o cão de frente das três e quatro". Entretanto, sua visão de mundo condicionada pelos detalhes e a incapacidade de nada esquecer – sequer a umidade e as formas das nuvens de um determinado dia passado – resulta que sua vida era tão somente lembrar. Porém, sua memorização extrema implica em uma incapacidade para um real raciocínio. Funes era capaz tão somente de descrever.

Até mesmo sua capacidade de formular fatos pode ser questionada, visto que os mesmos já estavam automaticamente em sua psique e com todos os detalhes. Ele é incapaz de rememorar, de reconfigurar os fatos já guardados em sua memória. Ele não consegue utilizar da imaginação para auxilia-lo na representação de coisas vividas e de si mesmo. Tal conclusão pode ser notada pelo autor no final do conto: "Havia aprendido sem esforço o inglês, o francês, o português, o latim. Suspeito, contudo, que não era muito capaz de pensar. Pensar é esquecer diferenças, é generalizar, abstrair."[38]

O sujeito incapaz de refletir e abstrair sobre os fatos vividos, inábil em problematizar o mundo certamente seria inapto para ser um historiador, além disso, a incapacidade de autocritica e de rememoração, impede Funes de utilizar a imaginação narrativa e ter consciência e si e do outro. É impossível refletir sem esquecer. É impossível ressignificar a si apenas com a capacidade de memorizar.

Por todos os argumentos apresentados nos deparamos com a impossibilidade de Funes ser um cidadão democrático tal qual exige as democracias heterogêneas, ou qualquer democracia. Funes demostra potencial para possuir grande capacidade de memorizar fatos, fomentando seu conhecimento factual, entretendo um conhecimento factual desprovido de autocritica é insuficiente para o vigor das democracias.

Imagine uma sociedade formada por vários sujeitos com capacidade igual as de Funes. Certamente seria possível no processo de educação desses indivíduos fornecer um grande número de material didático para que estes assimilasses. No entanto, eles não teriam a capacidade de raciocinar criticamente sobre os fatos apresentados, a internalizar a complexidade das relações por eles memorizadas. Eles não conseguiriam compreender como a narrativa memorizada foi construída. Não conseguiriam diferenciar "estereótipos grosseiros difundido por líderes

38 BORGES, 2001, p. 105.

políticos e culturais da verdade"[39]. Faz-se necessária uma educação voltada para o desenvolvimento de autocritica e de crítica a tradição.

Além do conhecimento factual e da lógica existe uma terceira qualidade para o cidadão das democracias modernas: a imaginação narrativa. Funes não consegue projetar a si mesmo, logo, é incapaz também de se encontrar no lugar de uma pessoa diferente. O fato de não se esquecer de nada e de reconstruir tudo em detalhes impede que ele consiga ser um interprete inteligente de sua história e de outras pessoas. Ele não racionaliza sobre as emoções, anseios e os desejos que alguém pertencente a determinado grupo pode ter. Funes não consegue desenvolver sua capacidade de empatia com vistas ao desenvolvimento do reconhecimento.

Funes não conseguiria retirar das artes ou da literatura algo além da memorização de suas imagens. A interpretação das humanidades voltada para o reconhecimento do outro enquanto igual e digno não seria possível. Funes, então, seria o modelo de um cidadão que não está pronto para a complexidade e as virtudes exigidas pelas democracias modernas.

4. Conclusão

Ao longo do artigo foi estudada a relação entre o pluralismo das sociedades modernas e a imaginação, demostrando como a literatura e as artes auxiliam a democracia moderna. Em um arranjo social no qual se encontra vários grupos heterogêneos – ético, cultural, ideológico, religioso, gênero – buscando reconhecimento na vida democrática é mister uma educação voltada para o reconhecimento e que busque a solução de conflitos.

As artes e a literatura são as bases para uma cultura mundial satisfatória. Os conflitos envolvendo grupos marcados por significativas discordâncias podem conduzir a opressão, violência e desumanização caso a sociedade não conduza uma abertura ao igual respeito e consideração entre todos os indivíduos. Essa abertura é favorecida pelo ensino das humanidades e das artes que capacita as pessoas a enxergar o outro ser enquanto completo – são indivíduos semelhantes, com suas dores e conquistas – possuidores de opiniões e sentimentos próprios que devem ser respeitados.

A imaginação narrativa favorece o reconhecimento da igualdade e do respeito uma vez que se possibilita um maior grau de empatia ao fazer com que um indivíduo se coloque no lugar dos outros. Esse exercício é estimulado de forma

---

[39] BORGES, 2001, p. 105.

lúdica e menos traumática pelas artes e literatura. Fazendo destas um importante instrumento para desenvolvimento de uma racionalidade crítica e contestadora de possíveis opressão e estereótipos já colocados aos indivíduos, bem como para a empatia. Fortalecendo a instituição democrática e os valores das liberdades civis e dos direitos fundamentais de igualdade e tolerância.

A análise do conto Funes, o memorioso, de Jorge Luís Borges, serviu para demostrar como um sujeito que é incapaz de exercer imaginação narrativa e, consequentemente, incapaz de esquecer e ressignificar suas experiências, é um sujeito não preparado para lidar com as exigências apresentadas pela democracia moderna. Nesse sentido Borges nos fala com ironia como é importante a rememoração. A rememoração, e o exercício de recordar e esquecer, é importante para a ressignificação do si e do outro, sem o qual não a si. Funes é um sujeito que não dispõe das virtudes exigidas pela democracia moderna justamente por ser um exímio memorizador e um incompetente rememorador.

5. Referências

BORGES, Jorge Luis. *FUNES, o memorioso*. In: ______. Ficções. 3ed., São Paulo: Globo, 2001. p.99-108.

COMER KIDD, David; CASTANO, Emanuele. *Reading Literary Fiction Improves Theory of Mind.* Revista Science VOL 342, Nova York, 2013, p. 377-380.

DWORKIN, Ronald. *A raposa e o porco espinho*. Justiça e valor. Tradução de Marcelo Brandão Cipolla. São Paulo: WMF Martins Fontes, 2014.

_____ *Levando os direitos a sério*. Tradução de Nelson Boeira. 2. ed. São Paulo: Martins Fontes, 2007.

_____ *O império do direito*. Tradução de Jefferson Luiz Camargo. 2. ed. São Paulo: Martins Fontes, 2007.

_____. *Uma questão de princípio*. Tradução de Luís Carlos Borges. 2. ed. São Paulo: WMF Martins Fontes, 2005.

_____ *A virtude soberana*. Tradução Jussara Simões São Paulo: Martins Fontes, 2011.

HEGEL, Georg Wilhelm Friedrich. *Princípios da filosofia do direito*. Trad. Orlando Vitorino. São Paulo: Martins fontes. 1997

HÖFFE, Otfried. *Visão república mundial* – Democracia na era da globalização. In: Veritas. Vol. 47, n. 4, Porto Alegre: PUCRS, dez. 2002.

KANT, Immanuel. *Fundamentação da metafísica dos costumes*. Tradução Paulo Quintela. Lisboa: Edições 70, 2005.

KERVÉGAN, Jean-François. *L'Effectif et le Rationnel*: Hegel et l'esprit objectif, Vrin, 2008

MARMASSE, Gilles. *Force et Fragilité des normes* – Principes de la philosophie du droit de Hegel. Paris: PUF/CNED, 2011

MERLE, Jean-Christophe; TRAVESSONI GOMES, Alexandre. *A moral e o direito em Kant*: ensaios analíticos. Mandamentos, 2007.

NUSSBAUM, Martha. *Cultivating humanity. A classical defense of reform in liberal education*. Cambridge: Harvard University Press, 1997.

_____ *Hiding from humanity*: disgust, shame, and the law. Princeton (USA): Princeton University Press, 2004.

_____ *Sem fins lucrativos*. Por que a democracia precisa das humanidades. São Paulo: Martins Fontes, 2015.

OMMATI, José Emílio Medauar. *Uma teoria dos direitos fundamentais*. 2. ed. Rio de Janeiro: Lumen Juris, 2015.

ROSENFIELD, Denis L. *Política e Liberdade em Hegel*. 2. ed. São Paulo: Ática, 1995.

RAWLS, John. *História da Filosofia Moral*. São Paulo: Martins Fontes, 2005.

_____. *Justiça como Equidade*: uma reformulação. São Paulo: Martins Fontes, 2003.

_____. *O Liberalismo Político*. São Paulo: Ática, 2000.

_____. *Justiça e Democracia*. São Paulo: Martins Fontes, 1998.

_____. *Uma Teoria da Justiça*. São Paulo: Martins Fontes, 1997.

RICOEUR, Paul. *O percurso do reconhecimento*. Tradução Nicolás Nyimi Campanário. SP: Loyola, 2006.

_____________. *A memória, a história, o esquecimento*. Tradução: Alain François. Campinas, SP: Editora da UNICAMP, 2007.

ROUSSEAU, Jean Jacques. *Emílio ou Da educação*. Tradução: Roberto Leal Ferreira. São Paulo: Martins Fontes, 2004.

_____ *Discurso sobre a origem e os fundamentos das desigualdades entre os homens*; tradução de Paulo Neves. Porto Alegre, RS: L&PM, 2008.

ROSENFIELD, Denis L. *Política e Liberdade em Hegel*. 2. ed. São Paulo: Ática, 1995.

CONTRIBUIÇÕES FILOSÓFICO-LITERÁRIAS DA CONCEPÇÃO DE JUSTIÇA E DO PAPEL DA EQUIDADE PARA UM MODELO DE JULGAMENTO JUSTO

Rafael Geraldo Magalhães Vezzosi[1]

Introdução

Em seu artigo *Configuring Justice*, Jeanne Gaarker critica o pensamento do jurista desvinculado de interdisciplinaridade porque a contribuição das Ciências Humanas, especialmente a metodológica, não pode ser desconsiderada pelos atores do Direito.

Segundo a autora, pesquisando a prática dos juristas, pode-se concluir como se dá a metodologia de percepção jurídica de determinado caso concreto. Assim, analisar a forma como é aplicado o Direito, e como as noções do discurso sobre o significado do Direito e da Justiça se firmam como jurisprudência e doutrina, ajuda a constatar como se estabelece a parametrização na atuação no contexto das relações jurídicas, que se consolida como parte da metodologia jurídica. A atuação do jurista e a relação com sua a própria concepção sobre Justiça adquire destaque.

---

[1] Doutorando em Teoria do Direito, pelo Programa de Pós-Graduação da PUC Minas (atual). Mestre em Teoria do Direito pelo Programa de Pós-Graduação da PUC Minas (2014). Especialista em Direito Processual pelo IEC PUC Minas (2010). Bacharel em Direito pela Pontifícia Universidade Católica de Minas Gerais (2007). Coordenador de Processos do Trabalho no Banco do Brasil S.A. E-mail: rafaelvezzosi@gmail.com.br. Currículo Lattes: http://lattes.cnpq.br/9702110688992307.

Para contribuir com a atividade jurídica, a autora trata a ideia de justiça aristotélica, e desta visão por meio de Paul Ricoeur, e discute a busca do ideal de justiça na prática judicial; já que imparcialidade judicial, consistência e integridade também são reputadas virtudes aristotélicas.

Essa busca passa pela premissa de que o jurista não pode se furtar de ser um intérprete com compreensões prévias, um ser no mundo, antes de ser um ator do Direito. A problemática fica mais aguçada considerando a aplicação de normas abstratas, generalistas, a casos específicos. A cada caso concreto ainda há possível retroalimentação da teoria jurídica com novas situações e forma como foram tratadas juridicamente, pois servirá de base para as futuras análises de casos com mesmo tipo de tratamento judicial. Assim, a prática e a teoria jurídica têm constante correlação, e para a devida aplicação da norma ao fato, o desenvolvimento da compreensão de mundo do jurista se torna fundamental, ampliando sua forma de abordagem do caso concreto, trazendo recursos prévios ao julgador e afastando a aplicação escolástica exegética do Direito.

Para tanto, a autora investiga possíveis bases estruturantes de um modelo de julgamento a partir das Ciências Humanas, discutindo como *Phrònesis* e Metáfora contribuem para o conhecimento de particularidades, semelhanças e dessemelhanças; e propondo a configuração do senso de justiça a partir da inteligência narrativa e do correto discernimento do equitativo.

Neste sentido, as ideias do autor Fernando Armando Ribeiro em seu artigo sobre a prática judicial a partir da peça shakespeariana *Medida por medida*, e como a fundamentação da decisão jurisdicional perpassa a filosofia hermenêutica para se chegar a uma aplicação justa, torna-se relevante não apenas pelo engrandecimento do tema, mas também pela possibilidade de efetivamente se utilizar da Literatura em tal enriquecimento.

1. Reconhecendo particularidades e (des)semelhanças no caso concreto

O mecanismo de interpretação do Direito é meio de prima importância para a devida aplicação da norma ao fato. Neste sentido, o papel da Hermenêutica destaca-se. Dentro de uma perspectiva gadameriana, Jeanne Gaarker[2] ressalta que a contribuição da Hermenêutica-filosófica não é meramente por ser um método de

[2] GAAKEER, Jeanne. *Configuring Justice*, No Foundations, An Interdisciplinary Journal of Law and Justice 9 (2012): 20-44. Passim.

interpretação, mas principalmente por investigar amplamente tanto o texto quanto a ação. Neste contexto, há uma relação recíproca entre fato e norma em um movimento dialético, característico da metodologia jurídica, conforme lembra a autora mencionando Karl F. Larenz[3].

Ao interpretar de forma conjugada o fato e a norma, percebe-se que há uma relação bilateral entre percepção e ordenação. A autora explicita que essa sistematização do conhecimento jurídico está sujeita a um movimento que chama de *para frente e para trás*: primeiro, são avaliados quais são os fatos relevantes de determinado caso concreto, especialmente pelo valor probatório de cada qual; em seguida, há uma tentativa inicial de qualificação jurídica; logo, já vai se determinando possíveis respostas e uma análise classificatória. Esse processo de interpretação jurídica é feito associado ao conhecimento teórico e prático daquele intérprete do Direito.

Nesse processo interpretativo, a conclusão da análise do caso concreto com a norma enriquece a atividade jurídica com teorias novas possíveis, e, ao mesmo tempo, para aplicação normativo-jurídica, a teoria existente justifica a prática judicial. Assim, a teoria e a prática jurídica se combinam em uma metodologia jurídica que não se apresenta unicamente de forma dedutiva, mera aplicação de premissas normativas ao fato, e nem apenas de forma indutiva, da experiência do fato para a teoria, mas sim de um esforço combinado da percepção e apreciação dos fatos no contexto jurídico. Este esforço de conjugar a norma e o fato é regido pela dinâmica do quadro interpretativo.

Citando Schön[4], a autora destaca a *reflexão-na-ação*, ponderação de possibilidades em determinada situação-problema; e, deste entendimento, percebe-se que pode haver mais de uma resposta possível a essa situação-problema. Dado que há mais de uma resposta possível, pergunta-se: dentre elas qual é a melhor? Para responder a esta questão, Gaarker apresenta a *phronèsis,* a capacidade de ver o que é a melhor solução sob as circunstâncias dadas; e agir sobre ela.

O caso singular trazido à apreciação jurídica pode ter uma série de respostas judiciais, seja pela norma, teoria ou jurisprudência. Trazer o conceito de *phrònesis* para a Justiça é pensar na decisão que supra de forma mais efetiva os anseios das partes, dentro das possibilidades do Judiciário.

---

[3] LARENZ, Karl F. *Methodenlehre der Rechtswissenschaft*. Springer, Berlin, 1991[1960]. Mootz, Francis J. III: 'Foreword' to the Symposium on Philosophical Hermeneutics and Critical Legal Theory. 76 (2) *Chicago-Kent Law Review* (2000) 719-730.

[4] SCHÖN, Donald A. *The Reflective Practitioner*. Basic Books, New York, 1983.

Com isso em mente, a autora volta-se para as obras de Paul Ricoeur por causa de sua atenção detalhada à virtude da *phrònesis* como originalmente concebida por Aristóteles, e a contribuição das ciências humanas para desenvolver a *inteligência fonético-judicial.*

Phronèsis

Phrònesis (ou Prudência) é uma virtude aristotélica[5]com forte ligação entre a prática e a teoria, pressupondo que o conhecimento do homem prudente (*phronimos*) é construído por experiência de sua capacidade em extrair conhecimento da ação prática; logo, a *phrònesis* pode ser interpretada como uma sabedoria prática.

Na classificação aristotélica de virtudes intelectuais e morais, *phrònesis* estaria dentre as virtudes intelectuais, seria a deliberação sobre o que é bom para si e a repercussão no que seria a vida boa em geral, a capacidade de perceber o que a situação demanda e agir sobre ela; assim, evidencia-se a deliberação como sua principal característica. Segundo Gaarker, essa deliberação (também chamada de *bouleusis*) no Direito pode ser vista como uma forma de raciocínio que não visa uma verdade universal abstrata, mas sim pode ser empregada no raciocínio argumentativo dialético.

O conceito aristotélico não limita *phrònesis* apenas para o discernimento do que é bom para os fins da vida, mas também inclui saber como protegê-los. O homem prudente seria dotado de bom-senso para a conduta humana (*knowinghow*). Desta forma, ainda que seja classificada como virtude intelectual, que pode ser ensinada, ao se analisar o significado de *phronèsis*, pode-se concluir que há um forte caráter ético, não sendo mera combinação de conhecimento e técnica deliberativa, mas especialmente a capacidade de aplicar conhecimento adquirido em situações específicas.

Portanto, as duas etapas da *phrònesis* são, primeiramente, a compreensão (*sunesis*), o bom entendimento (*eusunèsia*) sobre determinada situação, que perpassa pelo melhor julgamento, e, em seguida, a atuação com base nesse julgamento. Uma ressalva que a autora traz é a de que compreensão trata sobre aquelas coisas que são sujeitas a questionamentos e deliberações, e não sobre as coisas dadas, estritamente definidas e universais do conhecimento científico.

Tratando da capacidade de ver as opções, e, dentre elas, distinguir aquela que melhor se encaixa a determinada situação, Gaarker faz conexão com a competência do juiz em aplicar a norma corretamente ao caso concreto, considerando

[5] ARISTOTLE. *The Nicomachean Ethics*. Translated by H. Rackham and edited by J. Henderson. Harvard University Press, Cambridge (Mass.) and London 2003 [1926]. Passim.

inclusive a amplitude ética. E, passa a expor como o movimento hermenêutico de Ricoeur[6]se conecta com a discussão sobre o aspecto deliberativo da *phrònesis* e sua contribuição na metodologia jurídica.

O movimento hermenêutico de Ricoeur[7]é um *movimento de vai-e-vem*, circular, em *si mesmo como outro*, entre a ideia que temos sobre a boa vida ou a justiça, e a decisão a ser tomada sobre isso. Esse processo hermenêutico consiste na adaptação da norma para o caso concreto, perpassa a qualificação do ato juridicamente classificável, e na conexão da situação com a norma jurídica, através de uma descrição narrativa levada como premissa verdadeira; tudo em uma estrutura tripartida da prática jurídica, diagnóstico-inferência/classificação-tratamento.

Assim, *phrònesis* torna-se essencial como virtude do magistrado e, segundo a autora, para Ricoeur, o juiz sábio é um *phronimos*. Um mecanismo capaz de desenvolver essa competência no magistrado seria a ampliação do seu senso metafórico.

Metáfora

A metáfora quebra estruturas lógicas estabelecidas, trazendo uma visão diferente da existente, já que esta determinada situação não se enquadrava no sentido geral, anterior ao trabalho da metáfora. A abertura de possibilidades criado através do uso da metáfora corrobora com a classificação normativa de casos concretos que, por sua particularidade, podem precisar de ajuste no enquadramento pelo contexto jurídico posto.

Sobre o tema, Gaarker destaca a visão de Ricoeur[8]sobre o *processo metafórico como cognição, imaginação e sentimento*, pois amarra aspectos da *inteligência fonética* ao *papel semântico de imaginação no estabelecimento de sentido metafórico*.

Ricoeur parte do conceito de metáfora aristotélica, que seria a utilização de um termo normalmente usado no gênero para deslocá-lo para uso na espécie, ou de uma espécie para o gênero, ou de uma espécie em outra, por analogia. Ricoeur destaca em Aristóteles[9]a visão de metáfora como um processo. Para Ricoeur, metáfora é uma figura que perpassa a dicção, a elocução e o estilo.

---

6 RICOEUR, Paul. *Oneself as Another*. Translated by Kathleen Blamey. University of Chicago Press, Chicago and London 1992. Passim.

7 RICOEUR, Paul. *Reflections on the Just*. Translated by David Pellauer. University of Chicago Press, Chicago and London 2007. Passim.

8 RICOEUR, Paul. 'The Metaphorical Process as Cognition, Imagination, and Feeling'. *Critical Inquiry* (1978) 143-159. Passim.

9 ARISTOTLE. *The Poetics*. Translated by W. Hamilton Fyfe. Harvard University Press, Cambridge (Mass.) and London 1965 [1927]. Passim.

Metaforizar bem seria a capacidade de ver semelhanças, e para tanto, a imaginação é determinante. E, a partir daí, Ricoeur[10] discute a forma pela qual as semelhanças levam ao entendimento de significados.

Metaforizar é parte da inteligência phronética. A ligação entre *phrònesis* e metáfora está na capacidade de ver semelhanças e dessemelhanças. Na *phronèsis*, o intuitivo olhar treinado do *phronimos* para ver melhores opções em dada situação e atuar sobre ela, e na metáfora, a percepção intuitiva de ver semelhanças nas dessemelhanças. A percepção é um ponto de partida, mas não supre a deliberação, pois aquilo que se deve concluir não é o que se percebe em um primeiro olhar. A percepção precisa de correção. A virtude *phrònesis* qualifica a metáfora.

A diferença entre *phrònesis* e metáfora pode ser concluída a partir da diferença que Ricoeur expõe sobre metáfora e imaginação. Quando nos propomos a ver semelhanças, a imaginação trabalha vendo e pensando ao mesmo tempo, no sentido de que o que importa é que "*para ver* o como (o que se assemelha) *seria ver o mesmo, apesar de, e através do diferente*".

A primeira etapa seria ver similaridade na diferença, por meio do trabalho de ver e pensar ao mesmo tempo, feito pela imaginação. Essa visão já antecipa o que podemos entender do que possivelmente será o novo significado, de forma que, em uma segunda etapa, já há o acesso a uma dimensão ilustrativa desse novo significado. A terceira etapa seria o que Ricoeur chama de "suspensão", o momento de negação do significado referencial anterior, comum da língua (lato senso), abolido em favor do novo significado produzido pela metáfora. Segundo Gaarker, este momento também é conduzido pelo trabalho da imaginação.

A autora aproveita dessa ideia no Direito, de forma que a etapa inicial do uso da metáfora combina o raciocínio dentro do conhecimento jurídico que já se tem, aplicado na particularidade do caso concreto, através da visão advinda da *phrònesis*. Ela destaca o elemento central do que chama de *phrònesis* judicial, a imaginação normativo-jurídica que possibilita o juiz aplicar a norma ao caso concreto, no apanhado teórico e jurisprudencial pertinente, e a capacidade de ver os ajustes necessários dessa aplicação. Conclui, portanto, que *phrònesis* permite conexão entre a generalidade normativa e a particularidade do caso concreto.

Essa metaforização para aplicação da norma ao caso concreto demanda uma imaginação criativa que cria possibilidades fictícias, em um primeiro momento, mas que, utilizando-se da virtude *phronética*, resulta em uma decisão judicial que

[10] RICOEUR, Paul. *The Rule of Metaphor, multi-disciplinary studies in the creation of meaning in language*. Translated by Robert Czerny with Kathleen Mclaughlin and John Costello, Routledge, London1986 [1975]. Passim.

leva em conta particularidade daquela situação-problema e da consequência ética da atuação judicial. No Direito Internacional, a Metáfora aprimora a conjugação comparativa do aparato normativo de países diferentes, com sociedades distintas.

Assim, o processo de metaforização *phronético*-judicial repercute diretamente ampliando possibilidades de melhor escolha na resposta judicial ao caso concreto e ainda atualiza o Direito com inovações que supram os anseios daquela sociedade. Neste sentido, citando Barfield[11], Gaarker traz o impacto da metaforização judicial nas relações sociais, lembrando que o Judiciário deve servir à sociedade e que a interdisciplinaridade favorece tal objetivo, com a proximidade do Direito e das Ciências Sociais.

Ao tratar do papel da imaginação na interconexão entre *phrònesis* e metáfora, a autora referencia a análise que o juiz faz, criando para si potenciais ficções jurídicas que tece ao escolher certos fatos e circunstâncias que entende relevantes sobre o caso concreto, conjugada à forma como aplicará a resposta judicial àquele caso. Dessa análise, as ficções jurídicas em potência vão se delimitando a uma efetiva conclusão na decisão judicial, na medida das deliberações do juiz em torno das mesmas. O que se chama aqui de ficção, não é uma denominação desatrelada da realidade, mas, sim, as diversas formas de se ver uma situação-problema, ou seja, as diversas visões dessa realidade, suas possibilidades no sentido de versões diferentes de um mesmo fato. O termo ficção é usado para distinguir o fato em si, das distintas formas de entendê-lo e contá-lo.

Neste momento, a autora destaca a importância da inteligência narrativo-literária e do conceito de equitativo para que estas ficções jurídicas em potencial se tornem a melhor resposta judicial. A partir de Ricoeur, Gaarker identifica o magistrado a um autor literário, pois o juiz é o autor do processo narrativo-decisional e, a partir dele, cria uma nova narrativa jurídica. Portanto, o magistrado deve desenvolver sua inteligência narrativa e seu discernimento do equitativo.

2. Inteligência narrativa

Ao analisar o processo, resultando na fundamentação de sua decisão, o Juiz une fatos, consequências, atitudes consideradas consistentes ou não, ele tem de saber conjugar elementos que antes estariam em separado; deve deliberar se determinado evento é significativo ao enredo que se vai tecendo com as afirmações das partes, se há coerência entre si e com o todo; enfim, cria um enredo.

[11] BARFIELD, Owen. 'Poetic Diction and Legal Fiction'. In Owen Barfield: *The Rediscovery of Meaning and other essays*, Wesleyan University Press, Hanover (New Hampshire) 1977, 44-64.

A deliberação sobre a sucessão de eventos escolhidos como relevantes e qual a implicação jurídica pertinente, objetiva a decisão judicial, assim como um desfecho de um drama literário, a solução do problema.

O juiz deve entender como a narrativa funciona não apenas na teoria, mas também na prática social, para que julgar não se restrinja a um automatismo e sim possa ser engrandecido pela interdisciplinaridade com outras Ciências Humanas. As Ciências Humanas expandem o panorama de experiências do juiz. Com a inteligência narrativa adquirida ou treinada pela Literatura, o juiz não se limita a questões legais para intuir a veracidade de evidencias, por exemplo.

Para Ricoeur[12], narrar é explicar. Assim como em um romance literário, por exemplo, a decisão judicial deve conectar os fatos e levar a um desfecho, uma decisão aceitável – fazendo uma conexão com a virtude da *phrònesis*.

A narrativa na decisão judicial produz duas consequências, a primeira é a repercussão e o julgamento em si do caso para as partes envolvidas, e a outra é a demonstração de uma opinião jurídica, que deve ser bem fundamentada e clara, pois retorna ao contexto jurídico como fonte jurisprudencial. Neste sentido, assim como a Literatura, o ato de decisão jurisdicional acaba por reestruturar a realidade, porém, usando o contexto jurídico e a linguagem dos conceitos jurídicos com seus sentidos próprios.

Citando James Boyd White[13], Gaarker trata da incisiva clareza que o magistrado deve mostrar ao diferenciar o narrativo e o analítico ou o literal e o conceitual, a diferença entre contar uma história ou se limitar a dar razões; e especialmente da importância do juiz refletir antes de atuar, já que na sua consideração de incluir ou excluir determinados fatos como importantes, o magistrado já está deliberando.

Sobre a importância de profunda reflexão do juiz, Ricouer desenvolve a tese aristotélica de representação mimética, e apresenta um modelo tripartido de *mimésis* que amplia a ideia de imitação aristotélica, redefinindo com a ideia de que na narrativa fictícia ocorre uma redefinição metafórica da realidade. Para Ricoeur[14], a *mimésis* inicia-se na *Pré-configuração*, um apanhado da compreensão prévia do mundo e daquilo que chega até o autor, uma pré-narrativa que pode conter

12 RICOEUR, Paul. *Time and Narrative*. Translated by Kathleen McLaughlin and David Pellauer. University of Chicago Press, Chicago and London, volume 1, 1984; volume 2, 1985, volume 3, 1988.

13 WHITE, James Boyd. *The Legal Imagination, Studies in the Nature of Legal Thought and Expression*. Little, Brown and Co., Boston 1973.

14 RICOEUR, Paul. 'Life: A Story in Search of a Narrator'. Translated by J.N. Kraay and A.J. Scholten. In M.C. Doeserand J. N. Kraay (eds). *Facts and Values*, Martinus Nijhoff Publishers, Dordrecht 1987, 121-132. Passim.

vícios do ciclo que se pode instaurar em determinadas áreas, onde não se amplia o conhecimento interdisciplinar para entender o equívoco de raciocínio. A *Pré-configuração* no Direito seria todo o contexto jurídico a disposição do magistrado.

A segunda parte da *mimésis* é a *Configuração*, o entrelaçamento dos fatos criando um enredo em um conjunto inteligível. Nesta parte, o autor deve ter uma pré-compreensão do contexto, sua estrutura de significados, as fontes simbólicas e a temporalidade que se encaixa. Gaarker ressalta que para Ricoeur, Aristóteles já levava em consideração a conjugação de visões diferentes na construção da narrativa, as quais Ricoeur denomina *discordância concordante*, e para ela seria a *coerência narrativa*; o que levado ao Direito inclui a intersubjetividade. A autora trata a questão no Direito como a contínua dúvida do juiz, considerando todo tipo de caminho no enredo possível, evitando atalhos para a resposta de decisão jurisdicional que privilegie apenas a celeridade, o que, para a autora, preconiza sua imparcialidade. Nesta segunda parte da *mimésis* de Ricouer, a conexão com a Metáfora fica mais próxima, já que é quando a análise das possibilidades traz nova configuração das evidências.

A última parte da *mimésis* é a *Reconfiguração*, momento no qual a pré-compreensão da primeira parte (*Pré-configuração*) se altera pela segunda (*Configuração*), o desfecho é a síntese em um enredo que une componentes diferentes inter-relacionados em uma mesma história. Para Gaarker, aplicado ao Direito, nesta parte deve haver a aceitação social.

O texto jurídico, assim como o literário, pode ser redefinido por outrem, uma nova descrição de seu conteúdo; na prática jurídica, pela construção intersubjetiva do processo, a discussão que o interprete de maneiras diferentes é uma constante. Mas, destaca-se o entendimento da autora que inclui na parte final da *mimésis* a aceitação social, quando aplicada no Direito. Esta aceitação social está ligada a um sopesamento da realização de justiça aplicada ao caso concreto. Para direcionar a proporcionalidade da aplicação normativa à situação-problema, a autora passa a tratar sobre o equitativo.

3. Discernindo o Equitativo

Gaarker[15] escreve sobre o Equitativo como apresentado por Aristóteles e Ricoeur, conectando na atuação jurisdicional a *phronèsis*, a metáfora e a inteligência narrativa.

---

15 GAAKEER, Jeanne. 'Law in Context: Law, Equity, and the Realm of Human Affairs'. In Daniela Carpi (ed.): *Practising Equity, Addressing Law, Equity in Law and Literature*, Winter, Heidelberg 2008, 33-70.

Aristóteles tinha a concepção de que a lei é genérica, ou seja, na sua aplicação há a possibilidade de omissão ou deturpação no sentido de não ser aplicada a Justiça a determinado caso concreto. Ele já entendia que o deve juiz retificar ou suprir tal injustiça ou omissão legal, que a distribuição da Justiça deve ser priorizada em detrimento da legislação falha ou omissa. Para tanto, serve o papel do equitativo, que combina virtude jurídica com virtude moral.

Neste sentido, a *phrònesis* é o correto discernimento do equitativo, a aplicação da devida resposta judicial. Já para interpretar a lei e aplicá-la ao caso concreto, necessita-se apurado senso metafórico. Assim, na conciliação da norma geral ao caso concreto através da metáfora, a apuração da melhor resposta faz-se pela *phronèsis*. Segundo a autora, agregando a isso o que Aristóteles e Ricoeur discutem sobre a construção do enredo e inteligência narrativa, pode-se concluir que há diversas versões que podem ser descobertas.

Quanto ao Direito, seria a interpretação da lei ao caso concreto, a Hermenêutica Jurídica, e que se torna imprescindível que se discuta o que é a justiça e a injustiça, levando em conta as questões sociais envolvidas e a forma como o Direito é aplicado, para o desenvolvimento jurídico.

A autora considera a interpretação sempre ligada à argumentação, entendida como raciocínio prático, e sugere uni-la a capacidade deliberativa do raciocínio aprimorada pelo enriquecimento que o contato com a literatura oferece. Este enriquecimento é o aperfeiçoamento da compreensão e identificação de preconceitos despercebidos e de melhor se expressar, utilizando de variedade de significados possíveis através de performances linguísticas ao se redigir o Direito nas peças jurídicas.

Essa proposta de engrandecimento da Hermenêutica Jurídica e da atuação do jurista, pelo contato com a Literatura e a Hermenêutica Filosófica, combina-se com o desenvolvimento da virtude de *phrònesis* a partir do que se discute sobre ética e Direito em obras literárias. Para a autora, o juiz em ação com tal virtude (*phronimos*), aliado à necessária autorreflexão ao analisar e decidir, devem ser constitutivas do *habitus* judicial[16], que, utilizando-se de inteligência narrativa e com atenção aos aspectos particulares do caso ao criar um enredo (*emplotment*) que prioriza a equidade, pratica Direito com o viés de fazer Justiça.

---

[16] FRANK, Arthur W. *Letting Stories Breathe, a socio-narratology*. University of Chicago Press, Chicago, 2010.

Sobre como lidar com a *phrònesis* no ato de decisão jurisdicional, Gaarker traz a ideia de Miranda Fricker[17] sobre a ligação entre ambos se focar na percepção do ouvinte. Fricker discute sobre dois tipos de injustiça epistêmica que podem ocorrer no discurso, a *injustiça testemunhal*, quando o ouvinte dá mais ou menos crédito ao depoimento do falante, e a *injustiça hermenêutica*, quando a experiência social não é suficiente para fazer-se entender. No caso da proposta de Gaarker para o Direito, pode-se entender que neste contexto o magistrado deve se desvencilhar de seus conceitos preconcebidos para que não incorra na *injustiça testemunhal* e se desenvolver humanamente ter abertura de possibilitar ver que em determinado caso pode haver a *injustiça hermenêutica* por carência de amplitude sociocultural. A autora propõe a plena e constante reflexão do juiz, tanto no sentido de autorreflexão, conhecimento e descoberta de seus próprios preconceitos, quanto na compreensão das opções que escolhe ao decidir e as consequências sociais de sua atuação profissional.

(In)justiça e Equidade em Shakespeare

O autor Fernando Armando Ribeiro[18] discute sobre a difícil medida da justiça, injustiça e equidade, em um capítulo do livro sobre diálogos a partir do Direito e Literatura, assente em obra literária de William Shakespeare[19].

Com base na peça shakespeariana *Medida por medida*, o autor debate o tratamento que é dado por Angelo ao conduzir um julgamento, e a importância do sopesamento das particularidades do caso concreto, a ainda sobre a implicação de sua decisão e da legislação na repercussão para com a realidade social. A abordagem é feita de forma contemporânea, trazendo a ideia de que de forma atemporal é pertinente o conflito vivido naquela situação, pela busca de equidade na prática judicial.

Logo de início, o autor lembra a importância da fundamentação da decisão jurisdicional, alicerçado no artigo 93, inciso IX da Constituição da República[20], e de que os fundamentos devem ser de ordem jurídico-normativa. Mas, que não por

---

[17] FRICKER, Miranda. *Epistemic Injustice, Power and the Ethics of Knowing.* Oxford University Press, Oxford, 2007.

[18] RIBEIRO, Fernando Armando. Difícil medida: reflexões sobre o direito, (in)justiça e equidade em Shakespeare. In: RIBEIRO, Fernando Armando; NOGUEIRA, Luciana Bernardo G. B. (Orgs.). *Shakespeare e Cervantes: diálogos a partir do direito e literatura.* Belo Horizonte: Letramento, 2016. p.135-146. Passim.

[19] SHAKESPEARE, William. *Medida por medida.* Centaur Editions, 2013 (Kindle Edition). Passim.

[20] Brasil. Constituição (1988). *Constituição da República Federativa do Brasil.* 53. ed. São Paulo: Saraiva, 2016.

isso deve ser aplicada a norma pela interpretação silogística da Escola de Exegese. Ao contrário, o magistrado deve buscar todo tipo de particularidade do caso concreto de forma acurada, a fim de analisá-lo profundamente frente ao escopo do ordenamento jurídico, considerando-o inclusive em relação a princípios jurídicos.

O autor utiliza-se da peça shakespeariana para ilustrar a situação do julgador Angelo, exemplo de atuação judicial negativa que não leva em conta nada mais do que o ditame legal cru, contrariando o que ora exposto nas ideias de Gaarker, Ricoeur e Aristóteles. Na peça, Ângelo condena Cláudio à morte por ter mantido relação sexual e engravidado sua noiva, Julieta, antes do casamento. Porém, Cláudio já havia desposado Julieta antes de manter a relação sexual, faltando apenas formalidade final na contratação do matrimônio.

Dentre os desvios de conduta do juiz Ângelo na aplicação da norma ao caso concreto, Ribeiro explicita três principais falhas: a falta de crítica para analisar a recepção da norma em pauta pela conjuntura social (desuso da lei – dessuetude), a desconsideração da análise apurada das particularidades do caso, e o próprio comportamento absorto do julgador à situação alheia.

A falta de consciência histórica do julgador Ângelo é um dos grandes problemas apontados por Ribeiro, citando a hermenêutica de Hans-Georg Gadamer[21]. Segundo o autor, o olhar do sujeito, diante de sua condição histórica deve ser posto a prova, deve estar aberto a discussão, para que possa desmistificar seus preconceitos e expandir sua visão, fundindo o horizonte do intérprete com o horizonte do interpretado. Portanto, há um déficit hermenêutico em Angelo, pois não releva a possibilidade de interpretações diversas das suas, apropriações de outrem quanto à tradição na ideia gadameriana[22] – no caso, o texto normativo e a situação de cada intérprete –, que podem trazer novas conclusões; falta-lhe consciência reflexiva.

Em complemento ao déficit hermenêutico mencionado, Ribeiro lembra lição da Filosofia Hermenêutica de Martin Heidegger[23], já que pelos entraves cognoscitivos de Angelo, com sua incorreta percepção dos fenômenos, acaba por apresentar desvios morais, pelo descuido que tem com a vida humana, afastando-se do humanismo, de se voltar para a essência do ser humano.

---

[21] GADAMER, Hans-Georg. *Verdade e Método*. Tradução de Flávio Paulo Meurer. 3. ed. Petrópolis: Vozes, 1997.

[22] GADAMER, Hans-Georg. *O Problema da Consciência Histórica*. Org. Pierce Fruchon. Tradução de Paulo César Duque Estrada. 2. ed. Rio de Janeiro: FGV, 2003.

[23] HEIDEGGER, Martin. *Carta sobre o humanismo*. São Paulo: Centauro, 2005.

Ribeiro cita Martha Nussbaum[24] para classificar a atitude de Angelo oposta ao parâmetro de imparcialidade da autora, o *espectador judicioso*, que seria o interesse pelos participantes do feito, apesar de sua não participação pessoalmente, tendo a visão do caso com distanciamento e crítica necessários para poder usar sua própria experiência sem macular o julgamento com os anseios e tendências particulares do julgador.

Neste sentido, o autor ressalta que a própria peça apresenta temática shakespeariana recorrente sobre os perigos da ambição, citando a constatação de Cláudio de que "o Estado é tão-somente um cavalo em que monta o governante, e em que, uma vez na sela, só com o fito de montar seu poder, afinca e espora"[25], e a provocação do Duque, "vamos ver se o poder perverte o intento dos homens e o que em nós é fingimento" [2626].

Na peça, o Duque faz um aviso ao investir Ângelo como seu sucessor: "Achai-vos apto, agora, para fazer como eu, soltando as rédeas à lei, ou retraindo-os à vontade"[27]. Percebe-se que nesta fala há uma ratificação quanto à ideia aristotélica de equitativo. Porém, Angelo não considerou o alerta do Duque, por todo o exposto, não se utilizando da busca por uma decisão equitativa, esteve alienado à ideia de homem prudente, da virtude de *phronèsis*. Não apenas no julgamento de Cláudio, Angelo continuou com sua surdez ao clamor da essência humana e dos apelos da intersubjetividade na sua atividade de magistrado, e na obra shakespeariana, o seu destino foi a loucura resultante do caminho de isolamento que ele mesmo se propôs a trilhar. Mas, ao contrário de Angelo, o que se percebe ao final da peça é que o Duque tem preocupação pela equidade, e acaba por lhe perdoar.

O autor conclui indicando a importância da dimensão autorreflexiva que a análise de uma obra literária pode contribuir ao jurista na construção do Direito, desvelando possíveis percepções diferenciadas de um dado fenômeno, e aprimorando o senso crítico para lidar com estas questões desmistificando os próprios preconceitos.

---

24 NUSSBAUM, Martha. *Poetic justice*. Boston: Beacon Press, 1995.

25 SHAKESPEARE, William. *Medida por medida*. Centaur Editions, 2013 (Kindle Edition), ato 1, cena 1.

26 SHAKESPEARE, William. *Medida por medida*. Centaur Editions, 2013 (Kindle Edition), ato 1, cena 1

27 SHAKESPEARE, William. *Medida por medida*. Centaur Editions, 2013 (Kindle Edition), ato 1, cena 1 .

4. Conclusão

As opções que o juiz faz na escolha e no peso probatório das questões do caso concreto que servirão como base de seu julgamento demandam sua apurada análise. Aplicar o Direito àquelas questões deve unir seu conhecimento jurídico com a consciência da relevância de cada uma delas no contexto jurídico, sem esquecer que neste processo, apesar de utilizar de sua experiência prévia, deve sempre atuar criticamente para que não se tome decisões com tendência a seu particular interesse – ou parcialidade. Esta consciência de si precisa ainda da percepção do mundo ao seu redor, do entendimento da pertinência das relações sociais no seu tempo e espaço. A filosofia e a hermenêutica filosófica podem indicar meios de estudo e inspiração para o magistrado, contribuindo com possibilidades de entender a si e ao processo decisório.

A literatura como meio de expressão de relações humanas pode servir de arcabouço de construção do humano no julgador; no qual essas relações fictícias que espelham a realidade de alguma forma podem se servir como apanhado de situações diferenciadas que engrandecem a consciência do juiz, já que o contato com o texto literário possibilita que se aproxima da situação do outro, e também que se desvencilhe de preconceitos que ora poderia nem saber que tinha.

Quanto mais o magistrado aprofundar no caso concreto e entender o contexto social, maior direcionamento terá para suprir a demanda judicial com a resposta que melhor supra os anseios dos interessados. Nessa parte, a virtude aristotélica de *phrònesis* serve de direcionador de sua atuação. E, quanto mais o julgador tiver contato com obras literárias, mais facilmente poderá aplicar o Direito com este direcionador, como pelos processos da metáfora e da inteligência narrativa. Assim, quanto mais o juiz exercitar a reflexão e a autorreflexão, mais equitativa será a sua atuação.

Portanto, com as contribuições da filosofia e da literatura, e a interdisciplinaridade na formação e constante aprimoramento dos atores do Direito, mais propensos e instrumentalizados estarão para buscar justiça na prática jurídica.

5. Referências

BRASIL. Constituição (1988). *Constituição da República Federativa do Brasil.* 53. ed. São Paulo: Saraiva, 2016.

ARISTOTLE. *The Poetics.* Translated by W. Hamilton Fyfe. Harvard University Press, Cambridge (Mass.) and London 1965 [1927].

ARISTOTLE. *The Nicomachean Ethics.* Translated by H. Rackham and edited by J. Henderson. Harvard University Press, Cambridge (Mass.) and London 2003 [1926].

ARISTOTLE. *The Rhetoric.* Translated by W. Rhys Roberts. Oxford University Press, Oxford 1924.Available on <http://rhetoric.eserver.org/aristotle> (visited 10 January 2012).

BARFIELD, Owen. 'Poetic Diction and Legal Fiction'. In Owen Barfield: *The Rediscovery of Meaning and other essays,* Wesleyan University Press, Hanover (New Hampshire) 1977, 44-64.

FRANK, Arthur W. *Letting Stories Breathe, a socio-narratology.* University of Chicago Press, Chicago 2010.

FRICKER, Miranda. *Epistemic Injustice, Power and the Ethics of Knowing.* Oxford University Press, Oxford 2007.

GAAKEER, Jeanne. Configuring Justice, *No Foundations, An Interdisciplinary Journal of Law and Justice.* N.9 (2012): 20–44

GAAKEER, Jeanne. 'Law in Context: Law, Equity, and the Realm of Human Affairs'. *In* Daniela Carpi (ed.): *Practising Equity, Addressing Law, Equity in Law and Literature,* Winter, Heidelberg 2008, 33-70.

GADAMER, Hans-Georg. *Verdade e Método.* Tradução de Flávio Paulo Meurer. 3.ed. Petrópolis: Vozes, 1997.

GADAMER, Hans-Georg. *O Problema da Consciência Histórica.* Org. Pierce Fruchon. Tradução de Paulo César Duque Estrada. 2.ed. Rio de Janeiro: FGV, 2003.

HEIDEGGER, Martin. *Carta sobre o humanismo.* São Paulo: Centauro, 2005.

LARENZ, Karl F. *Methodenlehre der Rechtswissenschaft.* Springer, Berlin, 1991[1960].

MOOTZ, Francis J. III. 'Foreword' to the Symposium on Philosophical Hermeneutics and Critical Legal Theory. 76 (2) *Chicago-Kent Law Review* (2000) 719-730.

NUSSBAUM, Martha. *Poetic justice*. Boston: Beacon Press, 1995.

RIBEIRO, Fernando Armando. Difícil medida: reflexões sobre o direito, (in)justiça e equidade em Shakespeare. In: RIBEIRO, Fernando Armando; NOGUEIRA, Luciana Bernardo G. B. (Orgs.). *Shakespeare e Cervantes: diálogos a partir do direito e literatura*. Belo Horizonte: Letramento, 2016. p.135-146.

RICOEUR, Paul. 'The Metaphorical Process as Cognition, Imagination, and Feeling'. *Critical Inquiry* (1978) 143-159.

RICOEUR, Paul. 'Life: A Story in Search of a Narrator'. Translated by J.N. Kraay and A.J. Scholten. In M.C. Doeserand J.N. Kraay (eds): *Facts and Values*, Martinus Nijhoff Publishers, Dordrecht 1987, 121-132.

RICOEUR, Paul. *Time and Narrative*. Translated by Kathleen McLaughlin and David Pellauer. University of Chicago Press, Chicago and London, volume 1, 1984; volume 2, 1985, volume 3, 1988.

RICOEUR, Paul. *Oneself as Another*. Translated by Kathleen Blamey. University of Chicago Press, Chicago and London 1992.

RICOEUR, Paul. *The Rule of Metaphor, multi-disciplinary studies in the creation of meaning in language*. Translated by Robert Czerny with Kathleen Mclaughlin and John Costello, Routledge, London1986 [1975].

RICOEUR, Paul. *Reflections on the Just*. Translated by David Pellauer. University of Chicago Press, Chicago and London 2007.

SCHÖN, Donald A. *The Reflective Practitioner*. Basic Books, New York 1983.

SHAKESPEARE, William. *Medida por medida*. Centaur Editions, 2013 (Kindle Edition)

VEZZOSI, Rafael Geraldo Magalhães. *A objetividade na fundamentação da decisão judicial e a desmistificação do papel da verdade no processo civil a partir do Inferencialismo de Brandom*. 2014. 76f. Dissertação (Mestrado) - Pontifícia Universidade Católica de Minas Gerais, Programa de Pós-Graduação em Direito, Belo Horizonte.

WHITE, James Boyd. *The Legal Imagination, Studies in the Nature of Legal Thought and Expression*. Little, Brown and Co., Boston 1973.

A ARTE JEDI DE VIVER: EMOÇÕES POLÍTICAS PARA UMA SOCIEDADE JUSTA

Rafael Lourenço Navarro[1]

Como parte inerente da vida humana, emoções são partes constitutivas da vida política de qualquer sociedade. E nas democracias liberais modernas isso não é menos verdadeiro do que em outros períodos históricos. Com isso em mente, a pensadora norte-americana Martha Nussbaum apresenta em seu livro *Political Emotions: Why Love Matters for Justice* uma análise das emoções que podem influenciar a vida política de uma nação. Emoções como o medo do desemprego, asco ou repulsa pelos necessitados ou amor demasiado por valores guerreiros, frequentemente tornam-se bastante intensos e tendem a arrastar multidões com seu ímpeto.

Não é preciso, porém, que estas emoções cheguem ao ponto do antissemitismo nazista para serem nocivas, ou que sejam invocadas por gurus, profetas ou revolucionários, como Gandhi, para gerar bons resultados. Emoções causam efeitos duradouros e de larga escala em uma nação ou comunidade política em busca de objetivos como justiça social e desenvolvimento. Como afirma Nussbaum, emoções "podem dar vigor e profundidade à busca destes objetivos, mas elas também podem tirar esta busca dos trilhos, introduzindo ou reforçando divisões, hierarquias, e formas de negligência e obtusidade".[22] A questão decisiva que pretendo abordar é quais tipos de emoções podem ajudar uma sociedade a produzir formas

1 Filósofo formado pela PUC Minas e Doutorando em Teoria do Direito no PPGD da PUC Minas.

2 "They can give the pursuit of these goals new vigor and depth, but they can also derail that pursuit, introducing or reinforcing divisions, hierarchies, and forms of neglect or obtuseness." (Martha Nussbaum, Political Emotions: Why Love Matters for Justice, Havard University Press: 2015, p. 2)

de vida desejáveis e quais emoções ameaçam a diversidade de projetos de vida boa, empobrecendo social e politicamente uma nação. O que se busca é apontar para a política que vem[33]. Apresentar uma leitura sociopolítica onde uma pessoa possa agir fundamentando-se em razões e respondendo a regras, assumindo responsabilidades e exercendo liberdade em harmonia com as emoções e sentimentos humanos.

Para tanto, recorrerei a um fenômeno cultural de proporções globais que possui suas manifestações mais marcantes no cinema, *Star Wars*. Há muito tempo, em uma galáxia muito distante, os Jedi e os Sith possuíam códigos que lhes indicavam as regras para lidarem com suas emoções, e no contexto sociopolítico da Antiga República, e posteriormente do Império Galáctico, influenciaram profundamente os acontecimentos políticos retratados nos filmes, séries de TV, jogos de videogame, inúmeros livros e quadrinhos. A narrativa assumida focará em três figuras principais, Anakin Skywalker/Darth Vader, Obi-wan Kenobi e Luke Skywalker, a fim de produzir algum insight sobre a relação entre códigos, regras, técnicas e emoções, tão cara e profusamente debatida no Direito.

E por que *Star Wars* como foco em um texto sobre Direito e Literatura? Primeiramente, para defender a posição de que "literatura" é um termo que se for entendido com um significado muito estrito corre o risco de perder exatamente o sentido que a corrente de pensamento "Direito & Literatura" pretende, a saber, expandir as possibilidades de sentido de um texto ou narrativa. A proximidade do cinema com o teatro, uma das formas clássicas da literatura, permite a classificação do roteiro cinematográfico como texto literário. A definição aristotélica de que a literatura é a narrativa capaz de produzir catarse, de despertar emoções e sentimentos no leitor/ouvinte, permite colocar o cinema na categoria que a corrente Direito & Literatura chama de "literaturas marginais".

Além disso, o projeto de Nussbaum, que se assume aqui como uma ferramenta para a política que vem, mira em emoções e racionalidade pública. Com isso em mente, o alcance de uma obra cinematográfica como *Star Wars* faz dela uma opção adequada e muito interessante, daí a escolha deste foco para o atual texto. Interessante porque a figura do Jedi, nosso foco, representa tanto um modelo de uma instituição tendo de se ver com questões políticas quanto com a relação entre códigos normativos e formas-de-vida. Como diz Agamben:

[3] Giorgio Agamben ao longo da sua obra fala em uma "política que vem" para se referir a um modo de se pensar a ética e a política sem cair nos lugares comuns e jargões tradicionais.

> O que a poesia realiza em favor da potência do dizer, a política e a filosofia devem realizar em favor da potência do agir. Tornando inoperantes as operações econômicas e biológicas, elas mostram o que *pode* o corpo humano, abrindo-o para um novo, possível uso.[4]

Tal "novo uso" implica em uma superação do modo kantiano de se compreender a relação entre ação e norma. O paradigma da ontologia operativa, no qual uma ação é julgada correta ou incorreta de acordo com sua adequação a um código normativo universal, impõe um uso determinado para a vida do sujeito na forma do agir pelo dever. Mas o cultivo de emoções, constitutivo de uma forma-de-vida, vai além do mero cumprimento de uma obrigação. O Direito é a via pela qual a Política pode melhorar a vida das pessoas, se se compreende que "verdadeiramente política é apenas aquela ação que corta o nexo entre violência e Direito".[5]

Começarei apresentando os códigos Jedi e Sith e uma pequena exegese de ambos[6]. Recorrerei a Foucault e Agamben para analisar alguns elementos da Acética e do cenóbio monástico. Em seguida pretendo, com o auxílio de Nussbaum e Desmond, demonstrar como as ações de Obi-wan e Anakin podem apontar os perigos a serem evitados se se quiser evitar uma sociedade de Darth Vaders. Por fim, o exemplo de Luke poderá nos indicar um caminho para almejarmos a sociedade livre, justa e solidária que nossa Constituição Federal estabelece como objetivo da República.

Nos cursos ministrados nos últimos anos de sua vida, Michel Foucault abordou alguns temas relevantes para o pensamento filosófico da Antiguidade Tardia. Especialmente interessante para o nosso contexto é a aula de 17 de março de 1982 no curso posteriormente publicado sob o título *Hermenêutica do Sujeito*. O tema geral do curso é o conceito de *epiméleian toautou*, cuidado de si, que, de acordo com a argumentação do pensador francês, engloba o conceito clássico mais conhecido do *gnóthi seautón*, conhece-te a ti mesmo. Na aula em questão é apresentada uma distinção didática entre *regra* de vida e *arte* ou *thekné* de viver. A apresentação de Foucault tem por objetivo distinguir entre as diferentes Ascéticas Antigas. Já Agamben, em *Altíssima Pobreza*, demarca muito bem a distinção, no plano ético, entre a fundamentação normativa da ação e uma forma de vida. E esta distinção deve ser explicitada se se quiser alcançar o sentido deste artigo:

---

4 AGAMBEN, Giorgio. *O Reino e a Glória*. Boitempo, 2011, p. 274.

5 AGAMBEN, Giorgio. *Estado de Exceção*. Boitempo, 2004, p. 133.

6 *Star Wars* é um fenômeno cultural que vai muito além dos filmes. Para informações sobre os termos usados neste texto sugiro a maior Wikipédia especializada do mundo: *starwars.wikia.com*

Na realidade, como Wittgenstein parece sugerir, a própria ideia de uma regra constitutiva implica que venha a ser neutralizada a representação corrente segundo a qual o problema da regra consistiria simplesmente na aplicação de um princípio geral a um caso particular, ou seja, segundo o modelo kantiano do juízo determinante, numa operação meramente lógica. O projeto cenobítico, deslocando o problema ético do plano da relação entre norma e ação para o da forma de vida, parece pôr novamente em questão as próprias dicotomias entre regra e vida, universal e particular, necessidade e liberdade, pelos quais estamos habituados a compreender a ética.[7]

O código Jedi[8]

Não há Emoção, há apenas Paz / Não há Ignorância, há apenas Conhecimento / Não há Paixão, há apenas Serenidade / Não há Caos, há apenas Harmonia / Não há Morte, há apenas a Força.

O código Sith[9]

Paz é uma mentira, há somente paixão / Através da Paixão eu obtenho Vigor[10] */ Através do Vigor eu obtenho Poder / Através do Poder eu obtenho Vitória / Através da Vitória meus grilhões se rompem / A Força deve me libertar.*

De muitos modos a história da Galáxia de *Star Wars* está ligada à oposição entre os Jedi e os Sith. Começando pelas numerosas referências semióticas como ligar os Jedi ao Lado da Luz e os Sith ao Lado Sombrio da Força (*Ligh Side* e *Dark Side*), ou a indicação de que os Jedi são uma fonte inesgotável de esperança, enquanto os Sith são o símbolo da traição inevitável. Enquanto os Jedi são apresentados como os Guardiões da Paz na República, os Sith governam o Império totalitário com mão de ferro destruindo seus opositores e acabando com a liberdade.

Entretanto, em nenhum dos dois códigos encontramos o conjunto de regras exatas e extremamente precisas que determinam cada momento da vida comum nos manuais monásticos da Antiguidade Tardia. Em ambos os códigos há indicações gerais de como se portar, mas sem uma determinação de um *habitus*

---

7 AGAMBEN, Giorgio. *Altíssima Pobreza*, 2011: Boitempo, p. 79.

8 *There is no Emotion, there is only Peace / There is no Ignorance, there is only Knowledge / There is no Passion, there is only Serenity / There is no Chaos, there is only Harmony / There is no Death, there is only the Force.*

9 *Peace is a lie, there is only Passion / Through Passion I gain Strength / Through Strength I gain Power / Through Power I gain Victory / Through Victory my chains are broken / The Force shall free me.*

10 Obviamente a melhor tradução do inglês "Strength" seria o português "Força". Entretanto, a confusão de sentido causada por traduzir por "Força" tanto o inglês "Strength" quanto "Force" justifica a escolha do termo "Vigor".

cenobítico como será visto, por exemplo, nos manuais monásticos cristãos. A regra de vida monástica indica a hora de dormir e de se lavar, de cada refeição e de quando se deve ler a bíblia. Cada ação da vida do monge é regrada, isto é, executada de acordo com uma regra determinada.

Tanto o código Jedi quanto o Sith não oferecem um tal grau de detalhamento. Antes, quando confrontados com as regras monásticas, eles exemplificam a distinção entre regras de vida e a arte de viver das Ascéticas Antigas que Foucault destaca[11]. Diferentemente de manuais como, por exemplo, o de Basílio de Cesárea, os códigos Jedi e Sith apresentam algum direcionamento de conduta, mas permitindo a liberdade do indivíduo de decidir como reagir a cada situação dada, ao contrário do conjunto extenso e preciso de ações determinadas exigidas pelas regras dos manuais. É pensando nesta diferença que Agamben afirma:

> Uma norma que não se referir a atos singulares e acontecimentos, mas à existência do individuo em seu todo, a sua *forma vivendi*, já não será facilmente reconhecível como direito, assim como uma vida que se instituir em sua integridade na forma de uma regra já não será verdadeiramente vida.[12]

Assim, o que os códigos Jedi e Sith oferecem é o conteúdo conceitual da *Meléte* ou *Meditatio*. A meditação é a ação real de "pôr em uso" o código escrito, de a cada vez lembrar a si mesmo do por que se realiza a ação. A *meditatio* católica consiste em recitar em voz alta, ou na mente, passagens bíblicas e orações enquanto se realiza trabalhos que, de outra maneira, seriam mundanos, como lavar roupa ou arar a terra. O monge que ora meditando enquanto realiza uma obra, glorifica esta obra. Quem realiza a meditação sabe qual é a razão e sentido que se escolheu para sua própria vida. Em *Star Wars* é comum um Jedi dizer a seu Padawan (aprendiz) *search your feelings*, observe seus sentimentos e intenções, saiba o que se está fazendo e porque se está realizando a tarefa atual.

Portanto, os códigos Jedi e Sith não compõem uma *regula* (regra) de vida, mas uma *tekhné tó biou*, uma arte de viver. Uma vida segundo uma técnica, ou arte, visa constituir uma obra. A obra de arte pretende-se bela, algo digno de ser vivida. É notório que mesmo retratados como os "caras maus" os Sith vivem sob um código que almeja a liberdade, e Anakin Skywalker torna-se Darth Vader no intuito de acabar com a Guerra dos Clones e restaurar a paz na galáxia, e salvar sua esposa grávida.

---

[11] Hermenêutica do Sujeito, primeira hora da aula de 17 de março de 1982.

[12] AGAMBEN, Giorgio. *Altíssima Pobreza*, 2011: Boitempo, p. 37.

Talvez a principal diferença entre Jedi e Sith se manifeste na distinção de Foucault entre as técnicas de vida da abstinência e das provas. O código Jedi é estruturado com a fórmula "não há/há apenas" para indicar as abstinências (não há emoção, não há paixão), mas também para indicar aquilo que não é necessário temer (não há ignorância, caos ou morte). Assim como a abstinência estoica visava cultivar a resistência ao que vem do mundo exterior, a virtude da Coragem ou Fortaleza (*andrea*), e medir, controlar e cuidar dos movimentos interiores com a virtude da Temperança (*sophrosyne*), o código Jedi ensina que em Paz se alcança o Conhecimento, que Serenamente reconhece a Harmonia entre os diferentes e respeita o Outro, pois sabe que a verdade se encontra na visão totalizante do conjunto, na Força. Quando Luke pergunta a Yoda como ele será capaz de distinguir entre o certo e o errado, a resposta é brilhantemente simples: "quando estiver calmo, em paz, você saberá a diferença".

Os dois ensinamentos mais constantemente repetidos pelos Jedi são *no attachment* e *stay focused*, não se prender a vínculos afetivos e conseguir focar-se no aqui e agora. Ambos indicam como um Jedi deve ser capaz de deixar as coisas que estão no passado para trás. Um Jedi incapaz de deixar ir os afetos que não mais fazem parte de sua vida, como um amigo que já morreu, estará sempre sob a ameaça do Lado Negro, pois para ele a Paz realmente será uma mentira. E a Ordem Jedi como um todo não percebeu o que estava fazendo quando sua afeição aos ideais da República os cegaram para a corrupção que havia se instalado no Senado e a corroído por dentro.

Por outro lado, o código Sith começa com a afirmativa que estabelece a autonomia volitiva como o fundamento de um modo de vida. "Paz é uma mentira, há somente Paixão". É o desejo de se libertar de qualquer coerção, de saber o que se é capaz de realizar, que move o Sith. "Em uma prova, diferentemente de uma abstinência, trata-se essencialmente de saber do que se é capaz, se se é capaz de fazer determinada coisa e de fazê-la até o fim." Enquanto a abstinência Jedi demarca uma *meditatio* a qual ele deve se resignar para elaborar uma forma de vida, na prova Sith "está sempre em questão uma certa progressividade e um esforço de demarcação, logo, de conhecimento de si."[13] A regra de que só pode haver, a cada vez, dois Sith, um Mestre e um Aprendiz, é indicativo deste esforço de demarcação. Pois, enquanto o Jedi nega a Emoção e a Paixão para ter Paz e Serenidade, um Sith precisa do confronto, da Vitória, para poder afirmar a si mesmo. Só pode haver dois Sith, o Mestre sabe disso porque se ele aceitar uma coletividade de

---

[13] FOUCAULT, Michel. *Hermenêutica do Sujeito*. Martins Fontes, 2003, p. 521 e 522.

vontades que confrontem a sua, aceitar vários aprendizes, ele não será capaz de impor sua vontade. O Aprendiz sabe que ele precisa superar seu Mestre em poder – através do Poder, Vitória. Por meio da Vitória meus grilhões se rompem – para alcançar a autonomia. Eis a maldição dos Sith, e de toda teoria moral individualista, sua autonomia é *heteronomia*.

> O que é tirania a não ser a vontade mais poderosa impondo si mesma em relação a outra? Isto significa que autonomia, enquanto esta tirania, é exatamente *heteronomia*. A lógica da vontade única impondo si mesma é que só há uma vontade absoluta autodeterminada. Qualquer coisa aquém disso será uma relativização da autonomia absoluta. [...] O tirano é o que alguém é, enquanto impõe a todo ser que seja para este alguém, impondo o bem como o meu bem, enquanto a vontade impondo a si mesma como uma autonomia absoluta, à qual toda alteridade é servil.[14]

Jedi, guardiões da paz na República

Em *Episódio II: Ataque dos Clones* o Mestre Jedi Mace Windu (Samuel L. Jackson) ressalta, em uma reunião com o Chanceler Palpatine (Ian McDiarmid), que os Jedi são Guardiões da Paz, não guerreiros. A demarcação visa destacar os compromissos dos Jedi, a saber, com a paz na República e com a proteção da lei e da ordem mantidas pelo Senado Galáctico. Em suma, os Jedi têm a prerrogativa de defender os *Ideais* da República, e não necessariamente os Estados Federados que a compõem.

Por isso, o Movimento Separatista liderado pelo ex-Jedi, e agora Sith, Conde Dooku (Christopher Lee) se apresenta como uma ameaça. Dentro da narrativa de Star Wars, a República é um regime de governo ininterrupto e de considerável sucesso há milhares de anos. O sucesso na integração de seus membros é de tal ordem que ela alcançou um ponto no qual sua soberania não requer uma força militar permanente para se estabelecer. No entanto, este patamar fora alcançado quando o Império Sith deixou de existir. Mesmo outras forças militares da Galáxia (como os Mandalorianos) não se apresentavam como ameaça ao gigante que a República se tornara com o tempo.

---

[14] What is tyranny but the most powerful will willing itself in relation to the other? This means autonomy, as the tyranny, is exactly *heteronomous*. The logic of the one willing itself is that there but be one absolute autonomous self-determinate. Short of that there will Always be others to relativize the absolute autonomy [...] The tyrant is what one is, as willing all being to be for one, as willing the good as my good, as will willing itself as the absolute will, for wich everything other serves. (DESMOND, William. *Ethics and Between*, p. 321 e 339)

A ameaça fantasma do título do primeiro episódio é, para os Jedi, o retorno dos Sith como um poder beligerante na galáxia. Um sistema solar ou um planeta (a dimensão "territorial" típica de um "Estado" federado na República) pode declarar-se independente a qualquer momento. Mas os Separatistas de Conde Dooku possuem inclinação imperialista, invadindo e anexando os Estados que fazem parte da República.

O pano de fundo da narrativa em *Star Wars*, e que eu quero aqui trazer à tona, é a questão de quem deve governar a Galáxia e de quais pressupostos teóricos devem ser valorizados. Pego emprestado de MacIntyre uma distinção entre a proposta de bens de excelência (Jedi) e de bens de eficácia (Sith) que o filósofo escocês apresenta em *Justiça de Quem? Qual Racionalidade?*

> Aqueles [como os Sith] que subordinam os bens de excelência aos bens de eficácia, se forem consistentes, compreenderão a política como uma arena na qual cada cidadão busca ao máximo alcançar o que quer, dentro das limitações impostas pelos vários tipos de ordem política, e a resposta à questão 'quem deve governar?' será: 'quem quer que tenha habilidade e interesse em manter ou promover cada tipo de ordem'. O tipo de ordem que alguém promover dependerá, obviamente, dos seus próprios interesses. Deste ponto de vista, a política como estudo teórico tratará primariamente de até que ponto interesses rivais podem ser promovidos e ainda reconciliados e contidos por uma única ordem. Em oposição, para aqueles que elegem fundamentalmente os bens de excelência [como os Jedi], a política como um estudo teórico tratará primariamente de como o respeito pela justiça concebida de modo adequado pode ser promovido, de modo a ampliar uma compreensão partilhada, assim como uma adesão aos bens da pólis, e apenas secundariamente tratará dos conflitos de interesses, especialmente à medida que possam ser destrutivos do movimento em direção a tal compreensão e adesão compartilhadas.[15]

É importante destacar que a soberania da República se estende somente aos Estados membros que livremente aderem a ela. O planeta Tatooine em *Episódio I: A Ameaça Fantasma* é um lugar onde a o dinheiro da República não é aceito e onde os ideais da República não significam nada. Diferentemente do que encontramos no *Episódio IV: Uma Nova Esperança*, quando vários Stormtroopers procurando os dróides R2-D2 e C3-PO demonstram o alcance das garras do Império. Durante a República, os ideais Jedi eram preeminentes, e não se buscava a anexação de territórios, ou mesmo a interferência militar. Já no período Imperial, é um Sith quem comanda e não o Senado. A vontade do soberano deve ser efetivada, sendo limitada somente por uma eventual incapacidade de se impor.

---

15 MACINTYRE, Alasdair. *Justiça de Quem? Qual Racionalidade?*, p. 50.

Obi-Wan Kenobi, mestre Jedi

Obi-Wan é retratado ao longo da saga como o Jedi exemplar. Ele apresenta o devido respeito ao Código que seu mestre Qui-Gon Jinn (Liam Neeson) não possuía[16]. Para todos os efeitos, a narrativa é construída para apresentar Kenobi como o porta voz da Ordem Jedi. Porém, o momento onde esta demarcação é mais notável acontece em *Episódio II: Ataque dos Clones* quando ele está preso à mercê de Conde Dooku.

A situação da cena apresenta o Jedi preso no planeta Geonosis enquanto realizava uma investigação para descobrir o responsável pela tentativa de assassinato contra a Senadora Pádme Amidála (Natalie Portman). Ali Obi-Wan descobre que um ex-Jedi, Conde Dooku, planeja criar uma Aliança Separatista e, se necessário, fazer guerra contra a República. Durante a conversa entre os dois, o Conde declara que o Senado republicano está corrompido, que o Lorde Sith que os Jedi procuram está no controle dos senadores, e convida o cavaleiro Jedi a se juntar à Aliança Separatista. O que acontece é que na tentativa de se manter fiel aos ideais da República, Kenobi fecha os ouvidos para qualquer argumento apresentado por alguém que ele enxerga como um traidor da Ordem Jedi. Conde Dooku é um desertor da Ordem e o fato dele ter revelado a verdade não é capaz de abrir os olhos de Obi-Wan.

Durante a segunda parte de *Political Emotions*, Martha Nussbaum apresenta o conceito de negação da própria humanidade (*anthropodenial*). Este conceito indica a atitude de pessoas que negam a própria fragilidade e falibilidade, o que é muito comum na, assim chamada, cultura ocidental moderna. A cisão cartesiana radical entre *res cogitans* e *res extensa*, coisa pensante e coisa corpórea, mente e corpo, facilita ao humano a negação dos seus próprios limites, especialmente corporais, mas também morais. O exemplo usado pela autora americana é o de um homem cardíaco que se recusa a receber partes do coração de um porco que poderia salvar-lhe a vida. A alegação do sujeito em questão é de que ele seria "um anjo aprendiz" e que a sua dignidade não permitia ter em seu corpo um pedaço de um "animal imundo".

A antroponegação (*anthropodenial*) se fundamenta em uma concepção substancialista de pessoa. Segundo esta concepção, a pessoa humana enquanto tal possui um tipo de natureza que lhe confere uma dignidade que outros animais não possuem. Esta negação da animalidade, e consequentemente do papel das emoções no próprio conceito de humano, constantemente leva a uma distinção

---

16 Obi-wan fala com Qui Gon que se seu mestre observasse o Código ele seria membro do Conselho Jedi.

entre humano e animal, civilizado e selvagem, minha cultura e as outras. É bastante significativo que os Estados modernos tenham se estabelecido em um período de exaltação da razão iluminista em detrimento das emoções, e que as nações se autodeterminem destacando-se de todas as outras.

O que este conceito demonstra de Obi-Wan, porém, é a prepotência que o leva a negar a possibilidade de que um Sith possa estar lhe dizendo a verdade. Os Jedi são defensores jurados da República, logo da democracia que ela representa, mas Obi-Wan é incapaz de genuinamente dar voz ao diferente, de permitir que o dissenso tão crucial para o processo democrático possa acontecer. Talvez, se Mestre Kenobi permitisse a si mesmo ter emoções, poderia sentir compaixão para com o inimigo, o que possibilitaria a vitória derradeira sobre este, ao transformá-lo em aliado.

Anakin Skywalker, Darth Vader

Possivelmente Darth Vader seja o mais icônico vilão em toda a história do cinema. Sua figura trajada em negro, sua voz robótica que o desumaniza perante a audiência, a ausência de limites na busca de seus objetivos; estas características, e mais, são marcantes no personagem. Entretanto, para o propósito deste artigo, o que nos interessa é como as emoções de Anakin Skywalker o levaram ao Lado Negro da Força.

Na primeira cena de Anakin com o Conselho Jedi, presenciamos Mestre Qui Gon Jinn defendendo a tese de que o menino é O Escolhido que fora profetizado. A resposta do Conselho é que, apesar de apenas uma criança de dez anos, ele já é velho demais para ingressar na Ordem. O que temos aqui é a demarcação da Antroponegação dos Jedi; alguém que não tenha entrado na idade certa será incapaz de se tornar um Cavaleiro Jedi de pleno direito. Yoda, o líder do Conselho, diz sentir na criança o medo de perder sua mãe, e a fórmula que acompanha este comentário, "medo, raiva, ódio, sofrimento, Lado Negro", destaca ao mesmo tempo o ensinamento de não se afetuar (*no attatchments*) e que os Jedi possuem padrões de exigência que poucos podem alcançar.

Por outro lado, Qui Gon, o Jedi que respeita antes a "Vontade da Força" que o Código Jedi, classifica o jovem Anakin como um Messias que irá "trazer equilíbrio para a Força". Temos aqui a semente de um narcisismo, que é plantada pelo Jedi que se recusa a seguir o código. Como Nussbaum conclui de uma análise sobre o comportamento de crianças, Anakin "desenvolve uma ideia de que o mundo é sobre suas próprias necessidades e deve atender estas necessidades, e que é ruim se não as atender".[17] Apesar disso, a importância que Qui Gon dá à profecia, à

[17] "[...] develops an idea that the world is all about its own needs and ought to meet those needs, and is bad if it does not." (NUSSBAUM, Martha. *Political Emotions*, p. 171.

revelação mística acessível apenas àqueles com forte conexão com a Força, denota também por parte dele uma espécie de Antroponegação.

Ao final do primeiro episódio Qui Gon Jinn morre e seu Padawan, recentemente promovido a Cavaleiro, Obi-Wan Kenobi assume o treinamento do jovem Anakin. Consequentemente, temos o Jedi que se apresenta como a própria encarnação do Código Jedi exercendo autoridade de Mestre perante o garoto cujo ingresso na Ordem seria negado exatamente por conta do Código Jedi.

Na continuação da saga, no *Episódio II: Ataque dos Clones*, encontramos um Anakin extremamente confiante e com habilidades bem desenvolvidas, e um Obi-Wan que precisa repetidas vezes demandar de seu pupilo comedimento e lembrar-lhe do Código. Mestre Kenobi reiteradamente, e de muitas maneiras, afirma um modo de vida regrado pela abstinência requerida pelo Código Jedi. Já Anakin constantemente recusa a abstinência em favor de um modo de vida de prova (como foi distinguido anteriormente). Skywalker, a cada cena, parece querer demonstrar que ele é poderoso o bastante para ser o Messias que Qui Gon viu nele.

O Anakin Skywalker que resulta desta interação é um homem cuja autoidentidade coloca sobre seus próprios ombros uma profecia que para se realizar precisa que ele viva sob um regime de abstinência. Com o começo da Guerra dos Clones, provocada pelo movimento separatista liderado pelo Conde Dooku, Anakin vê ao seu redor uma galáxia que vai se tornando cada vez mais aquilo que ele, supostamente, deveria evitar. Os Jedi são os Guardiões da Paz na República, e o jovem Padawan aprendeu com Mestre Obi-Wan que seguir o Código é parte constitutiva de um Jedi.

O que temos, então, é um Anakin diante do paradoxo de que para ser o messias que ele "precisa" ser, deve rejeitar ou corromper o Código Jedi. O narcisismo do Escolhido resiste tenazmente a este paradoxo, "pois adaptação perfeita [da realidade] à vontade é onipotência, e onipotência é mais fácil de lidar que interdependência".[18] E tal negação se manifesta na repugnância projetada aos Separatistas. Em uma passagem memorável, um Anakin mais velho "explica" a guerra para sua Padawan: "Guerra é complicada, Ahsoka, mas deixe-me simplifica-la para você. Os Separatistas acreditam que a República é corrupta, mas eles estão errados. E nós temos de restaurar a ordem."[19]

---

18 "[...] since perfect adaptation to need is omnipotency, and omnipotency is easier to deal with than interdependence." (NUSSBAUM, Martha. *Political Emotions*, p. 172.)

19 War is complicated, Ahsoka, but let me simplify it. The Separatists believe the Republic is corrupt, but they're wrong. And we have to restore order. (Anakin Skywalker em *Clone Wars: Heroes in Both* Sides).

Este é um assunto abordado com muita perspicácia por Nussbaum no capítulo sete de *Political Emotions*. "Repugnância projetada cria um mundo radicalmente segmentado: o mundo do self e daqueles como o self, que são todos anjos aprendizes [...] portanto, é uma forma de antroponegação, e comumente motivada por profundas ansiedades sobre mortalidade e fragilidade que leva à antroponegação mais geral."[20] Assim, o Escolhido que já havia ressentimentos em relação ao Código Jedi, devido à constante vigilância de Obi-Wan, procura o caminho para a auto afirmação através da subjugação do objeto de sua repugnância. "Através da Vitória meus grilhões se rompem/A Força deve me libertar"

Entretanto, o caminho para o Lado Negro que Anakin trilha depende do que Nussbaum chama de ferramentas para a maldade (*Props for Badness*), a saber, a opinião de uma figura de autoridade, neste caso o Chanceler/Imperador Palpatine, e o condicionamento das noções de realidade causadas pela pressão de seus pares Jedi. Nussbaum recorre ao experimento replicado inúmeras vezes de Solomon Asch sobre pressão social de pares. O experimento consiste em um individuo que precisa responder questões simples, como qual linha em um cartão com três linhas de tamanho diferente é idêntica à linha de um outro cartão. O sujeito pesquisado é acompanhado de um ator que propositalmente oferece respostas erradas. Ao ver que seu "parceiro" oferece confiantemente respostas que contradizem aquilo que vê, o sujeito pesquisado começa a questionar seus próprios sentidos e a oferecer respostas alinhadas com a de seu parceiro.

No caso de Anakin, ele possui a convicção de que o modo Jedi não dará conta de encerrar a Guerra dos Clones. A abstinência e comedimento exigidos pelo Código Jedi, e reforçados constantemente por Obi-Wan, se impõem como um obstáculo intransponível para que Skywalker possa reconhecer a si mesmo como o Escolhido que trará equilíbrio à Força e paz para galáxia. Este sentimento de impotência é aumentado radicalmente quando, durante o *Episódio III: Vingança dos Sith*, Anakin começa a ter sonhos proféticos da morte de sua esposa, Padmé. Neste ponto da saga aparece a figura de autoridade que será determinante para a conversão de Anakin em Darth Vader.

Tal figura é o Lorde Sith e, neste momento, Supremo Chanceler Palpatine. Ele convence Anakin de que para salvar sua esposa ele precisará abandonar o caminho Jedi, Enquanto Supremo Chanceler, Palpatine detém o maior cargo de autoridade política na República. Quando ele revela saber segredos do Lado Negro

[20] "Projective disgust creates a radically segmented world: the world of the self and people like the self, who are all apprenstice angels [...] then, is a form of anthropodenial, and very likely motivated by deeper anxieties about mortality and helplessness that lead to anthropodenial more generally." (NUSSBAUM, Martha. *Political Emotions*, p. 184-185.)

da Força que pode salvar sua esposa e os Jedi não conhecem, ele adquire uma autoridade capaz de rivalizar com a do Conselho Jedi. "Hierarquias e tendências a obediência são, de fato, uma parte profunda de nossa herança humana enraizada, sem dúvida, em nossa pré-história evolucionária; estas tendências podem em vários modos colaborar com outras tendências psicológicas [já apontadas acima]"[21] Com este contexto, o que falta é apenas algum evento que possa desqualificar os Jedi, pares de Anakin, como "anjos aprendizes".

Este evento ocorre na tentativa do Conselho Jedi de prender o Supremo Chanceler. A sequência inicial de *Episódio III: A vingança dos Sith* mostra Anakin e Obi-Wan invadindo uma nave inimiga para resgatar o Supremo Chanceler Palpatine. No duelo que encerra a sequência, Anakin consegue render Conde Dooku. Palpatine, que assiste ao duelo amarrado, declara que "ele [Conde Dooku] é muito perigoso para ser mantido vivo" e ordena que Anakin o execute. Ao final do segundo ato, na referida tentativa do Conselho Jedi de destituir o Chanceler de seu posto, o Mestre Jedi Mace Windu (Samuel Jackson) declara que Palpatine "é muito perigoso para ser mantido vivo". A frase é a mesma, e em ambos os casos a resposta de Anakin é "este não é o caminho Jedi". Todavia, quando esta resposta é direcionada a um membro do Conselho Jedi, a autoridade deste é completamente minada, assim como noção de que os Jedi são legítimos Guardiões da Paz. As exigências e demandas das abstinências do Código Jedi perdem seu sentido, e Anakin "descobre" intuitivamente o primeiro verso do Código Sith "Paz é uma mentira, há somente Paixão".

Eis o evento derradeiro do nascimento de Darth Vader. Quando a repugnância é projetada aos Jedi, ela é direcionada também aos Ideais da República que os Jedi representam. É o fim da Antiga República e o Ascenção do Império.

Tempos menos civilizados

Na narrativa da saga, o Império Galáctico acaba com todas as instituições e estruturas democráticas da Antiga República e instaura um regime Totalitário. Este regime dura aproximadamente duas décadas, mas é capaz de devastar a Galáxia de modo análogo ao que o Nazismo faz na Europa.[22] Contudo, após anos de opressão é deflagrada uma guerra civil entre o Império e a Aliança Rebelde. É este o

[21] "Hierarchy and tendencies to obedience are indeed a deep part to our human inheritance, rooted, no doubt, in evolutionary prehistoriry; these tendencies can in many ways collaborate with the other psychological tendencies we have studied" (NUSSBAUM, Martha. *Political Emotions*, p. 196.

[22] Toda a linguagem visual e *modus operandi* do Império de Star Wars é construído para remeter aos Nazistas.

contexto do filme *Rogue One*, lançado em 2016, e especialmente o do filme original, *Episódio IV: Uma Nova Esperança*, de 1977.

O determinante para nós é como a Aliança Rebelde se estrutura, como a mensagem da rebelião é uma mensagem *patriótica* no sentido que Nussbaum trabalha no capítulo oito de *Political Emotions*. "Patriotismo é uma poderosa emoção que toma a nação como seu objeto. É uma forma de amor e, portanto, distinta de mera aprovação, ou comprometimento, ou o endossar de princípios."[23] Assim, percebe-se logo de partida que o patriotismo da Aliança Rebelde é diferente do modo Jedi.

Esta diferença é determinante para as compreensões de mundo do jovem Anakin Skywalker e depois de seu filho, Luke. Anakin nasceu um escravo em um planeta fora do alcance da República. Seu contato com uma galáxia maior se deu por intermédio da Ordem Jedi, sua concepção de realidade se moldou pelo modo Jedi de compreender o mundo. Isto incluiu a separação entre a Ordem Jedi e todo o resto da galáxia, a antroponegação que resultou em Darth Vader e na Ascenção do Império.

Por outro lado, Luke conhece a galáxia pelo ponto de vista da Aliança Rebelde. Ao contrário da República, o alcance do Império atinge Tatooine, seu planeta natal. Anakin sai do planeta escaldante para conquistar uma vida melhor, Luke é obrigado a partir porque sua família foi morta por Stormtroopers.

Luke (Mark Hammil) se junta à Rebelião por conta de um sentimento de amizade, de amor, por Léia (Carrie Fisher), Han Solo (Harrison Ford) e Chewbacca (Peter Mayhew). A luta de Luke é para *construir* uma nação, permitir que as pessoas da galáxia possam gozar de liberdade e perseguir seus ideais de vida boa. A luta de Anakin era permeada por um constante medo de perder a República que lhe havia dado a vida com que sonhara. No conflito entre Império e Aliança Rebelde, Darth Vader quer evitar perder o que já conquistou, Luke Skywalker apenas quer dar uma chance de liberdade para a Galáxia.

Isso é extremamente significativo no épico embate entre os dois no final de *Episódio V: O Império Contra-Ataca*. Vader quer consolidar seu poder e alcançar o posto mais alto possível. Como vimos na pequena análise sobre o Código Sith, a vontade para ser absoluta precisa subjugar todas as outras, inclusive a de seu mestre, o Imperador. No duelo na Cidade nas Nuvens de Bespin, Darth Vader não visa em momento algum matar seu filho, antes, sua intensão é sintetizada na proposta feita a seu filho: "junte-se a mim, e juntos governaremos a galáxia."

[23] "Patriotism is a strong emotion taking the nation as its object. It is a form of love, and thus distinct from simple approval, or commitment, or embrace of principles." Martha Nussbaum, Political Emotions. p. 208.

A recusa de Luke a esta proposta é fundamentada no sentimento de repulsa que ele herdou de Obi-Wan em relação aos Sith. A figura robótica trajando negro a sua frente é o assassino de seu pai, ou assim a concepção substancialista de pessoa que os Jedi possuem indicou a Luke. Quando Obi-Wan diz a Luke que seu pai foi um Padawan e amigo, e que Darth Vader o matou, ele não mente. O que ele diz é perfeitamente de acordo com sua concepção de pessoa. No momento em que Anakin Skywalker se junta ao Imperador ele morre, e Darth Vader nasce. Esta concepção de uma substância determinada que constitui a identidade pessoal é compartilhada por Vader. Quando ele fala ao Imperador sobre Luke, o termo usado é "o filho de Anakin Skywalker".

Contudo, quando o argumento que recorre a princípios abstratos, como estabelecer a paz na galáxia, falha, Vader recorre ás emoções de Luke. Se o jovem Skywalker não aceita se juntar a Darth Vader, o "assassino" de seu pai, então talvez seu filho possa se juntar a seu pai. A clássica cena segue com o seguinte diálogo:

> **Darth Vader:** Não há como escapar. Não me faça destruir você [pausa]
>
> **Darth Vader:** Luke, você ainda não percebeu sua importância. Você apenas começou a descobrir seu poder. Junte-se a mim, e eu completarei seu treinamento. Com nosso poder combinado, nós podemos encerrar este conflito destrutivo e trazer ordem para a galáxia.
>
> **Luke:** Eu nunca me juntarei a você!
>
> **Darth Vader:** Se você ao menos soubesse do poder do Lado Negro. Obi-Wan nunca lhe contou o que aconteceu com seu pai?
>
> **Luke:** Ele me disse o suficiente! Ele me disse que *você* o matou!
>
> **Darth Vader:** Não. *Eu* sou seu pai.
>
> **Luke**: Não. Não. Isto não é verdade. Isto é impossível!
>
> **Darth Vader:** Preste atenção aos seus sentimentos, você *sabe* que é verdade!
>
> **Luke:** [angustiado] Não! Não![24]

[24] **Darth Vader**: There is no escape. Don't make me destroy you [pauses]
Darth Vader: Luke, you do not yet realize your importance. You have only begun to discover your power. Join me, an I will complete your training. With our combined strength, we can end this destructive conflict and bring order to the galaxy.
Luke: I'll never join you!
Darth Vader: If you only knew the power of the Dark Side. Obi-Wan never told you what happened to your father?
Luke: He told me enough! He told me *you* killed him!
Darth Vader: No. *I* am your father.
Luke: No. No. That's not true. That's impossible!
Darth Vader: Search your feelings, you *know* it to be true!
Luke: [anguished] No! No!

Nesta cena, Darth Vader demarca perfeitamente a Prova que o Código Sith exige dele. Ele sabe que sozinho não conseguirá derrotar o Imperador, que sem a ajuda de Luke ele não poderá trazer ordem para a galáxia. Mas, em sua tentativa de trazer Luke para o Lado Negro, ele desperta em seu filho a compaixão que Obi-Wan, preso ao Código Jedi, jamais conseguiu sentir. Ao revelar-se como pai de Luke Skywalker, Darth Vader efetivamente dá uma nova esperança à galáxia ao coibir a repugnância projetada de Luke.

Uma nova esperança

Durante o regime totalitário imposto pelo Império Galáctico, Grand Moff Tarkin (Peter Cushing) sugere uma arma para que o Império possa governar pelo medo. Em suma, Tarkin é um ideólogo que concebe uma "base nuclear móvel" para impor aos Rebeldes uma paz através da demonstração de uma força imbatível. Com a Estrela da Morte, os "nazistas" se juntam à destruição provocada pelos EUA em Hiroshima e Nagasaki. O elemento narrativo da saga a ser abordado aqui consiste em dois pontos: 1) a exacerbação do narcisismo e prepotência de Darth Vader e; 2) o evento de criação de uma compaixão nacional como Nussbaum trabalha no capítulo 8 de *Political Emotions*.

Na cena da reunião entre o alto comando dentro da Estrela da Morte, vemos Darth Vader se auto determinar como o único capaz de restabelecer a ordem na galáxia com a seguinte sentença: "Não fique muito orgulhoso deste terror tecnológico que vocês construíram. A habilidade de destruir um planeta é insignificante perto do poder da Força."[25] O garoto que ouviu Mestre Qui Gon Jinn chamá-lo de Messias ainda acredita naquela profecia. Ao ponto de desqualificar os esforços e conquistas de seus colegas imperiais na busca de seus objetivos. Ao longo dos anos Vader mudou o foco de sua repugnância projetada, mas continua se posicionando perante os outros deste modo. Uma vez que Anakin rejeitou os ideais outrora cultivados pelos Jedi e pela República, ele se tornou o cara mau que viemos a conhecer. E esta é uma lição importante, pois nos ensina que os ideais éticos, se não suficientes para por si mesmos melhorarem o mundo, são uma ausência profunda e tristemente sofrida na conduta dos poderosos.

Entretanto, o elemento político mais interessante advindo da figura narrativa da Estrela da Morte é a perspectiva de tragédia e sacrifício que a narrativa de *Rogue One* nos proporciona. "A emoção central estimulada ao assistir tragédias é

---

[25] Don't be too proud of this technological terror you've constructed. The ability to destroy a planet is insignificant next to the power of the Force.

compaixão, uma emoção que responde às desventuras de outros."[26] No filme original, *Episódio IV: Uma Nova Esperança*, a celebrada façanha de destruir a Estrela da Morte realizada por Luke Skywalker apenas reforça um sentimento de que é preciso um Messias para a salvação. Mas a narrativa do grupo que se sacrifica para conseguir os planos da Estrela da Morte e descobrir um ponto fraco na estação espacial reforça o sentimento de que nossas vidas são valiosas o bastante para que estranhos decidam morrer por elas. Como Jyn Erso (Felicity Jones) destaca na reunião da Aliança Rebelde, "Rebeliões são construídas na Esperança."[27]

Luke Skywalker, cavaleiro Jedi

De certo modo, a construção do argumento deste artigo visou apresentar uma equivalência entre a postura de Obi-Wan e a de Instituições que prezam pela indiferença mascarada de imparcialidade, comuns na administração do Estado-nação moderno. Anakin/Darth Vader foi apresentado como alguém que nasceu com os recursos valorizados pela sociedade (neste caso a conexão com a Força na "sociedade" Jedi), mas que possuía uma capacidade de compaixão demasiadamente limitada, em oposição a uma repugnância projetada com alcance extremamente amplo.

Agora, porém, pretendo focar em outro Mestre Jedi e seu aprendiz: Yoda e Luke. O Yoda que nos é apresentado nos Episódios I, II e III ensina jovens Jedi o caminho representado pelo Código e reconhecível nas Abstinências apresentadas no início deste texto. Contudo, quando Luke chega a Dagobah, Mestre Yoda tem posturas muito mais próximas daquilo que Foucault definiu como Provas.[28] Esta mudança justifica-se, especialmente, pela diferença enorme nos contextos do pequeno Mestre. Enquanto nos filmes mais recentes Yoda é a cabeça de uma enorme instituição, e deve responder a um Conselho e observar um Código, nos filmes originais ele tem o foco em treinar Luke para que o jovem Skywalker possa enfrentar Darth Vader e o Imperador.

Dentro da narrativa da Saga, o Código Jedi apresentado anteriormente foi codificado por Mestre Udan-Urr a partir de um mantra que serviria para facilitar a meditação Jedi. O Código servia para a organização da Ordem Jedi, como um padrão de conduta para toda uma instituição. Todavia, quando Luke aprende sobre a

---

26 "The central emotion aroused by tragic spectatorship is compassion, an emotion that responds to the misfortunes of others." (NUSSBAUM, Martha. *Political Emotions*, p. 261).

27 "Rebelions are build on hope".

28 Em *Hermenêutica do Sujeito*, na aula do dia 17 de março de 1982, Foucault faz uma distinção entre Abstinências e Provas, mas destacando que tal distinção possuía principalmente fins didáticos.

Força com Obi-Wan, e depois vai treinar com Mestre Yoda, nenhum dos dois cita o código. O mantra, contudo, apresenta na mudança de sua forma em relação ao Código uma mudança no conteúdo, que passa a ser mais íntimo e pessoal. Como o último Jedi, os ensinamentos que Luke recebe são mais personalizados; até mesmo a recusa inicial de Yoda em treiná-lo por causa da idade é diferente da recusa em relação a Anakin. O mantra, que servirá de guia para analisarmos as ações de Luke Skywalker é o seguinte[29]:

> Emoção, ainda assim Paz
> Ignorância, ainda assim Conhecimento
> Paixão, ainda assim Serenidade
> Caos, ainda assim Harmonia
> Morte, ainda assim a Força

A formulação "There is no/there is only" apresenta uma perspectiva análoga à kantiana sobre as emoções. Dentro da filosofia Moral de Kant os impulsos emocionais e os sentimentos são elementos que corrompem a razão Moral, levando o agente racional a agir contra normas universais. É a posição de Obi-Wan perante os Sith: os Sith são definidos pela sua vontade de impor seus desejos aos outros e de trair seus aliados, portanto não posso tratar um Sith, como Conde Dooku, como um agente Moral racional.

Por outro lado, a formulação mediada pelo *yet*[30]concebe positivamente a partícula que antecede. É uma lista com conteúdo bastante distinto, mas com argumentação muito próxima do *Conatus Essendi,* de Espinosa. Diferentemente do Código, que trabalha com oposições, o Mantra trabalha apenas afirmativamente, destacando a parte que acompanha o *yet* como aquilo que plenifica o Ser. É notório que a clássica descrição da Força[31] feita por Yoda, em *Império Contra-Ataca,* não seja repetida uma vez sequer nos Episódios I, II e III quando o Código era o pensamento hegemônico.

Quando Yoda fala sobre emoções com Luke ele não demoniza emoções enquanto tais. Antes, ele destaca o tipo de emoções que devem ser evitadas se se procura a paz e conhecimento:

---

29 *Emotion, yet Peace/Ignorance, yet Knowledge/Passion, yet Serenity/Chaos, yet Harmony/Death, yet the Force.*

30 Este termo em inglês não possui uma tradução direta para o português, mas indica uma noção de "apesar de" ao contrário da completa negação do "There is no/There is only".

31 For my ally is the Force, and a powerful ally it is. Life creates it, makes it grow. Its energy surrounds us and binds us. Luminous beings are we, not this crude matter. You must feel the Force around you; here, between you, me, the tree, the rock, everywhere, yes. Even between the land and the ship.

> **Yoda:** Isso, corra! Sim, o poder de um Jedi flui através da Força. Mas fique atento ao Lado Negro. Raiva, medo, agressividade: o Lado Negro da Força elas são. Facilmente elas fluem, ágeis para se juntar a você em um combate. Se alguma vez você tomar o caminho negro, para sempre ele dominará seu destino, consumir você ele irá, como fez com o aprendiz de Obi-Wan.
>
> **Luke:** Vader... O Lado Negro é mais forte?
>
> **Yoda:** Não, não, não. Mais rápido, fácil, mais sedutor.
>
> **Luke:** Mas como eu saberei distinguir entre o bem e o mal?
>
> **Yoda:** Você saberá... quando estiver calmo, em paz, passivo. Um Jedi usa a Força para conhecimento e defesa, NUNCA para atacar.[32]

Aqui Yoda ecoa o conselho de Qui-Gon Jinn a Anakin, quando este era criança. "Sinta, não pense". Sinta, e não coloque a questão em oposições lógicas onde o diferente demarca sempre contrariedade, aquilo que deve ser evitado. Permita-se possuir sentimentos, passivamente, e em paz a agressividade não te alcançará.

Esta mudança é extremamente significativa, pois é por causa dela que Luke consegue causar a redenção de seu pai. Quando, no *Episódio VI: o Retorno de Jedi*, Yoda e Obi-Wan aconselham Luke a como lidar com Vader, a repugnância projetada deles em relação ao Sith ainda demarca o discurso. Para os Jedi que viveram o Código, só a morte é a solução para um Sith. Luke, por outro lado, não viveu o Código, e aprendeu a Compaixão inclusive para com seu pior inimigo. Por isso ele é terminantemente contra resolver o confronto com Darth Vader matando-o.

Mas o que é que faz com que Luke Skywalker seja aquele que realmente conseguiu executar a Arte de viver Jedi como um modo-de-vida?

Luke Skywalker não aprendeu o caminho Jedi regrado pelas Abstinências. Ele conheceu um modo de Prova Jedi, ou seja, saber do que se é capaz em paz e calmo. Luke conheceu um Yoda que recusa o título de "Grande Guerreiro" porque a Guerra não torna ninguém Grande. Logo, Luke aprende que não ser um grande guerreiro não é um estigma, assim como a glória por ter destruído a Estrela da Morte não o torna alguém melhor. O sacrifício de seus companheiros abriu o

---

32 **Yoda:** Yes, run! Yes, a Jedi's strength flows from the Force. But beware of the Dark Side. Anger, fear, aggression: the Dark Side of the Force are they. Easily they flow, quick to join you in a fight. If once you start down the dark path, forever will it dominate your destiny, consume you it will, as it did Obi-Wan's apprentice.
Luke: Vader... Is the Dark Side stronger?
Yoda: No, no, no. Quicker, easier, more seductive.
Luke: But how am I to know the good side from the bad?
Yoda: You will know... when you are calm, at Peace, passive. A Jedi uses the Force for knowledge and defense, NEVER for attack.

caminho para a Compaixão, emoção sem a qual ele não teria obtido a vitória derradeira, que é transformar seu pior inimigo em uma amizade sincera.

Em *Episódio VI: Retorno de Jedi*, raiva e agressividade tomam conta de Luke, e ele se encontra pronto para matar Darth Vader, com o Imperador o incitando. Então, ele para. Em um momento determinante, e muitas vezes desapercebido, ele se lembra do ensinamento de Yoda, "você saberá distinguir o bem do mal quando você estiver calmo, em paz." Com este ensinamento ele é capaz de se livrar do medo causado pela repulsa projetada aos Sith que estreitava a visão de Obi-Wan e Yoda.

Calmo e em paz, Luke joga fora seu sabre-de-luz. Esta ação confunde profundamente o Sith e Imperador Palpatine, – o Sith precisa do conflito, precisa de agressividade para poder manipular as pessoas – e escolher o amor e não o ódio é, em última instância, a única forma de derrotar o Imperador e Darth Vader. A compaixão de Anakin para com o sofrimento de sua esposa era egoísta e o medo da perda causou a ruína da República. A compaixão de Luke para com Darth Vader mostra a este que a paz não é uma mentira, e que ela pode ser alcançada sem tirania. É a decisão de não mais fazer parte de um conflito que restaura a liberdade para a galáxia. Não é um rifle, ou um torpedo de plasma, ou mesmo um sabre-de-luz.

Luke Skywalker é o paradigma do verdadeiro político de Platão. Pois não é o conflito, mas a harmonia, que gera uma nova esperança de se alcançar a justiça e se promover a liberdade. E desde Platão a mais justa das sociedades não é exatamente aquela que harmoniza as diferenças existentes entre seus cidadãos?

Referências bibliográficas

AGAMBEN, Giorgio. *Altíssima Pobreza.* São Paulo: Boitempo, 2014.

AGAMBEN, Giorgio. *Estado de Exceção.* São Paulo: Boitempo, 2004.

AGAMBEN, Giorgio. *O Mistério do Mal.* Florianópolis: Editora UFSC, 2015b.

AGAMBEN, Giorgio. *Opus Dei.* São Paulo, Boitempo: 2013.

AGAMBEN, Giorgio. *O reino e a glória:* uma genealogia teológica da economia e do governo: homo sacer, II, 2. São Paulo: Boitempo, 2011.

BATSON, C. Daniel. *Altruism in Humans.* Nova York: Oxford University Press, 2011.

DESMOND, William. *Being and Between.* Albany. SUNY. 1995.

DESMOND, William. *Ethics and Between.* Albany: SUNY. 2001.

DESMOND, William. *Philosophy and Its Others ways of being and mind.* Albany. SUNY. 1990.

FOUCAULT, Michel. *A Hermenêutica do Sujeito.* São Paulo: Martins Fontes, 2010.

MACINTYRE, Alasdair. *Justiça de quem? Qual racionalidade?* São Paulo: Loyola, 1991.

NUSSBAUM, Martha. *Justicia Poética.* Barcelona: Editorial Andrés Bello, 1997.

NUSSBAUM, Martha. *Political Emotions:* why love matters for justice. Londres: Havard University Press, 2013.

PLATÃO; BURNET, John. *Opera.* Oxford: Oxonii, 1900-1907. 5v.

PLATÃO. *Great Books of Western World: Plato.* Chicago: Britannica. 1952.

O DEBATE ENTRE POSITIVISMO E PÓS-POSITIVISMO: UMA CONTRIBUIÇÃO A PARTIR DA LITERATURA

Rafael Vieira Figueiredo Sapucaia[1]

1. Introdução

No atual cenário da teoria do direito e em especial no Brasil é comum se falar em superação do paradigma positivista, crise do positivismo, fim de um paradigma mentalista para um pós-convencional, insuficiência da aplicação positivista e a consequente necessidade de aplicação e compreensão do direito em uma visão pós-positivista ou neoconstitucionalista.

Analisar essas críticas e confrontá-las as principais teses positivistas se constituirá numa parte do presente trabalho. Buscaremos identificar o ponto do positivismo: a tese da neutralidade. Pretende-se discutir as fraquezas de parte dessas críticas. No âmbito internacional tentaremos um diálogo com Carl Schmitt, Ronald Dworkin, Friedrich Müller, que apesar de concepções fortemente díspares do direito, lançam várias críticas às concepções positivistas. Os dois últimos podem ser classificados como pós-positivistas tendo em vista que escrevem num momento cronologicamente posterior ao positivismo jurídico formulando críticas a essa teoria e procuram estabelecer uma construção jurídica na busca de solucionar problemas relativos à interpretação e aplicação do direito.

---

[1] Doutorando em Direito pela PUC Minas. Pesquisador Visitante (2015-2016) na Universidade de Vechta-Alemanha. Mestre em Direito pela PUC Minas. Professor do Curso de Direito da PUC Minas.

Num segundo momento buscaremos identificar falhas comuns ao positivismo e ao pós-positivismo com o auxílio da literatura, especialmente na sua manifestação mítica. E identificar assim os pontos de insuficiência de ambas as teorias focando nos pontos de vista equivocados na análise do fenômeno jurídico.

No âmbito da contribuição da literatura partimos das observações de Louis Wolcher analisando-as criticamente. A discussão de Wolcher se dá em relação às teses defendidas por Hart e Dworkin. Procuramos identificar que as críticas formuladas a Hart se aplicam a Kelsen, tendo em vista a estrutura similar de suas teorias. E ainda analisamos as críticas também em relação à obra de Robert Alexy, que lado de Dworkin se constitui num dos principais autores que podem ser classificados ou identificados com o pós-positivismo. A teoria de Alexy se mostrou mais consistente e estruturada de modo a estabelecer um ponto qualitativo tanto em face do positivismo como do pós-positivismo de Dworkin.

2. O positivismo jurídico

Definir pós-positivismo jurídico é tarefa árdua, termo que aparece basicamente no Brasil e nos países hispânicos. Isso porque não há uma unicidade de teses em torno dos autores possivelmente filiados a essa corrente. Em comum existem as críticas ao positivismo, criticas essas que variam substancialmente dentro dos autores chamado pós-positivismo. Alguns autores preferem outra denominação, como Alexy que utiliza o termo não positivista, abarcando a corrente que se convencionou chamar pós-positivismo como também as correntes jusnaturalistas.

O critério cronológico para a definição do pós-positivismo pode ser considerado um bom início, contudo devemos nos atentar para o fato de que a tradição positivista ainda é forte, especialmente na tradição do *common law*. Em linhas gerais podemos caracterizar o pós-positivismo como uma corrente que surge num período cronologicamente posterior aos autores principais do positivismo (notadamente Kelsen e Hart) e que formulam teorias de aplicação e/ou interpretação do direito com alguma influência da moralidade crítica. Mas essa conceituação só estará completa depois que discutirmos as bases do positivismo, o que faremos a partir desse ponto.

Existem diferentes classificações e divisões dentro do positivismo. Seguramente a mais difundida delas é a que divide o positivismo entre inclusivo e exclusivo. O positivismo exclusivo pode ser definido como uma corrente que defende a necessária exclusão dos elementos morais no conceito de direito, uma vez que a identificação do direito nunca deve conter elementos morais. Já o positivismo inclusivo vale a tese da separação que permite uma aproximação e uma sobreposição de conteúdos regulados entre Direito e Moral, fato que não implica o Direito estar vinculado à Moral nem que essa relação existente seja necessária ou fundamental para a conceituação do Direito. Tal divisão não interfere na discussão do presente trabalho, tendo em vista que a discussão se limita as características gerais do positivismo.

Ao positivismo jurídico são em geral atribuídas cinco teses, a saber: tese da lei, tese da neutralidade, tese da subsunção, tese do subjetivismo e tese do legalismo, com base nas quais seria possível descrever de maneira fiel as ideias e concepções positivistas.

A tese da lei com base na qual a lei em sentido formal seria a única fonte do direito. Tese da neutralidade advoga a possibilidade de qualquer conteúdo ter a forma jurídica. Já tese da subsunção diria respeito à defesa de uma aplicação mecanicista do direito por parte do positivismo. Por sua vez a tese do subjetivismo defende a ausência de uma moral universal ou positiva tendo a moral em verdade um caráter eminentemente subjetivo. Por fim a tese do legalismo indica a defesa da discricionariedade judicial pelo positivismo.

Hoerster entende como realmente defendida pelos positivistas apenas a tese da neutralidade e a tese do subjetivismo. Hoerster afirma ainda que a tese da neutralidade é logicamente independente em relação às demais, tendo em vista que alguns autores como Austin não defenderam a tese do subjetivismo.

Dessa forma seria de fato a única tese comum a todos os positivistas. Isso porque para Hoerster "a tese da neutralidade, que é definida como um conceito de direito neutro relativamente ao conteúdo, permanece realmente no centro do ponto de vista do positivismo jurídico. Ela é defendida especialmente tanto por Kelsen quanto por Hart". (Tradução nossa)[2].

Hoerster define a tese da neutralidade nos seguintes termos:

> O positivista jurídico exige que o conceito de derecho seja definido através de critérios puramente formais, neutro em relação ao conteúdo. Desse modo, desde o ponto de vista do conceito de direito, o direito vigente pode ter qualquer conteúdo [...] com sua tese da neutralidade o positivista jurídico advoga, pois, uma separação estrita entre a atribuição de validade jurídica e a formulação de valorações ético-normativas. (Tradução nossa)[3]

---

2 HOERSTER, Norbert. *Was ist Recht*? Grundfragen der Rechtsphilophie. München: C.H. Beck Verlag. 2006, p. 71. Die Neutralitätsthese, wonach de Rechtsbegriff inhaltlich neutral zu definieren ist, steht tatsächlich im Zentrum jeder rechtspositivischen Sichtweise. Sie wird insbesondere von Kelsen sowie Hart in aller Deutlichkeit vertreten.

3 HOERSTER, Norbert. *En defensa del Positivismo Juridico*. Barcelona: Gedisa. 2000, p. 12. El iuspositivista exige que el concepto de derecho sea definido a través de critérios puramente

Desse modo apenas a ideia central de validade de qualquer conteúdo para uma norma jurídica pode ser considerada como ponto identificador. Como veremos no decorrer do trabalho não só as teses rechaçadas por Hoerster como também outras não podem ser consideradas como caracterizadoras do positivismo jurídico.

3. As principais críticas

Depois de exposta a tese positivista e traçadas suas ideias fundamentais refutaremos as concepções em geral atribuídas no Brasil ao positivismo, como responsáveis por um legalismo, com sua aplicação meçanicista da norma jurídica.

No Brasil há uma concepção da discussão entre positivistas e pós-positivistas amplamente difundida no Brasil, como em Streck[4], Barroso[5], que muitas das vezes pode ser definida como aquela que confunde o positivismo com a escola da Exegese e ataca o positivismo defendendo teses já presentes nos próprios positivistas.

O problema é que não há uma honestidade/lealdade ao se tratar do debate entre positivistas e pós-positivistas[6]. Isso porque, na maioria dos casos, realiza-se uma caricatura da posição adversária e a partir daí a concepção é criticada, ou para concordar com uma expressão de Sarmento trata-se da "falácia do espantalho". Essa pode até ser uma boa estratégia para uma guerra, mas não se compatibiliza com a seriedade do debate que deve permear as discussões teóricas.

Como exemplo, podemos citar a adoção irrefletida que os teóricos brasileiros fazem da crítica de Dworkin a Hart, afirmando que os princípios seriam incompatíveis com a teoria positivista. No debate anglo americano essa é uma questão superada com a conclusão de que a maior parte das críticas de Dworkin

formales, neutro con respecto al contenido. Por lo tanto, desde El punto de vista del *concepto* Del derecho, El derecho vigente puede tener cualquier contenido[...] Con sus tesis de La netralidad, El iuspositivista aboga, pues, por uma estricta separación entre lá atribuición de la validez jurídica y la formulación de valoraciones ético-normativas.

4 STRECK, L. L. Hermenêutica e Possibilidades Críticas do Direito: ensaio sobre a cegueira Positivista. *Revista da Faculdade de Direito da Universidade Federal de Minas Gerais* (Impresso), v. 52, p. 127-162, 2008.

5 BARROSO, Luis Roberto. *Interpretação e aplicação da Constituição*. São Paulo: Saraiva, 2009.

6 Não posso tratar aqui da tese central que Alexy erige em favor do seu conceito não positivista de direito que é a pretensão de correção. O tema ampliaria em muito o objetivo do presente trabalho o que o inviabilizaria em forma de artigo. Ficarei satisfeito se conseguir explicitar as interpretações errôneas e as falsas acusações em face do positivismo jurídico.

não são procedentes[7]. Nesse ponto deve se destacar a mudança de posição do constitucionalista carioca Daniel Sarmento se inserindo de maneira séria e reflexiva no debate.

Em âmbito internacional um destacado crítico das concepções positivistas, Friedrich Müller, também não é preciso e honesto com a tradição positivista, ao fazer uma crítica genérica ao positivismo sem discutir com autores que se alinham a essa corrente e respondem bem aos problemas por ele apontados. Essa observação pode ser evidenciada pela seguinte passagem do próprio Müller:

> Com esse termo [direito] só se compreende o direito objetivo vigente como sistema perfeito de normas jurídicas, *caracteriza-se a decisão jurídica concreta como aplicação lógica de uma norma jurídica abstrata a um tipo concreto 'a ser subsumido'*, iguala-se a relevância jurídica à construtividade em termos de lógica jurídica.[8] (Grifos nossos)

Como bem destaca Hoerster nenhum positivista importante do século XX defendeu a tese da subsunção como característica do sistema jurídico. Trivisonno explica que esta tese "reduz o juiz a quase um autômato e não foi abraçada por nenhum teórico do positivismo, que reconhece o subjetivismo da atuação do juiz e a multiplicidade de possibilidades interpretativas do Direito".[9]

A ausência de normatividade dos princípios deriva da clássica ofensiva de Dworkin aos positivistas, em geral e a Hart, em particular. A questão crucial nesse ponto é que era Dworkin que estava errado no debate e não Hart. Hart pintado por Dworkin especialmente nos artigos modelo de regras I e modelo de regras dois (ambos presentes no livro *Levando os direitos a sério*) era tudo menos Hart. E há farta bibliografia a corroborar essa tese: RAZ[10], SHAPIRO[11], TRIVISONNO[12].

---

7 Para todos ver: RAZ, Joseph. Legal Principles and Limits of Law. *The Yale law journal*, 81 (5), p. 823- 854, 1972. Tb. SHAPIRO, *S.J.*, The "Hart-Dworkin" Debate: Short Guide for the perplexed. *Ronald Dworkin*. Arthur Ripstein (org.). Cambridge: Cambridge University Press, 2007, p. 22-55.

8 MÜLLER, Friedrich. *Teoria estruturante do direito*. 1 e 3. ed. rev. e atual: editora Revista dos Tribunais. 2012, p. 20.

9 TRIVISONNO, Alexandre. Pós-Positivismo Jurídico. In: TRAVESSONI, Alexandre; CAETANO, Cristiane; SANTOS, Giltônio; FRANCO, Lívia; PENA, Mara; BARROS, Mauro; CURY, Paula; MOSCI, Tiag. (Orgs.). *Dicionário de Teoria e Filosofia do Direito*. São Paulo: Editora LTr, 2011, v. 1, p. 319-323.

10 RAZ, Joseph. Legal Principles and the Limits of law. *The Yale law journal*, 81 (5), p. 823-854, 1972.

11 SHAPIRO, *S.J.*, The "Hart-Dworkin" Debate: Short Guide for the perplexed. *Ronald Dworkin*. Arthur Ripstein (org.). Cambridge: Cambridge University Press, 2007, p. 22-55.

12 TRIVISONNO, Alexandre T. G.. Princípios jurídicos e positivismo jurídico: as críticas de Dworkin a Hart se aplicam a Kelsen?. In: TRIVISONNO, Alexandre Travessoni Gomes; OLI-

A questão da discricionariedade, que também remonta ao debate Hart-Dworkin, tem sido comumente atribuída aos positivistas como uma falha grave ao conceder poderes incontroláveis ao aplicador. Tal ideia pode se extraída da seguinte passagem de Streck:

> Por isso há uma diferença ontológica (*não ontológico-essencialista*, é óbvio) entre ser e ente, tese que ingressa no plano da hermenêutica jurídica para superar, tanto o problema da equiparação/imanência entre vigência e validade, como o da total cisão entre texto e norma, resquícios de um positivismo jurídico que convive com uma total discricionariedade no ato interpretativo, que descamba, inexoravelmente, em arbitrariedades, grau de zero de sentido, etc. Positivismo, assim, é entendido, nos limites destas reflexões, a partir de sua principal característica: a discricionariedade, que ocorre a partir da 'delegação' em favor dos juízes para a resolução dos casos difíceis (não 'abarcados' pela regra). A *holding* da discussão está no debate Ronald Dworkin-Herbert Hart.[13]

E continua atacando os positivistas em relação ao poder discricionário dos juízes, agora centrando fogo diretamente em Kelsen:

> Portanto, ficam afastadas todas as formas de decisionismo e discricionariedade. O fato de não existir um método que possa dar garantia à 'correção' do processo interpretativo – denúncia presente, aliás, já no oitavo capítulo da Teoria Pura do Direito de Hans Kelsen – não autoriza o intérprete a mais lhe convém, o que seria dar azo à discricionariedade típica do convencionalismo exegético-positivista (na verdade, é isso o que acontece na dogmática jurídica dominante). Sem textos, não há normas.[14]

Parece que Streck não entendeu corretamente o papel e como se dá o processo de interpretação no autor austríaco. Kelsen não está a defender a aplicação fora dos padrões das normas jurídicas, ou seja, não está a defender a decisão jurídica fora da moldura. A questão é de ordem prática, isso porque em Kelsen o conhecimento da ciência do direito só pode ir até a moldura, ou seja, a atividade do cientista se limita a determinar as interpretações possíveis ao direito diante do caso, assim não há desenvolvimento de teoria ou técnica em Kelsen para que o

---

VEIRA, Júlio Aguiar de (Orgs.). *Hans Kelsen – Teoria Jurídica e Política*. 1. ed. Rio de Janeiro: Forense Universitária, 2013, p.185-212.

13 STRECK, L. L. Hermenêutica e Possibilidades Críticas do Direito: ensaio sobre a cegueira Positivista. *Revista da Faculdade de Direito da Universidade Federal de Minas Gerais* (Impresso), v. 52, p. 127-162, 2008, p. 130.

14 STRECK, L. L. Hermenêutica e Possibilidades Críticas do Direito: ensaio sobre a cegueira Positivista. Revista da Faculdade de Direito da Universidade Federal de Minas Gerais (Impresso), v. 52, p. 127-162, 2008, p. 131.

intérprete faça a escolha entre uma das interpretações possíveis. Pois vejamos o que afirma o próprio Kelsen:

> Se quisermos caracterizar não apenas a interpretação da lei pelos tribunais ou pelas autoridades administrativas, mas, de modo inteiramente geral, a interpretação que é realizada pelos órgãos aplicadores do Direito, devemos dizer: *na aplicação do Direito por um órgão jurídico, a interpretação cognoscitiva (obtida por uma operação de conhecimento) do Direito a aplicar combina-se com um ato de vontade* em que o órgão aplicador do Direito efetua uma escolha entre as possibilidades reveladas através daquela mesma interpretação cognoscitiva.[15]

Dessa forma é possível e plenamente cabível crítica ao positivismo no sentido de não ter avançado na construção de uma teoria de aplicação[16] do Direito que auxiliasse o julgador e ao mesmo lhe reduzisse a discricionariedade. Mas não é cabível como quer Streck crítica ao positivismo no sentido de apoiar ou justificar a atuação completamente arbitrária e sem limites do julgador. O positivismo constatou o problema, mas não dispunha de ferramentas para solucioná-lo.

Em Hart fica ainda mais claro o limite da discricionariedade do julgador. Isso porque há um núcleo essencial da própria norma a ser aplicada que deve ser observado no momento de sua aplicação sob pena de violação, assim a textura aberta. Núcleo esse que limitaria as hipóteses interpretativas (o texto da norma que indica qual é esse núcleo com o auxílio do uso comum da linguagem). Como consequência o poder discricionário, possui um limite claro:

> Podemos distinguir um jogo normal de um jogo da 'discricionariedade do marcador' simplesmente porque a regra de pontuação, embora tenha, como outras regras, a sua área de textura aberta em que o marcador deve exercer uma escolha, possui, contudo, um núcleo de significado estabelecido. *É deste núcleo que o marcador não é livre de afastar-se e que, enquanto se mantém, constitui o padrão de pontuação correcta e incorrecta, quer para o jogador*, ao fazer as suas declarações não-oficiais quanto ao resultado, quer para o marcador nas duas determinações oficiais. É isto que torna verdadeiro dizer que as determinações do marcador não são infalíveis, embora sejam definitivas. *O mesmo é verdade quanto ao direito.*[17] (Grifos nossos)

---

15 KELSEN, Hans. *Teoria pura do direito.* 6. ed. São Paulo: Martins Fontes, 2003, p. 393.

16 Existem autores que buscam dentro da tradição positivista construir uma teoria da aplicação do direito. Podemos destacar entre outros Andrei Marmor. Contudo os principais autores do positivismo jurídico, notadamente Kelsen e Hart, não formulam uma teoria da aplicação do direito.

17 HART, H. L. A. *O conceito de direito.* 3. ed. Lisboa: Fundação Calouste Gulbenkian, 2001, p. 155/156.

O desapego pela normatividade do direito, a decisão judicial sem qualquer lastro (ou o chamado direito criativo) não são sinônimos de positivismo jurídico. É exatamente o contrário, não há teórico positivista, que deva ser levado a sério, negue ao direito o elemento da legalidade.

Outra crítica é a de que o positivismo realizaria uma separação rígida entre direito e realidade. Já presente em Schimitt, para o qual "normativismo impede a real aplicação do direito, só possível através de uma decisão que preencha o hiato entra a norma e a realidade".[18] A separação rígida como uma falha característica do positivismo é também corroborada por Müller. Nesse sentido é a seguinte observação de Müller:

> A norma jurídica é compreendida erroneamente como ordem, como juízo hipotético, como vontade materialmente vazia. *Direito e realidade, norma e segmento normatizado da realidade aparecem justapostos 'em si' sem se relacionarem; um não carece do outro,* ambos só se encontram no caminho da subsunção do suporte fático, de uma aplicação da prescrição.[19] (Grifos nossos)

Essa separação rígida entre ser e dever ser parece ser uma leitura adequada do positivismo, em especial, um de seus grandes expoentes Hans Kelsen. Contudo a adequação é apenas aparente. Isso porque no próprio Kelsen tendo em vista que "condicionou, em sua doutrina, a validade da ordem jurídica à sua eficácia".[20]

E a crítica é mais inadequada ainda se levarmos em conta o outro dos grandes expoentes do positivismo, Herbert Hart. Interessante notar que Hart é acusado e criticado exatamente pelo extremo oposto, não considerar de maneira correta a separação entre ser e deve ser[21]. Vejamos como o próprio Hart entende a Regra de Reconhecimento:

> Pode ser uma afirmação interna aplicando uma regra de reconhecimento aceite, mas não expressa e significando (grosseiramente) nada mais do que 'válida, dados os critérios de validade do sistema'. A este respeito, porém, como nos outros aspectos, a regra de reconhecimento é diferente das outras regras do sistema. A asserção de que existe só pode ser uma afirmação

[18] RIBEIRO, Fernando Armando. Carl Schmitt – Crítico do positivismo. In: CATTONI, Marcelo; MACHADO, Felipe (Orgs.). *Constituição e processo*: a resposta do constitucionalismo à banalização do terror. 1. ed. Belo Horizonte: Del Rey, 2009, p. 231-248, p. 240.

[19] MÜLLER, Friedrich. *Teoria estruturante do direito*. 3. ed. rev. e atual: editora Revista dos Tribunais. 2012, p. 21.

[20] AFONSO, Elza Maria Miranda. *O positivismo na epistemologia juridica de Hans Kelsen*. Belo Horizonte: UFMG, 1984, p. 266.

[21] Para a citada crítica ver ALEXY, Robert. *Conceito e Validade do Direito*. São Paulo: Martins Fontes, 2009. 166 p.

> externa de facto. Porque enquanto uma regra subordinada de um sistema pode ser válida e, nesse sentido, 'existir', mesmo se for geralmente ignorada, a regra de reconhecimento apenas existe como uma prática complexa, mas normalmente concordante, dos tribunais, dos funcionários e dos particulares, ao identificarem o direito por referencia a certos critérios. A sua existência é uma questão de facto.[22]

Dessa forma a regra de reconhecimento possui natureza eminentemente prática, no sentido de que precisa haver aceitação por parte dos particulares e funcionários para ela possa existir. Uma conceituação dessa natureza não pode ser capaz de sustentar uma separação forte entre direito e realidade, o que denota a falsidade da crítica.

Dessa forma o juiz não pode, sob pena de violar a constituição, afastar determinada norma jurídica, como numa decisão *contra legem*, por exemplo, ou se utilizar determinada argumentação sem explicitar de maneira racional as razões de seu convencimento.

A ideia geral que estamos a expressar é que o positivismo jurídico precisa ser levado a sério e grande parte do debate está contaminado pela "falácia do espantalho" e isso fica claro na seguinte passagem de Trivisonno:

> Portanto, a ideia de pós-positivismo (bem como de neoconstitucionalismo, pós-modernidade no direito, etc.) coloca na teoria positivista características que ela não tem ou, pelo menos, atribui características do pensamento de algumas escolas (como jurisprudência alemã dos conceitos) a autores positivistas, como Kelsen e Hart.[23]

Dessa forma parece clara a questão da ausência de lealdade/honestidade que afirmamos acima em relação aos positivistas o que definitivamente só prejudica o debate e inclusive uma possível superação.

4. Uma visão a partir da literatura

A literatura pode contribuir para o direito de diferentes formas. Cardoso[24], num trabalho considerado inaugural na discussão direito e literatura, discute como estilos literários podem estar presentes nas decisões judiciais. Nesse trabalho, a literatura será utilizada especialmente na sua dimensão simbólica, para

---

22 HART, H. L. A. *O conceito de direito*. 3. ed. Lisboa: Fundação Calouste Gulbenkian, 2001, p. 121.

23 TRIVISONNO, Alexandre; MERLE, Jean-christophe (Orgs.). *A moral e o direito em Kant – ensaios analiticos*. 1. ed. Belo Horizonte: Mandamentos, 2007, p. 157.

24 CARDOSO, Benjamin N. *Law and Literature and other essas and adresses*. New York: Hartcourt, Brace and Company, 1931.

auxiliar na percepção de problemas comuns tanto da teoria positivista como do pós-positivismo (notadamente Dworkin).

O conceito central da crítica que passaremos a analisar é a noção de visão mágica da linguagem[25]como uma visão fraca e degenerada do mito da caverna de Platão. Ainda na teoria de Platão tem-se a percepção do fenômeno (noein) e aletheia como um desvelamento. Essa dimensão de desvelamento (um-hidden) é perdida quando aletheia é traduzida por verdade (truth ou veritas). Isso porque esses termos se identificam com proposições, sendo, pois, termos que designam a correção das proposições. O problema reside no fato do significado que Platão dá a aletheia ser muito mais amplo. Em Platão aletheia pode ser entendida como um movimento saindo da obscuridade em direção à verdade. A ideia em Platão não é uma proposição sobre a coisa, mas a própria coisa. Nessa confusão reside a noção de visão mágica da linguagem que é assumida tanto pelo positivismo como pelo pós-positivismo.

Do lado outro, temos a teoria jurídica convencional que assume a teoria mágica da linguagem para o direito. A existência dos chamados casos fáceis indicando que a maior parte das normas jurídicas tem determinados significados que podem ser apreendidos pelos interpretes (aplicadores ou não) de uma maneira geral. A existência de um núcleo de sentido comum que pode ser percebido pelos operadores do direito é uma noção que une os teóricos como Hart e Dworkin e ambos serão alvo de crítica exatamente por encarnarem num ou noutro sentido a visão mágica da linguagem.

> Dworkin é seguramente um defensor mais sofisticado da visão mágica da linguagem na teoria jurídica. Como Hart ele mantém que as respostas corretas para os problemas jurídicos são baseadas nos significados jurídicos. Contudo esses significados não devem ser encontrados 'lá fora' em algum plano transcendente (por exemplo, o núcleo de significado de Hart), onde ele pode ser visto ou inferido por todos os atores racionais.[26] (Tradução nossa)

Outro ponto seria o conceito de objetividade como sendo alguma coisa que existe, devendo ser inferida sempre que não puder ser percebida. Esse argumento

[25] WOLCHER, Louis E. Wolcher. Limits of Reason in Legal Interpretation in: Law's Task: The Tragic Circle of Law, Justice and Human Suffering (Ashgate 2008).

[26] WOLCHER, Louis E. Wolcher, Limits of Reason in Legal Interpretation in: Law's Task: The Tragic Circle of Law, Justice and Human Suffering (Ashgate 2008), p. 132 Dworkin is by far the most sophisticated defender of the magical view of language in legal theory. Like Hart, he maintains that right answers to legal problems are based on legal meanings. However, these meanings are not supposed to be located 'out there' in some transcendent plane (e.g. Hart's 'core'), where they can be seen or inferred by all racional actors.

cria a ilusão de que uma norma existe assim como os átomos existem. Contudo deve se ter em mente que a inexistência de evidencia não é a evidencia da inexistência de uma determinada coisa. Ainda no tocante à visão mágica da linguagem um conceito importante é o que afirma a distinção entre o ponto de vista interno e o ponto de vista externo no direito (obediência a norma para evitar sanção e a norma como padrão de comportamento respectivamente)

Como ressalta Raz[27], a obediência à norma por meio da sanção é uma razão auxiliar para o cumprimento de determinada norma jurídica:

> Uma norma endossada por uma sanção é, na melhor das hipóteses, apenas uma razão auxiliar parcial. A razão completa deve incluir o desejo do agente em evitar a sanção, ou o fato de sua aplicação ser contra os interesses dele. Eis a razão operativa: é porque o agente quer evitar a sanção que ele tem razão para cumprir a lei.

Com essa construção, Raz não pretende diminuir a relevância, inclusive prática, das sanções no direito, em especial no seu cumprimento, mas atenta para o fato de que "a tentativa de explicar a normatividade da lei a partir da sanção conduz a um beco sem saída. Ela explica em que sentido as leis são razões, mas não justifica os casos em elas são normas".[28]

A ideia de que significados podem ser inferidos a partir do comportamento judicial é um erro conforme nos alerta Wolcher. Essa concepção confunde a existência de causas comuns, por exemplo, aquelas que clarificam regularidades na natureza e uma razão comum. Assim Hart e Dworkin encarnam bem a ideia de visão mágica da linguagem aplicada ao direito como veremos a seguir. Esses autores compartilham duas premissas sobre o valor filosófico da decisão judicial; primeiro o comportamento que constitui a pratica judicial e o significado da norma jurídica.

O ponto central para entender como Hart concebe a interpretação é a defesa de um núcleo de significado que existiria no interior da norma jurídica[29]. Para Hart o resultado dos casos fáceis poderia ser extraído diretamente dos fundamentos do sistema jurídico e não somente por meio dos casos historicamente já decididos. Para Wolcher[30], trata-se de um non sequitur (falácia lógica na qual a conclusão não decorre das premissas – não há conexão entre premissa e conclusão).

---

27 RAZ, Joseph. *Razão Prática e Normas*. Rio de Janeiro: Elsevier Editora, 2010, p. 159.

28 RAZ, Joseph. *Razão Prática e Normas*. Rio de Janeiro: Elsevier Editora, 2010, p. 160.

29 Ver a primeira parte do trabalho na qual foi explicado de forma detalhada esse conceito em Hart.

30 WOLCHER, Louis E. Wolcher, Limits of Reason in Legal Interpretation in: Law's Task: The Tragic Circle of Law, Justice and Human Suffering (Ashgate 2008).

Por meio da figura mítica do *Grifo* (criatura lendária com cabeça e asas de águia e corpo de leão, comum na mitologia Grega e do oriente médio) pode ser visualizada uma diferença entre dois conceitos filosóficos fundamentais critério de e evidência de. O primeiro estabelece o que uma coisa é ou o que essa coisa deveria ser se existir. O segundo identifica algo que já existe. Já o Grifo é um exemplo do segundo tipo. Não há evidências que o Grifo exista na realidade, mas podemos conhecê-lo se olharmos para ele, ou seja, seu conceito já está perfeito e formulado e a partir disso é possível sua identificação.

Hart imagina que a regularidade do comportamento judicial é uma evidência da existência do núcleo de significado. Contudo, há para Wolcher uma confusão filosófica, pois não seria possível inferir a existência de alguma coisa a partir de evidências, sem ter ideia de que tipo de coisa essa alguma coisa é.

A resposta correta em Dworkin para as controvérsias jurídicas é baseada no significado jurídico que, por sua vez, é estabelecido pelo trabalho operado pela interpretação judicial. Para Dworkin, haveria apenas escolhas binárias para serem feitas pelo Juiz. Por exemplo, no caso do aborto, a discussão jurídica só permite a opção de acordo e em desacordo com a constituição. Dworkin ainda estabelece sua teoria pensando que, de fato, existe apenas uma única resposta correta. Desse modo, a diferença entre as teorias de Hart e Dworkin seria apenas de grau em relação à visão mágica do direito.

Apesar de não diretamente direcionadas a Kelsen essas críticas também podem lhe ser direcionadas. No âmbito da construção dos significados das normas jurídicas a ideia de indeterminação da linguagem jurídica presente em Kelsen em muito se assemelha à textura aberta de Hart.

Parece-nos que a teoria da argumentação jurídica construída por Robert Alexy tenta sair desse paradoxo. A discricionariedade ilimitada é um problema para o sistema jurídico. Para o jurista alemão, não seria possível uma teoria que buscasse estabelecer uma única resposta correta (mesmo considerando que Dworkin possa ter construído uma teoria de dois níveis[31]), assim busca construir a noção de argumentos discursivamente possíveis. O filtro da argumentação discursiva e racional estabelece três diferentes tipos de argumentos, os discursivamente impossíveis, como a escravidão, os discursivamente necessários, e por fim os discursivamente possíveis. No âmbito de escolha entre os argumentos discursivamente possíveis existiria discricionariedade, menor que a constatada pelos positivistas e maior que a defendida por Dworkin.

---

31 Não é possível desenvolver nesse trabalho a tese que nos parece correta de que é possível extrair da obra de Dworkin uma teoria de dois níveis, um ideal e outro não ideal. Isso atenuaria críticas como as direcionadas à tese da resposta correta, uma vez que pode ser considerada como uma formulação ideal que o julgador deveria buscar ao interpretar o direito.

A resposta correta (Dworkin) e o núcleo de significado (Hart) são desnecessários e circulares porque para seu estabelecimento (a resposta correta ou o núcleo de significado) é preciso verificar o comportamento judicial. E essas teses por sua vez são importantes para definir o padrão do comportamento judicial, caindo assim num vazio circular a ser preenchido pela visão mística da linguagem.

A visão mágica da linguagem no direito crê na indeterminação do significado da norma (signo) jurídico. Wolcher[32], valendo-se de Wittgenstein, afirma que a atenção na interpretação de um signo deve estar no caso. Colocando em xeque a interpretação jurídica tradicional que visa o estabelecimento de padrões gerais para que posteriormente possa ser estabelecida a conformação do fato à norma.

Nesse ponto, a teoria de Alexy se constitui numa resposta adequada. Tomando por base a máxima da proporcionalidade o resultado do caso depende totalmente das variáveis fáticas, ou melhor, é totalmente construído a partir das premissas fáticas que informam o caso. A regra jurídica que é o resultado da ponderação entre dois princípios. As possibilidades fáticas atuam diretamente no âmbito da máxima da proporcionalidade no exame das submáximas da adequação e necessidade e atuam indiretamente na submáxima da proporcionalidade em sentido estrito (ponderação ou sopesamento)[33]. Vejamos a fórmula no peso que mostra exatamente como a aplicação indireta das circunstâncias fáticas afeta o resultado da ponderação:

$$Wi,j = \frac{Ii \cdot Wi \cdot Ri}{Ij \cdot Wj \cdot Rj}$$

> Essa fórmula representa o núcleo de um argumento estrutural complexo. Em casos comuns, nos quais apenas dois princípios estão envolvidos, o balanceamento começa com a subsunção do caso sobre princípios concorrentes (Pi, Pj), e continua com o estabelecimento dos valores, primeiro, da intensidade da interferência (li, lj) em Pi, Pj, segundo, o peso abstrato (Wi, Wj) de ambos os princípios, e terceiro, o grau de segurança das suposições empíricas (Ri, Rj) respeitando o que a medida significa para a não realização de Pi e a realização Pj.[34]

---

[32] WOLCHER, Louis E. Wolcher. *Limits of Reason in Legal Interpretation* in: Law's Task: The Tragic Circle of Law, Justice and Human Suffering (Ashgate, 2008).

[33] Para uma visão detalhada das máximas da proporcionalidade ver: ALEXY, Robert. Constitutional Rights, Balancing, and Rationality, in: Ratio Juris 16 n 02 (2003a), p. 131-140. Tb o nosso SAPUCAIA, R. V. F. *A derrotabilidade dos princípios e o Supremo Tribunal Federal*. Observatório da Jurisdição Constitucional, v. 02, p. 01-15, 2012.

[34] ALEXY, Robert. *Two or Three?*, in: Martin Borowski (Hg.), On the Nature of Legal Principles, Archiv für Rechts - und Sozialphilosophie, Beiheft 119 (2010), p. 11. This formula represents the core of a complex argument-structure. In standard cases, where only two principles are involved, balancing begins with the subsumption of the case under two competing principles

Na fórmula acima, vemos que para o estabelecimento dos valores (que substituirão as letras no caso concreto) a subsidiar o preenchimento da formula os elementos fáticos voltam a exercer função importante. Na teoria de Alexy a solução só é possível, em especial na aplicação de princípios, de acordo com as circunstâncias identificadoras e individualizadas do caso concreto.

5. Conclusão

O foco e a preocupação do presente trabalho foram estabelecer de maneira geral os contornos do positivismo jurídicos e do pós-positivismo e rechaçar algumas críticas direcionadas ao positivismo, em geral atribuíveis ao desconhecimento dos adversários das teses realmente defendidas pelos positivistas.

Com isso tentou se mostrar que ideias como defesa de um legalismo, total discricionariedade do julgador, superioridade da lei sobre a constituição não foram defendidas pelo positivismo. Podemos avançar nesse ponto e afirmar estreme de dúvidas que essas teses são incompatíveis com as características do próprio positivismo.

Portanto, a ideia central desse artigo é depurar o debate e contribuir para a valorização do positivismo jurídico enquanto teoria séria que tem importantes contribuições para a teoria do direito e que para sua eventual superação é preciso levar em conta seus reais sucessos e fracassos. E assim seja possível uma superação real e no sentido positivo com a internalização nas teorias subsequentes dos avanços conquistados pela teoria positivista. A partir desses pontos uma crítica consistente pode ser feita, e não apenas ao positivismo como também para parte significativa do pós-positivismo.

As críticas formuladas ao positivismo e a parte do pós-positivismo (Dworkin) parece não constituir óbice à teoria discursiva de Robert Alexy. Os dois principais pontos das argutas observações de Wolcher são resolvidos por Alexy com o auxílio da teoria da argumentação jurídica e da máxima da proporcionalidade. O âmbito do discursivamente possível traz ainda uma discricionariedade, contudo limitada por regras racionais, construídas intersubjetivamente. E o resultado da ponderação não é algo pronto a qual deve ser conformado o caso. A norma a ser aplicada é uma regra jurídica que se constitui a partir e estritamente nas bases fáticas do caso, ou seja, é criada no momento da aplicação uma nova regra que estabelece o direito conforme a necessidade do caso.

(Pi, Pj), and continues with an assignment of values, first, to the intensity of interferences (Ii, Ij) with Pi and Pj, second, to the abstract weights (Wi, Wj) of both principles, and, third, to the degree of reliability of the empirical assumption (Ri, Rj) respecting what the measure in question means for the non-realization of Pi and the realization of Pj.

6. Referências

AGUIAR DE OLIVEIRA, Júlio. Sistema de regras? Uma crítica à concepção positivista do Direito como sistema de regras. *Revista de Informação Legislativa*, Brasília, 181, p. 17-28, 2009.

AGUILÓ REGLA, Josep. *Positivismo y postpositivismo: dos paradigmas jurídicos en pocas palabras*. Doxa. N. 30 (2007). ISSN 0214-8876, pp. 665-675. Disponível em http://rua.ua.es/dspace/bitstream/10045/13160/1/DOXA_30_55.pdf acesso em 10/2011.

AFONSO, Elza Maria Miranda. *O positivismo na epistemologia juridica de Hans Kelsen*. Belo Horizonte: UFMG, 1984.

ALEXY, Robert. *Conceito e validade do direito*. São Paulo: Martins Fontes, 2009. 166 p.

ALEXY, Robert. *The dual nature of law*. Ratio Juris, v. 23, n. 2, p. 167-182, jun. 2010.

ALEXY, Robert. *Teoria da argumentação jurídica*: a teoria do discurso racional como teoria da fundamentação jurídica. Rio de Janeiro: Forense, 2011. 350 p.

ALEXY, Robert. *Teoria dos Direitos Fundamentais*. São Paulo: Malheiros, 2008.

ALEXY, R.; TRIVISONNO, Alexandre T. G. (Orgs.). *Teoria Discursiva do Direito*. 1. ed. Rio de Janeiro: Forense Universitária, 2014, v. 1. 405p.

ALEXY, Robert. *Two or Three?*, in: Martin Borowski (Hg.), On the Nature of Legal Principles, Archiv für Rechts – und Sozialphilosophie, Beiheft 119 (2010), S. 9-18

CARDOSO, Benjamin N. *Law and Literature and other essas and adresses*. New York: Hartcourt, Brace and Company. 1931.

DIMOULIS, Dimitrios; LUNARDI, Soraya Regina Gasparetto. O positivismo jurídico diante da principiologia. *Teoria do Direito Neoconstitucional*. Dmitrios Dimoulis e Écio Duarte (Orgs.). São Paulo: Método, 2008, p. 179-197.

HART, H. L. A. *O conceito de direito*. 3. ed. Lisboa: Fundação Calouste Gulbenkian, 2001.

HOERSTER, Norbert. *En defensa del Positivismo Juridico*. Barcelona: Gedisa, 2000.

HOERSTER, Norbert. *Was ist Recht?* Grundfragen der Rechtsphilophie. München: C.H. Beck Verlag, 2006.

KELSEN, Hans. *Teoria pura do direito*. 6. ed. São Paulo: Martins Fontes, 2003.

MÜLLER, Friedrich. *Teoria estruturante do direito*. 1 e 3. ed. rev. e atual: editora Revista dos Tribunais, 2012.

RAZ, Joseph. Legal Principles and the Limits of law. *The Yale law journal*, 81 (5), p. 823- 854, 1972.

RAZ, Joseph. *Razão Prática e Normas*. Rio de Janeiro: Elsevier Editora, 2010.

RIBEIRO, Fernando Armando. Carl Schmitt – Crítico do positivismo. In: Marcelo Cattoni; Felipe Machado (Org.). *Constituição e processo*: a resposta do constitucionalismo à banalização do terror. 1. ed. Belo Horizonte: Del Rey, 2009, p. 231-248.

SAPUCAIA, R. V. F. *A derrotabilidade dos princípios e o Supremo Tribunal Federal*. Observatório da Jurisdição Constitucional, v. 02, p. 01-15, 2012.

SCHMITT, Carl. *Sobre los três modos de pensar la ciencia jurídica*. Editorial Tecnos, S.A., Madrid, Espanha, 1996.

SHAPIRO, *S.J.*, The "Hart-Dworkin" Debate: Short Guide for the perplexed. *Ronald Dworkin*. Arthur Ripstein (Org.). Cambridge: Cambridge University Press, 2007, p. 22-55.

STRECK, L. L. Hermenêutica e Possibilidades Críticas do Direito: ensaio sobre a cegueira Positivista. *Revista da Faculdade de Direito da Universidade Federal de Minas Gerais* (Impresso), v. 52, p. 127-162, 2008.

TRIVISONNO, Alexandre. *O Fundamento de Validade do Direito* – Kant e Kelsen. 2. ed. ampl. 2. ed. Belo Horizonte: Mandamentos, 2004, v. 1. 303p.

TRIVISONNO, Alexandre; MERLE, Jean-christophe (Orgs.). *A moral e o direito em Kant* – ensaios analíticos. 1. ed. Belo Horizonte: Mandamentos, 2007. 245p.

TRIVISONNO, Alexandre. Pós-Positivismo Jurídico. In: Alexandre Travessoni; Cristiane Caetano; Giltônio Santos; Lívia Franco; Mara Pena; Mauro Barros; Paula Cury; Tiago Mosci. (Org.). *Dicionário de Teoria e Filosofia do Direito*. São Paulo: Editora LTr, 2011, v. 1, p. 319-323.

TRIVISONNO, Alexandre. Fundamentação do Direito e argumentação jurídica: a proposta de Alexy. In: COELHO, Nuno Manuel Morgadinho Santos; MELLO,

Cleyson de Moraes (Org.). *O fundamento do direito*: estudo em homenagem ao professor Sebastião Trogo. 1. ed. Rio de Janeiro: Freitas Bastos, 2008, p. 295-310.

TRIVISONNO, Alexandre. Kant e o pós-positivismo no direito. In: GOMES, Alexandre Travessoni; MERLE, Jean-christophe (Orgs.). *A moral e o direito em Kant - ensaios analiticos*. 1. ed. Belo Horizonte: Mandamentos, 2007, p. 153-180.

TRIVISONNO, Alexandre T. G.; SALIBA, Aziz Tuffi (Org.); LOPES, Mônica Sette (Org.). *Princípios Formais e Outros Aspectos da Teoria Discursiva do Direito*. 1. ed. Rio de Janeiro: Forense Universitária, 2014, v. 1. 209p.

WOLCHER, Louis E. Wolcher. Limits of Reason in Legal Interpretation in: Law's Task: The Tragic Circle of Law, Justice and Human Suffering (Ashgate 2008). 251 p.

SCHOPENHAUER PELOS OLHOS DO DRAGÃO

Saulo de Tarso Fernandes Dias[1]

"O tempo só passa depressa nas histórias, e o que é a história do mundo senão uma espécie de conto grandioso em que a passagem dos séculos substitui a passagem dos anos?"

Stephen King, 2002.

1. Introdução

Em sua obra *Sobre o fundamento da moral,* Arthur Schopenhauer propõe como finalidade para ética a de esclarecer, explicar e reconduzir à sua razão última os modos muitos diferentes de agir dos homens no aspecto moral. O autor acredita que para a descoberta do fundamento da ética, resta o caminho empírico de investigar se há em geral ações às quais se tem de atribuir *autêntico valor moral*[2].

Schopenhauer parte do princípio de que a principal motivação do homem é o *egoísmo*, ou seja, seu ímpeto para a existência é o bem-estar. Explica que a investigação deve ser filosófica, deixando de lado as soluções condicionadas pelas religiões, nos seguintes termos:

> A filosofia busca, em contrapartida, aqui como em toda a parte, a verdadeira e última elucidação do presente problema, fundada sobre a natureza humana e independente de todas as explicações místicas, dogmas religiosos e hipóteses transcendentes, e exige ver esta elucidação demonstrada, quer na experiência externa, quer na interna.[3]

---

[1] Oficial do Exército Brasileiro. Bacharel em Ciências Militares pela Academia Militar das Agulhas Negras (AMAN). Mestrando em Filosofia pela Faculdade Jesuíta de Filosofia e Teologia (FAJE). Bacharel em Direito pela Faculdade Pitágoras. Especialista em Ciências Militares pela Escola de Aperfeiçoamento de Oficiais (EsAO). Especialista em Direito Constitucional pela Fundação da Grande Fortaleza. Especialista em Direito Público pela Escola Superior do Ministério Público/RS (FMP). Especialista em Direito Militar pela Fundação Trompowsky. E-mail: profsaulodias@gmail.com

[2] SCHOPENHAUER, 2001, p. 119.

[3] SCHOPENHAUER, 2001, p. 129.

Arthur Schopenhauer demonstra que a verdadeira motivação está no fundamento de todas as ações dotadas de valor moral genuíno. Quando a única motivação é o próprio *bem-estar* e *mal-estar* do agente, tem-se uma ação *egoísta* e consequentemente *sem valor moral*. Somente terão *valor moral* as ações que aconteçam ou não em proveito ou contentamento do *outro*. A essa *participação* totalmente desinteressada no *sofrimento* do outro dá o nome de *compaixão*. E é essa participação no impedimento ou supressão do sofrimento do outro que consiste todo contentamento, felicidade e bem-estar.[4]

O romance de Stephen King intitulado *Os olhos do dragão* permite que se faça uma leitura da obra *Sobre o fundamento da moral*, de Arthur Schopenhauer[5], se assim o leitor quiser. De um lado, uma história criada pelo escritor de obras de terror[6], de outro o ferrenho crítico de Kant e sua fundamentação pessimista da moral, ambos atentos para a essência do ser humano. É provável que King não tenha escrito seu texto com a finalidade de correlacionar seus personagens com a teoria de Schopenhauer, porém fascinante é a capacidade do autor literário que, no seu ambiente livre e criativo, produz uma história e personagens capazes de revelar as mais diversas motivações morais (ou antimorais), sobre as quais filósofos há anos vêm refletindo.

Este artigo não tem a pretensão de discutir a teoria de Arthur Schopenhauer, mas sim proporcionar uma leitura de sua obra a partir da fantástica fábula passada em Delain, um reino muito distante, onde viviam o rei Rolando, sua esposa Sacha e seus dois filhos, Pedro e Tomás, e o ambicioso feiticeiro Flagg.

2. Delain e o mundo da vida

Delain era um reino muito antigo, que ao longo o tempo teve vários reis. A história que interessa é a do rei Rolando, o Bom. E é nesse universo imaginário que o leitor pode mergulhar na Fundação da ética de Arthur Schopenhauer.

Para Schopenhauer, a fundação kantiana da ética é insuficiente e uma mera vestimenta da moral teológica. Critica o afastamento entre a teoria e a vida real, nos seguintes termos:

---

4 SCHOPENHAUER, 2001, p. 134.

5 Arthur Schopenhauer (1788-1860) foi um filósofo alemão que teve como obra principal *O mundo como vontade e representação (1818)*.

6 Stephen King (1947) é um autor americano reconhecido como um dos mais notáveis escritores de contos de horror fantástico e ficção de sua geração, suas obras serviram de base para produção de filmes de terror, tais como *Conta Comigo*, *Um Sonho de Liberdade* e *À espera de um Milagre*.

> São afirmações indemonstradas, apanhadas no ar (...) repousando sobre conceitos os mais abstratos, complicadas combinações, regras heurísticas, proposições que balançam na ponta de uma agulha e máximas de perna de pau, de cuja altura não mais se pode ver a vida real e sua azáfama.[7]

Ora, se Schopenhauer sugere aos éticos primeiro olhar um pouco para a vida humana, por que refletir sobre uma história *criada em reinos imaginários*? Talvez a resposta seja porque os personagens de Delain possuem sentimentos e ações morais que funcionam como uma grande *metáfora*[8] para seu leitor, ou seja, clarificam e permitem uma nova visão do comportamento humano, dado a semelhança com a vida real e a fácil cognição dos fatos narrados pelo autor Stephen King.

A filosofia pode funcionar como uma ligação entre a abstração do texto literário e a prática, se assim o leitor quiser[9]. Dessa forma, parece possível produzir conhecimento por meio do pensamento filosófico, uma vez que este opera de modo complexo. Acredita-se que a leitura do texto literário pode contribuir para a leitura do texto filosófico, buscando dirimir a distância naturalmente percebida entre prática e teoria nas diversas áreas do conhecimento, tal como aponta Raphael Demos:

> The same difficulty reappears in an transition from theory to practice. The professor of military science is not necessarily a good general; and the staff officer is not necessarily a good officer in the field. The one is acostomed to deal with the simpliciteies of abstraction; but practice plunges the mind into the sea of complexity. What is true of practical judgments is also true of a certain class of theoretical jugments.[10]

---

7 SCHOPENHAUER, 2001, p. 107.

8 Para Jeanne Gaakeer, a metáfora quando atinge sua função nos faz dizer "Oh, agora vejo". Citando Paul Ricoeur nos apresenta que a metáfora não é uma simples "transferência de palavras", mas "um comércio entre os pensamentos". Metaphor in not 'a simple transfer of words', but 'a commerce between thoughts, that is, a transaction between contexts' so that 'metaphor holds together within one simple meaning two different missing parts of different contexts of this meaning'. GAAKEER, Jeanne. *Configuring Justice, No Foundations*, An Interdisciplinary Journal of Law and Justice, 2012, p. 20-44.

9 A leitura de um texto literário permite, segundo a divisão em fases a seguir apresentada, a produção do conhecimento na terceira fase, a fase da filosofia, a partir da qual a leitura do texto literário consegue uma aproximação da realidade (aqui chamada de ciência). Nesse sentido o filósofo Raphael Demos em seu artigo The Spectrum of Knowledge, defende que o conhecimento é encontrado em três fases: a) na fase da poesia, que precede as operações de abstração, na fase da ciência, que sucede as operações; e c) na fase da filosofia, que é um estagio intermediário entre a poesia e a ciência. DEMOS, Raphael, The Spectrum of Knowledge. Philosophical Review, Vol 56, nº 3. Duke University Press: 1947, p. 237-257.

10 DEMOS, 1947, p. 244.

3. Rolando, Tomás e o egoísmo

Rolando era o Rei de Delain, um governador mediano e que buscava não causar grandes males ao povo. Estava velho, com seus 70 anos, e sua morte talvez estivesse próxima. Era casado com Sacha e possuía dois filhos: o mais velho e futuro rei era Pedro e o mais moço era Tomás.

Caçar era a atividade preferida de Rolando e o fazia com arco e flecha. Certa vez, juntamente com seu grupo em uma de suas caçadas, deparou-se com um grande dragão, capaz de assar todos com suas ventas. Todos ficaram sem reação, exceto Rolando, que disparou sua flecha e acertou em cheio "aquela parte mole abaixo da garganta dos dragões, semelhante a uma guelra, por onde o ar é aspirado para alimentar o fogo"[11]. O dragão morreu com a flechada e Rolando comeu seu coração ainda cru, como comemoração ao seu grande feito. A cabeça deste dragão, que recebeu o nome de Niner, foi empalhada e colocada em seu quarto no castelo, junto com o arco e a flecha.

As ações de Rolando, tais como agradar sua esposa Sacha, divertir-se com seus filhos, embebedar-se em festas, podem ser consideradas *egoístas*, pois tinham com o fim último o seu próprio *bem-estar*. E para Shopenhauer, ações cuja única motivação é o próprio *bem-estar* e *mal-estar* do agente é ação é *egoísta* e, consequentemente, *sem valor moral.*[12]

A preocupação de Rolando com a justiça[13] demonstrada, por exemplo, no caso em que perdoou um par de desertores do exército contra o assessoramento de Flagg, que queria que fossem decapitados em praça pública, é na visão cética de Schopenhauer uma forma de *egoísmo*. A motivação desta ação não é de origem moral, pois é na verdade a preocupação é com sua própria imagem, principalmente perante sua esposa Sacha.

Mas é nas ações do pequeno Tomás que poderemos perceber o que Schopenhauer chamou de *motivações antimorais*. Tomás, o filho mais novo de Rolando, tinha as feições do pai. Facilmente tomaria no futuro o semblante do pai. Tomás não era um bom menino, às vezes triste e confuso, além de muito ciumento. Acreditava que todos – seu pai, seus professores e os criados – gostavam mais de Pedro. O pensamento de Tomás resume todo seu sentimento:

---

[11] 2002, p.12.

[12] 2001, p. 134.

[13] "Encontrar-nos-íamos em grande e muito juvenil erro se acreditássemos que todas as ações justas e legais do ser humano fossem de origem moral" (SCHOPENHAEUR, 2001, p. 109).

> Nós amávamos sua mãe e você a matou quando veio ao mundo. E o que recebemos em troca da dor da morte que você lhe causou? Um guri desenxabido com uma cara redonda em que quase não se vê o queixo, um pirralho atoleimado que aos oito nos de idade ainda não sabe fazer letras grandes. Seu irmão Pedro sabia fazê-las todas aos seis anos. O que recebemos? Quase nada. Porque que você veio, Tomás? Para que serve? Reserva do trono? É só para isso que você serve? Reserva do trono? É só para isso que você serve? Reserva do trono para caso de Pedro, o Precioso, cair da sua égua manca e arrebentar a cabeça? É só isso? Pois bem, nós não queremos você. Nenhum de nós quer.[14]

Tomás passou a infância tentando chamar a atenção do pai, tentando ser mais querido que Pedro, o que de fato não conseguiu. A inveja das habilidades e carisma de Pedro foi o fermento para causar toda maldade que fez ao irmão. As ações de Tomás que dão sentido a toda novela são por Schopenhauer assim entendidas:

> Inveja e alegria maligna são em si meramente teóricas. Praticamente tornam-se maldade e crueldade. O egoísmo pode levar a todas as formas de crimes e delitos, mas os prejuízos e as dores causados a outrem são para si um mero meio e não um fim, ai entrando de modo penas acidental. Em contrapartida, para a maldade e a crueldade o sofrimento e a dor de outrem são fins em si; alcançá-los é o que dá prazer.[15]

Mas, que Tomás fez de tão mal ao irmão? Essa é a história que em apertadas palavras que será resumida.

Flagg, o feiticeiro, ensinou a Tomás como ver os aposentos de seu pai através dos olhos de Niner, o dragão que o pai matara muito tempo atrás. Por meio de uma passagem secreta, era possível chegar até a cabeça do dragão que ficava na parede, juntamente com outras cabeças de ursos, de cervos, de alces, de antílopes e de corvos-marinhos. Tomás passou a espiar[16] seu pai com frequência, já que "a fascinação e o excitamento que experimentava ao ver o pai daquela forma era indescritível"[17]. Descobriu, assim, que todos os dias à noite Pedro levava para o pai um copo de vinho. Após a saída de seu irmão Pedro, Rolando se embriagava de cerveja.

---

14 KING, 2002, p. 42, assim no original.

15 SCHOPENHAUER, 2001, p. 126.

16 "Espiar uma pessoa é uma espécie de roubo – é roubar uma visão do que as pessoas fazem quando pensam que estão sós." (KING, 2002, p.70)

17 KING, 2002, p.70.

E foi pelos olhos do dragão que Tomás viu a noite em que Flagg cometeu o *regicídio*. O mago levou um copo de vinho envenenado com grãos de areia-de--dragão, um poderoso ingrediente que fez o rei Rolando, três dias após ter ingerido, soltar fumaça pela boca, narinas e ouvidos, até morrer com um jato de chama verde saindo pela boca.

Tomás carregou para sempre consigo essa imagem do envenenamento e morte do pai. E os planos de Flagg eram ainda mais ousados. O feiticeiro forjou indícios que vieram a incriminar Pedro, colocando um camundongo envenenado com areia-de-dragão na estante do quarto de Pedro. Sendo assim, o príncipe Pedro foi acusado pelo assassinato do pai.

Pedro foi julgado, condenado e sentenciado à prisão perpétua nas duas celas geladas do lado do Obelisco. Tomás, encorajado por Flagg e movido pelo *egoísmo*, omitiu-se por ocasião do julgamento do irmão e foi coroado como novo rei de Delain[18].

4. Flagg e a maldade

Flagg era chamado pelo povo de o Encapuzado ou, simplesmente, de o Negro. Veio de Garlan para Delain e aparentava uns 40 anos, era um homem magro, com uma cara branca de cadáver e um ar sombrio. Já tinha vindo a Delain por diversas vezes[19], com nomes diferentes e sempre com a mesma carga de desgraça, sofrimento e morte.

A principal característica de suas ações era a motivação da *maldade*[20], definida Shopenhauer por aquela que quer o mal alheio e visa como o seu fim último a *dor* alheia. E nesta história foram várias as maldades planejadas e executadas pelo mago.

Enquanto se preparava para o envenenamento de Rolando, os pensamentos de Flagg revelavam sua maldade:

> Por um vintém – por um vintém furado – eu era capaz de matá-lo eu mesmo, por todos os transtornos que você e sua estúpida mulher e o seu filho mais velho me causaram. A alegria de matá-lo quase valeria a ruína dos meus planos. A alegria de matá-lo...[21]

---

[18] Para Schopenhauer a *omissão* que Tomás cometeu é uma *injustiça dupla*, pois não protegeu o pai e deixou incriminar o irmão. Ações essas que podem ser "pensadas sob o conceito de *traição*, que é o horror do mundo. De acordo com isso, Dante põe também o traidor no círculo mais profundo do inferno, onde mora o próprio Satã (Inferno II, 61 a 66)" (2001, p. 151).

[19] "Ele vinha sempre encapuzado, um homem que parecia quase não ter rosto, e nunca vinha ele mesmo como rei, mas sempre como o conspirador das sombras, o homem que instilava veneno no ouvido dos reis"(KING, 2002, p. 48).

[20] "Queria o que sempre querem os homens malvados: ter poder e usar esse poder para fazer o mal" (KING, 2002, p. 48).

[21] KING, 2002, p. 52.

Ao mostrar a Tomás a passagem secreta que dava acesso aos olhos do dragão Niner, Flagg agiu sem saber exatamente a razão, mas movido também por um instinto da maldade – "Seu instinto de maldade dissera-lhe que aquela poderia causar a desgraça (...) Afinal, maldade era o forte de Flagg".[22]

Shopenhauer apresenta a *malevolência* ou o *ódio* como virtudes que se opõem à virtude da caridade. A malevolência é comum em pequeno grau e se apresenta frequentemente na *difamação*, mas pode atingir graus maiores, nascida da inevitável colisão dos egoísmos e "estimulada objetivamente pelo espetáculo dos vícios, erros, fraqueza, loucuras, carências e imperfeições de todas as espécies".[23]

A motivação para o regicídio também foi baseada no *egoísmo*, no egoísmo do próprio *povo* de Delain, que sofre as consequências da relação entre príncipes e reis, conduzindo assim a um *mal-estar*[24] do povo:

> Flagg sabia mais: sabia que o povo alimenta uma profunda desconfiança instintiva em relação a príncipes e reis, porque são pessoas que podem com um único gesto ordena-lhes a morte, e por crimes tão fúteis como deixar um lenço cair em sua presença. Grandes reis são amados, reis não tão grandes são tolerados; reis futuros representam uma incógnita temível. Eles poderiam amar Pedro, se lhes fosse dada oportunidade; Flagg, porém sabia que também não tardariam a condená-lo, se provas suficientes lhes fossem apresentadas.[25]

Após a condenação de Pedro, Tomás entrou em profundo sofrimento, sentiu medo e bebeu muito. As imagens de Flagg envenenando o pai e dele morrendo com a boca fumegando não saía de sua cabeça. Em seus pensamentos, Flagg revelava sua motivação para o mal:

> Ele é tão parecido com o pai, pensava Flagg, e o velho nunca se deu conta disso. Ah, Tomasinho, vamos nos divertir muito, você e eu, e antes que eu acabe, o reino será banhado de sangue real. Eu estarei ausente, mas não estarei longe, pelo menos no princípio. Eu voltarei disfarçado e demorarei o bastante para ver a sua cabeça mumificada na ponta de uma estaca... e para abrir com minha adaga o peito de seu irmão, e arrancar-lhe o coração, e comê-lo cru, como o seu pai comeu o coração de seu precioso dragão.[26]

---

[22] KING, 2002, p. 61.

[23] 2001, p. 125.

[24] "O que move principalmente a vontade é o bem-estar ou o mal-estar, tomados no sentido amplo da palavra, como também inversamente o bem-estar e mal-estar significam "de acordo ou contra uma vontade". Por tanto todo motivo tem de se referir ao bem-estar e ao mal-estar" (SCHOPENHAUER, 2001, p. 132).

[25] KING, 2002, p.88

[26] KING, 2002, p.122, assim no original.

5. Sacha, Pedro e a compaixão

Sacha era a esposa de Rolando e mãe de Pedro e Tomás. Se para Schopenhauer é raro uma pessoal verdadeiramente honesta[27] – "há de fato pessoas verdadeiramente honestas, como também há também realmente trevos de quatro folhas"[28] – em Delain havia duas: Sacha e Pedro.

Sacha morreu quando Pedro tinha apenas cinco anos. Mas ainda quando novinho ela o instruiu de como se comportar, pois queria que ele fosse bom. E um bom menino haveria de ser um bom rei. Certa vez, para explicar para Pedro a natureza do homem, escreveu de giz numa lousa duas palavras – DEUS e CÃO[29]. E disse assim, "São estas as duas naturezas do homem. Nunca se esqueça disso, porque você será rei um dia e os reis se tornam grandes e fortes"[30]. Sacha queria que as ações de Pedro fizessem lembrar o lado civilizado da sua natureza, o lado bom, o lado de Deus.

Sacha era amada pelo povo de Delain por ser boa e generosa. Criou o Grande Hospital, pediu ao rei para proibir o açulamento de ursos na Praça e pleiteou a Remissão dos Impostos no ano da grande seca. Justamente por ser boa, suas ações irritavam Flagg, que por ocasião do parto de Tomás, chantageou a parteira Ana Croockbrows para que matasse Sacha.

Pedro tinha em sua memória uma mãe doce, terna, carinhosa e compassiva. Um rapaz que cresceu forte, elegante e bonito, de cabelos pretos e olhos azuis-escuros. Parecido com a mãe, era alto e flexível. Gostava de estudar, principalmente história e geografia.

---

27 "Conceder-me-á igualmente que alguns ajudam e dão, fazem e renunciam sem ter outro intuito em seu coração que o de ajudar a outrem cuja necessidade eles vêem" (SCHOPENHAUER, 2001, p. 130).

28 SCHOPENHAUER, 2001, p. 130.

29 Sacha ao explicar para Pedro sobre a maldade e a bondade disse assim "O comum é as pessoas serem mais parecidas com os cães do que com os diabos. Os cães gostam de brincar, mas são estúpidos, e é o que acontece com a maioria dos homens e das mulheres quando se embriagam. Os cães, quando agitados e confusos, tendem a morder; os homens, quando agitados e confusos, tendem a brigar. Os cães são bons animais de estimação porque são leais, mas um homem, se não é mais do que um animal de estimação, é um mau homem, penso eu. Os cães podem ser valentes, mas eles também podem ser covardes que uivam no escuro ou fogem do perigo com o rabo entre as pernas." (KING, 2002, p. 17)

30 KING, 2002, p. 16.

Para Shopenhauer, *a compaixão* é a única fonte das ações dotadas de valor moral, que quer o bem-estar alheio, chegando até a nobreza moral e a generosidade:

> Essa compaixão sozinha é a base efetiva de toda a justiça *livre* e toda a caridade *genuína*. Somente quando uma ação dela surgiu é que tem valor moral, e toda ação que se produz por quaisquer outros motivos não tem nenhum.[31]

Pedro, jovem que herdara a inteligência da mãe e o amor do pai pelo próximo demostrou em suas ações, aos poucos, a compaixão. O primeiro sinal da generosidade[32] de suas ações foi quando ele ao ver Yosef, o "lorde cavalariço-mor", prestes a executar uma égua com a perna quebrada e interferiu prontamente[33]. Apesar da idade, experiência e confiança que a família sempre depositou no cavalariço, neste momento o sentimento do garoto falou mais alto. Mesmo com o parecer do veterinário de que a execução fosse o mais indicado para o caso, o coração generoso de Pedro o compeliu naquele debate, que lhe rendeu uma boa surra de seu pai por se intrometer em assuntos do cavalariço. Pedro assumiu o tratamento da égua, ministrava as cataplasmas religiosamente quatro vezes ao dia. O animal não morreu e o comentário de Yosef refletiu o que as ações do jovem transmitiam aos outros:

> – Acho que Deus salvou a égua, porque o jovem rei tomou tão bravamente o seu partido – dizia. – E ele mourejou com aquelas cataplasmas que nem um escravo. Valente, ele: tem um o coração de um dragão. Um dia vai ser rei, rei de verdade. Ah, vocês deviam ter ouvido a voz dele quando me mandou largar a marreta![34]

Sabe-se até aqui que Flagg ordenou a morte de Sacha, e depois elaborou seu perverso plano, que culminou na morte do rei Rolando envenenado por um cálice de vinho contendo areia-do-dragão, e o flagrante armado para incriminar o príncipe Pedro. Sabe-se também que tudo isso foi presenciado por Tomás pelos olhos do dragão Niner. Após a morte do rei, Pedro foi acusado e levado a julgamento no Tribunal Real de Delain, conhecido como o "Tribunal de Peyna", onde laborava o magistrado-geral Anders Peyna.

---

31 SCHOPENHAUER, 2001, p. 136.

32 Para Shopenhauer, a compaixão é a única fonte das ações dotadas de valor moral, que quer o bem-estar alheio, chegando até a nobreza moral e a generosidade. (SHOPENHAUER, 2001).

33 A ação de Pedro em relação ao animal se refere ao que Schopenhauer chamou de primeiro grau do efeito da compaixão: "ela se opõe ao sofrimento que eu posso causar aos outros, por inibir as potências antimorais que habitam em mim. Ela me grita 'pare!' e se coloca como arma defensiva diante do outro, protegendo-o da ofensa a que, não fora isso, meu egoísmo ou minha maldade me teriam impelido" (SHOPENHAUER, 2001, p. 142).

34 KING, 2002, p. 40.

A virtude da justiça estava presente nas ações morais de Pedro como se vê no momento de seu julgamento. Para Schopenhauer, a máxima "neminem leade" é uma firme resolução tomada *de uma vez por todas*, virtude que só aqui e *em mais nenhum outro lugar* tem sua origem mais pura, meramente moral e livre de qualquer mistura[35]. Essa máxima, verdadeiro princípio da justiça, permitiu que o jovem príncipe admitisse e aceitasse a acusação de assassinato do próprio pai, que sabia ser falsa, mas que naquele momento por não saber quem era o responsável, preferiu não acusar ninguém indevidamente. Os princípios de Pedro podem ser observados em suas palavras no diálogo com Peyna por ocasião do julgamento:

> – Senhor, o que pensamos não vem ao caso. A culpa ou a inocência é um tribunal deve julgar: é o que sempre me foi ensinado e no que eu acredito de todo coração. (...)
>
> – Renunciar ao trono? – perguntou – Eu... não sei, senhor magistrado-geral. Terei de refletir a respeito antes de dizer sim ou não. Poderia ser um modo de prejudicar o reino na tentativa de ajudá-lo... como um médico pode matar um doente dando-lhe remédio em demasia.[36]

Pedro foi preso no alto do Obelisco e Tomás coroado rei. Tomás, assessorado por Flagg, sancionou a lei do Aumento de Impostos dos Agricultores, passando a ser chamado de Tomás – o Tributador. Durante os mais de cinco anos que esteve preso, Pedro planejou sua fuga da torre, utilizando-se para isso dos seus "guardanapos reais" e da casa de boneca de sua mãe Sacha, com o tear que havia dentro dela[37].

Pedro iniciou seu plano de fuga com uma surra em Beson, o carcereiro-chefe, que passou a respeitá-lo e servir de mensageiro. Beson foi incumbido de levar uma carta a Anders Peyna, na qual Pedro pediu que levassem um guardanapo por refeição e a casa de boneca da mãe. Também se utilizou do mensageiro para contactar Ben Saatd, seu grande amigo de infância. Assim, ao longo dos anos, Pedro retirou os fios dos guardanapos e, utilizando o tear, foi confeccionando uma corda, que utilizaria para sua futura fuga.

Pedro conseguiu executar seu plano de fuga contando com a ajuda de Peyna, Ben, Noami Reechul (filha mais velha do granjeiro Carlos Reechul, criador de cães *huskies* anduanos) e da cadela aduana chamada Fisky.

---

35 2001, p. 143.

36 KING, 2002, p. 110.

37 A leitura na íntegra da obra *Os olhos do dragão* de Stephen King permitirá ao leitor verificar com mais detalhes como se deu essa curiosa fuga.

Após a fuga de Pedro, houve um encontro de Pedro com Tomás e Flagg. Quando Flagg estava prestes a matar Pedro, seu irmão Tomás agiu primeiro e, com o mesmo arco e flecha que seu pai matou Niner, feriu mortalmente Flagg no coração. Neste momento novamente Pedro revelou toda sua compaixão ao tratar seu irmão egoísta e traidor[38] nos seguintes termos:

> – Pedro, eu lamento – disse ele, e pôs-se a chorar. – Você não pode imaginar o quanto eu lamento. Acho que agora você vai me matar, e eu mereço isso... sim, eu sei que mereço(...)mas antes quero dizer uma coisa a você: eu paguei. Sim, paguei. Paguei mil vezes. Agora, mate-me, se quiser.
>
> Tomás levantou o queixo e fechou os olhos. Pedro caminhou em direção a ele. Os outros prenderam a respiração, com os olhos arregalados.
>
> Delicadamente, Pedro ver o irmão levantar-se da cadeira do pai e abraçou-o.
>
> Ficou abraçado com ele até que passasse a explosão de choro, e disse-lhe que o amava e que sempre o amaria; e os dois choraram, ali debaixo da cabeça do dragão, com o arco do pai aos pés. Os outros saíram devagarinho da sala e deixaram a sós os dois irmãos.[39]

Pedro ter perdoado o irmão demonstrou mais uma vez suas ações o que, para Schopenhauer, é o que a ética prescreve sob o nome de deveres de virtude, deveres de amor e deveres incompletos. Sabedor da fraqueza do irmão e da influência maldosa de Flagg conseguiu colocar-se no lugar do irmão e o deixou seguir seu caminho. Sua ação reflete o que Schopenhauer assim descreve:

> Esta participação direta e mesmo instintiva no sofrer alheio é a única fonte de tais ações se eles tiverem valor moral, isto é, se forem puras e todos os motivos egoístas e, por isso se despertarem em nós aquele contentamento íntimo que chamamos de consciência boa, pacificada e aprovadora. Tal participação deve também provoca no observador a aprovação, o respeito, a admiração e, até mesmo, um olhar de humilhação em relação a si próprio, fato que não pode ser negado.[40]

Pedro governou Delain por muito tempo, Tomás viveu muitas aventuras, Ben e Naomi se casaram e, segundo King, "tudo isso é uma outra história, que fica para outra vez"[41].

---

[38] Nas palavras do próprio Tomás: "Meu ódio e minha inveja eram como uma febre. Agora acabou, mas depois de alguns anos à sua sombra, enquanto você estivesse reinando, eu poderia ter uma recaída." (KING, 2002, p.279)

[39] KING, 2002, p. 278.

[40] 2001, p. 143.

[41] 2002, p. 282.

6. Considerações finais

Os homens praticam suas ações na vida real motivados de acordo com sua natureza. E, para Schopenhauer, todos, tantos os homens quantos os animais, podem ser chamados de animais *egoístas*. Para o filósofo, todas as ações surgem de um *egoísmo* sem limites:

> O homem quer conservar incondicionalmente sua existência, a quer incondicionalmente livre da dor à qual também pertence toda penúria e privação, quer todo o gozo de que é capaz e procura, ainda, desenvolver em si outras aptidões de gozo. Tudo que se opõe ao esforço de seu egoísmo excita sua má vontade, ira e ódio; procurará aniquilá-lo como inimigo. Quer, o quanto possível, desfrutar tudo, ter tudo. Porém, como isto é impossível, que, pelo menos, dominar tudo.[42]

As ações *egoístas*, aquelas cuja única motivação é o próprio bem-estar e mal-estar do agente, são *sem valor moral*. Já a *maldade* é uma ação desinteressada em relação ao próprio bem-estar, mas que tem como seu fim último a *dor* alheia. Sendo assim, somente quando o homem age com a finalidade de impedir ou diminuir o sofrimento do *outro*, numa ação totalmente desinteressada, é que temos uma ação *com valor moral*, a qual Schopenhauer chamou de fenômeno da *compaixão*, única fonte de ações dotadas de valor moral. Sendo assim, visando uma compreensão mais fácil, o filósofo simplificou em apenas *três motivações fundamentais das ações humanas*: o egoísmo, a maldade, e a compaixão.[43]

A teoria filosófica presente na obra *Sobre o fundamento da moral*, de Arthur Schopenhauer, foi identificada no romance *Os olhos do dragão* de Stephen King a partir da leitura de seus personagens. As três motivações fundamentais das ações humanas estão presentes em diversos personagens da história, mas pode-se ressaltar o *egoísmo* em Rolando e Tomás, a *maldade* em Flagg e a *compaixão* em Sacha e Pedro.

Como dito inicialmente, as balizas do presente artigo não permitem criticar, comparar ou desacreditar a fundação da ética de Schopenhauer, mas sim apresentar uma reflexão de como do imaginário de um autor literário podem surgir personagens que agem por motivações semelhantes às apontadas pelo filósofo.

Neste artigo, a teoria filosófica foi identificada e relida a partir da história passada no reino de Delain. Cabe ressaltar que, para Schopenhauer, a fundamentação por ele exposta na obra *Sobre o fundamento da moral* pode ser considerada a raiz que fundamenta todos os outros casos isolados e que, a partir do "neaminem

[42] 2001, p. 121.
[43] 2001, p. 137.

leade", deduzem todos os deveres da justiça. O estudo da ética[44] pode receber contribuições da filosofia, principalmente se aliada ao uso da literatura.

7. Referências

ALEXY, Robert. *Teoria dos direitos fundamentais*. Trad.: Virgílio Afonso da Silva. São Paulo: Malheiros, 2008.

APEL, Karl-Otto. *Transformação da filosofia*. São Paulo: Loyola, 2000.

CRUZ, Álvaro Ricardo de Souza (Coord.). *(O) outro (e) (o) direito*. Belo Horizonte: Arraes Editores, v. 2, 2015.

DEMOS, Raphael, The Spectrum of Knowledge. *Philosophical Review*, Vol 56, nº 3. Duke University Press: 1947, p. 237-257.

GAAKEER, Jeanne. *Configuring Justice, No Foundations, An Interdisciplinary Journal of Law and Justice*, 2012, p. 20-44.

GADAMER, Hans-Georg. *Hermenêutica da Obra de Arte*. Trad: Marco Antônio Casanova. São Paulo: Martins Fontes, 2010.

KING, Stephen. *Os olhos do dragão*. Trad. João Guilherme Linke. Rio de Janeiro: Objetiva, 2002.

MATURANA, Humberto. *Ontologia da realidade*. Belo Horizonte: Editora UFMG, 2002.

MORIN, Edgar. *Introdução ao Pensamento Complexo*. 5. ed. Trad. Dulce Matos. Porto Alegre: Instituto Piaget, 2008.

MORIN, Edgar. *Ciência com consciência*. Trad. Maria D. Alexandre e Maria Alice Sampaio Dória. 16. ed. Rio de Janeiro: Editora Bertrand Brasil, 2014.

SANTOS, Boaventura de Sousa. *Para um novo senso comum*: a ciência, o direito e a política na transição paradigmática. A crítica da razão indolente: contra o desperdício da experiência. 8. ed. São Paulo: Cortez, 2011, v. 1.

---

[44] As leituras de textos filosóficos e literários podem contribuir com a ética, uma vez que para Schopenhauer "A ética é na verdade, a mais fácil de todas as ciências, já que não há mais para esperar a não ser que todos tenham a obrigação de se construir a si mesmos, derivando do princípio máximo que se enraíza no seu coração a regra para cada caso que surja, pois poucos têm o lazer e a paciência para aprender uma ética construída e pronta". (SHOPENHAUER, 2001, p. 164)

SCHOPENHAUER, Artur. *Sobre o fundamento da moral*. 2. ed. São Paulo: Martins Fontes, 2001.

VILLEY, Michel. *Filosofia do Direito:* definições e fins do direito: os meios do direito. Trad.: Márcia Valéria Martinez de Aguiar. 2. ed. São Paulo: Martins Fontes, 2008.